南阳一中战国秦汉墓

南阳市文物考古研究所 编著

文物出版社

《南阳一中战国秦汉墓》

主　　编：蒋宏杰、徐承泰
副 主 编：赫玉建、梁玉坡、宋煜辉

封面设计：张希广　责任印制：陆　联　责任编辑：劳　笠

图书在版编目（CIP）数据

南阳一中战国秦汉墓/南阳市文物考古研究所编著
—北京：文物出版社，2012.12
ISBN 978-7-5010-3549-6
Ⅰ.①南… Ⅱ.①南… Ⅲ.①战国墓－发掘报告－
南阳市②墓葬（考古）－发掘报告－南阳市－秦代
③汉墓－发掘报告－南阳市 Ⅳ.①K878.85

中国版本图书馆CIP数据核字（2012）第217623号

南阳一中战国秦汉墓

南阳市文物考古研究所　编著

文 物 出 版 社 出 版 发 行
北京东直门内北小街2号楼
http://www.wenwu.com
E-mail:web@wenwu.com
北京文博利奥印刷有限公司制版
文 物 出 版 社 印 刷 厂 印 刷
新华书店经销
787×1092　1/16　印张：20.25　插页：2
2012年12月第1版　2012年12月第1次印刷
ISBN 978-7-5010-3549-6　定价:180.00元

目　　录

前　言…………………………………………………………（ 1 ）

　一　地理位置与历史沿革………………………………………（ 1 ）
　二　墓葬与发掘清理的基本情况………………………………（ 2 ）

第一章　墓葬概况………………………………………………（ 5 ）

　一　土坑竖穴墓…………………………………………………（ 5 ）
　（一）甲类墓……………………………………………………（ 5 ）
　M221……………………………………………………………（ 5 ）
　M236……………………………………………………………（ 5 ）
　M306……………………………………………………………（ 6 ）
　M432……………………………………………………………（ 6 ）
　M72………………………………………………………………（ 6 ）
　M53………………………………………………………………（ 7 ）
　M1………………………………………………………………（ 8 ）
　M35………………………………………………………………（ 8 ）
　M71………………………………………………………………（ 8 ）
　M128……………………………………………………………（ 10 ）
　M293……………………………………………………………（ 10 ）
　M360……………………………………………………………（ 10 ）
　M413……………………………………………………………（ 11 ）
　（二）乙类墓……………………………………………………（ 11 ）
　M116……………………………………………………………（ 13 ）
　M229……………………………………………………………（ 13 ）
　M19………………………………………………………………（ 14 ）
　M22………………………………………………………………（ 15 ）
　M7………………………………………………………………（ 16 ）

M133 ·· （17）

（三）丙类墓 ·· （17）

M262 ·· （17）

二　砖室墓 ·· （19）

（一）甲类墓 ·· （19）

M249 ·· （20）

M322 ·· （20）

M3 ··· （21）

M334 ·· （21）

M150 ·· （22）

M40 ··· （23）

M10 ··· （23）

M216 ·· （24）

M246 ·· （25）

M89 ··· （26）

M42 ··· （26）

M49 ··· （27）

M384 ·· （28）

M231 ·· （30）

M253 ·· （31）

M240 ·· （31）

M199 ·· （31）

（二）乙类墓 ·· （33）

M176 ·· （33）

M52 ··· （34）

M124 ·· （35）

M256 ·· （36）

M66 ··· （37）

M243 ·· （39）

M342 ·· （40）

M406 ·· （41）

M195 ·· （43）

（三）丙类墓 ·· （43）

M9 ··· （43）

M91 ··· （45）

M399 ·· （46）

（四）丁类墓 ·· （47）

M130 ·· （47）

M196 ·· （48）

M332 ·· （49）

M402 ·· （50）

M442 ·· （51）

M175 ·· （52）

第二章　出土遗物 ·· （57）

　　一　陶　　器 ··· （57）

　　二　高温釉陶器 ·· （146）

　　三　瓷　　器 ·· （147）

　　四　铜　　器 ·· （148）

　　五　铜　　镜 ·· （173）

　　六　铜　　钱 ·· （193）

　　七　铁　　器 ·· （201）

　　八　金银器 ·· （203）

　　九　铅　　器 ·· （203）

　　十　玉　　器 ·· （204）

　　十一　石　　器 ·· （206）

　　十二　玛瑙器 ·· （207）

　　十三　琉璃器 ·· （208）

第三章　分期与年代 ·· （210）

　　一　陶器器类组合分析 ··· （210）

　　二　陶器型式组合与年代分析 ··· （214）

　　三　铜容器型式组合与年代分析 ··· （223）

　　四　一中墓地分期与年代 ··· （225）

第四章　分析与研究 ·· （228）

　　一　文化内涵 ·· （228）

二 遗迹遗物特点···（231）

三 葬俗与葬制···（235）

四 合葬墓年代分析···（237）

附表 南阳一中墓地器物统计表···（241）

后 记··（260）

彩 版

图 版

插图目录

图一　南阳一中墓地位置示意图 ···················· （ 3 ）

图二　南阳一中墓葬分布图 ························· （ 4 ）

图三　M221平、剖面图 ························· 插页一

图四　M236平、剖面图 ························· 插页一

图五　M306平、剖面图 ························· 插页一

图六　M432平、剖面图 ························· 插页一

图七　M72平、剖面图 ·························· （ 6 ）

图八　M53平、剖面图 ·························· （ 7 ）

图九　M1平、剖面图 ··························· （ 8 ）

图一〇　M35平、剖面图 ························ （ 9 ）

图一一　M71平、剖面图 ························ （ 9 ）

图一二　M128平、剖面图 ······················ （ 10 ）

图一三　M293平、剖面图 ······················ （ 11 ）

图一四　M360平、剖面图 ······················ （ 12 ）

图一五　M413平、剖面图 ······················ （ 12 ）

图一六　M116平、剖面图 ······················ （ 13 ）

图一七　M229平、剖面图 ······················ （ 14 ）

图一八　M19平、剖面图 ······················· （ 15 ）

图一九　M22平、剖面图 ······················· （ 16 ）

图二〇　M7平、剖面图 ························· （ 17 ）

图二一　M133平、剖面图 ······················ （ 18 ）

图二二　M262平、剖面图 ······················ （ 19 ）

图二三　M249平、剖面图 ······················ （ 20 ）

图二四　M322平、剖面图 ······················ （ 21 ）

图二五　M3平、剖面图 ························· （ 22 ）

图二六　M334平、剖面图 ······················ （ 22 ）

图二七　M150平、剖面图 ······················ （ 23 ）

图二八　M40平、剖面图 ······················· （ 24 ）

图一九　M10平、剖面图···（24）

图三〇　M216平、剖面图···（25）

图三一　M246平、剖面图···（25）

图三二　M89平、剖面图···（26）

图三三　M42平、剖面图···（27）

图三四　M49平、剖面图···（28）

图三五　M384平、剖面图···（29）

图三六　M231平、剖面图···（30）

图三七　M253平、剖面图···（31）

图三八　M240平、剖面图···（32）

图三九　M199平、剖面图···（32）

图四〇　M176平、剖面图···（34）

图四一　M52平、剖面图···（35）

图四二　M124平、剖面图···（36）

图四三　M256平、剖面图···（38）

图四四　M66平、剖面图···（39）

图四五　M243平、剖面图···（40）

图四六　M342平、剖面图···（41）

图四七　M406平、剖面图···（42）

图四八　M195平、剖面图···（44）

图四九　M9平、剖面图··（45）

图五〇　M91平、剖面图···（46）

图五一　M399平、剖面图···（47）

图五二　M130平、剖面图···（48）

图五三　M196平、剖面图···（49）

图五四　M332平、剖面图···（50）

图五五　M402平、剖面图···（51）

图五六　M442平、剖面图···（52）

图五七　M175平、剖面图（一）··（53）

图五七　M175平、剖面图（二）··（54）

图五七　M175平、剖面图（三）··（55）

图五八　墓地出土A型陶鼎···（58）

图五九　墓地出土A型陶鼎···（61）

图六〇　墓地出土A型陶鼎···（62）

图六一　墓地出土陶鼎盖、盒盖模印纹拓片·····································（64）

图六二　墓地出土A型陶鼎···（66）

图六三　墓地出土陶盒 ························（67）

图六四　墓地出土B型陶盒 ·····················（70）

图六五　墓地出土陶盒 ························（71）

图六六　墓地出土A型陶壶 ·····················（73）

图六七　墓地出土A型陶壶 ·····················（74）

图六八　墓地出土A型陶壶 ·····················（75）

图六九　墓地出土A型陶壶 ·····················（77）

图七〇　墓地出土A型陶壶 ·····················（78）

图七一　墓地出土B型陶壶 ·····················（79）

图七二　墓地出土陶壶 ························（81）

图七三　墓地出土陶模型壶、陶钫 ···············（82）

图七四　墓地出土陶小口瓮 ·····················（84）

图七五　墓地出土B型陶小口瓮 ·················（85）

图七六　墓地出土陶大口瓮 ·····················（87）

图七七　墓地出土A型陶双耳罐 ·················（88）

图七八　墓地出土陶双耳罐 ·····················（90）

图七九　墓地出土无耳高领折沿陶罐 ···············（92）

图八〇　墓地出土无耳矮领折沿陶罐 ···············（93）

图八一　墓地出土无耳矮领无沿陶罐 ···············（95）

图八二　墓地出土无耳矮直领无沿陶罐 ············（96）

图八三　墓地出土陶小罐 ·······················（97）

图八四　墓地出土陶模型罐 ·····················（98）

图八五　墓地出土硬陶罐 ·······················（99）

图八六　墓地出土陶奁、樽 ·····················（100）

图八七　墓地出土陶方盒 ·······················（102）

图八八　墓地出土陶案 ························（104）

图八九　墓地出土陶器 ························（105）

图九〇　墓地出土陶器 ························（107）

图九一　墓地出土陶器 ························（109）

图九二　墓地出土陶仓 ························（112）

图九三　墓地出土陶仓 ························（114）

图九四　墓地出土陶灶（一） ···················（117）

图九四　墓地出土陶灶（二） ···················（118）

图九五　墓地出土陶灶 ························（119）

图九六　墓地出土陶灶 ························（120）

图九七　墓地出土陶井、汲水瓶（一） ···········（122）

图九七　墓地出土陶井、汲水瓶（一）···（123）

图九八　墓地出土陶猪圈（一）···（126）

图九八　墓地出土陶猪圈（二）···（127）

图九九　墓地出土陶猪圈（一）···（128）

图九九　墓地出土陶猪圈（二）···（129）

图一〇〇　墓地出土陶猪圈···（130）

图一〇一　墓地出土陶磨···（132）

图一〇二　墓地出土陶碓···（133）

图一〇三　墓地出土陶狗···（134）

图一〇四　墓地出土陶狗···（136）

图一〇五　墓地出土陶鸡···（138）

图一〇六　墓地出土陶动物··（139）

图一〇七　墓地出土陶人俑··（141）

图一〇八　墓地出土陶人俑··（142）

图一〇九　墓地出土陶器···（144）

图一一〇　墓地出土陶器···（146）

图一一一　墓地出土釉陶器和瓷器···（147）

图一一二　墓地出土铜鼎··（149）

图一一三　墓地出土铜鼎··（150）

图一一四　墓地出土铜钫··（152）

图一一五　墓地出土铜器··（154）

图一一六　墓地出土铜器··（155）

图一一七　墓地出土铜器··（156）

图一一八　墓地出土铜勺··（158）

图一一九　墓地出土铜器··（159）

图一二〇　墓地出土铜带钩···（161）

图一二一　墓地出土铜带钩···（162）

图一二二　墓地出土铜刷··（163）

图一二三　墓地出土铜印章···（164）

图一二四　墓地出土铜器··（166）

图一二五　墓地出土铜器··（167）

图一二六　墓地出土铜车马器··（169）

图一二七　墓地出土铜器··（171）

图一二八　墓葬出土铜镜··（173）

图一二九　墓葬出土四山纹镜··（174）

图一三〇　墓葬出土龙纹镜···（176）

图一三一　凤鸟纹镜···（176）

图一三二　凤鸟纹镜···（177）

图一三三　兽纹镜···（179）

图一三四　蟠螭纹镜···（180）

图一三五　蟠螭纹镜···（181）

图一三六　螭凤纹镜···（182）

图一三七　草叶纹镜···（183）

图一三八　草叶纹镜···（184）

图一三九　花叶纹镜···（186）

图一四〇　星云纹镜···（187）

图一四一　星云纹镜···（188）

图一四二　蟠虺纹镜···（189）

图一四三　四乳蟠虺纹镜···（190）

图一四四　铭文镜···（191）

图一四五　昭明镜···（192）

图一四六　博局四神纹镜···（193）

图一四七　墓地出土铜钱···（194）

图一四八　墓地出土西汉铜五铢钱···（196）

图一四九　墓地出土东汉铜五铢钱···（198）

图一五〇　新莽铜钱···（200）

图一五一　墓地出土铁器···（202）

图一五二　墓地出土金银器和铅器···（203）

图一五三　墓地出土玉器···（205）

图一五四　墓地出土玉器、石器···（207）

图一五五　墓地出土玛瑙器、琉璃器·······································（208）

图一五六　南阳一中墓地陶器分期图（一）·····························插页二

图一五六　南阳一中墓地陶器分期图（二）·····························插页二

彩版、图版目录

彩版一 　墓地出土陶鼎

彩版二 　墓地出土陶盒、陶壶

彩版三 　墓地出土陶瓮、陶罐

彩版四 　墓地出土陶器

彩版五 　墓地出土陶器

彩版六 　墓地出土陶器

彩版七 　墓地出土陶人俑

彩版八 　墓地出土陶瓷器和铜鼎

彩版九 　墓地出土铜器

彩版一〇 　墓地出土铜器

彩版一一 　墓地出土铜器

彩版一二 　墓地出土铜镜

彩版一三 　墓地出土铜镜

彩版一四 　墓地出土铜镜

彩版一五 　墓地出土金、银、玉器

彩版一六 　墓地出土玉器、玛瑙器、琉璃器

图版一 　南阳一中墓地M262、M322、M243

图版二 　南阳一中墓地M89、M256

图版三 　墓地出土陶鼎

图版四 　墓地出土陶鼎、盒

图版五 　墓地出土陶盒

图版六 　墓地出土陶壶

图版七 　墓地出土陶壶、盒

图版八 　墓地出土陶壶、罐

图版九 　墓地出土陶瓮

图版一〇 　墓地出土陶双耳罐

图版一一 　墓地出土陶罐、陶钫

图版一二 　墓地出土陶罐

图版一三 　墓地出土陶罐、熏炉

图版一四 　墓地出土陶奁、碗、盘

图版一五 　墓地出土陶方盒、案、熏炉

图版一六 　墓地出土陶耳杯、勺、洗、仓

图版一七 　墓地出土陶仓、灶

图版一八 　墓地出土陶灶

图版一九 　墓地出土陶井、猪圈

图版二〇 　墓地出土陶猪圈、磨

图版二一 　墓地出土陶磨、狗

图版二二 　墓地出土陶狗、鸡

图版二三 　墓地出土陶鸡、鸭、马、牛

图版二四 　墓地出土陶瓷器

图版二五 　墓地出土铜鼎

图版二六 　墓地出土铜鼎、钫

图版二七 　墓地出土铜鋬、盉、盆

图版二八 　墓地出土铜勺、灯、带钩

图版二九 　墓地出土铜器

图版三〇 　墓地出土铜镜

图版三一 　墓地出土铜镜

图版三二 　墓地出土铜镜

图版三三 　墓地出土铜镜

图版三四 　墓地出土铜镜

图版三五 　墓地出土铜镜

图版三六 　墓地出土铁器，玉、石器，琉璃器

前　言

一　地理位置与历史沿革

（一）地理位置与自然环境

南阳市地处河南省西南部，属南襄盆地北区。是一个相对独立的自然地理单元，跨"黄淮海区"和"长江中下游区"两大区。区内北、西、东被伏牛山和桐柏山所环绕，中部平坦，向南敞开，构成马蹄形盆地"南阳盆地"。环绕西北的伏牛山，长达200多公里，是河南省境内四支山脉中的最大一支，气势雄伟，群峰巍峨，不少山峰都在海拔1000米以上。山势走向由西向东延伸，至方城东北骤然中断，形成南阳盆地东北角之方城缺口，在历史上成为华北平原、南阳盆地与汉江平原之间的交通要道，即著名的"南襄隘道"，是河南省面积最大的一个地区。其东西长350公里，南北宽200公里，总面积为2.66万平方公里。东邻信阳和驻马店两地区，北靠平顶山、洛阳两市，西和陕西省的商洛地区相接，南与湖北省的丹江口市、襄樊市、枣阳市、随州市连界，今辖县、区十四个（卧龙区、宛城区、高新区、邓州市、西峡、淅川、内乡、镇平、南召、方城、社旗、新野、唐河、桐柏）。

南阳市宛城区是1994年南阳撤地设市时在原南阳县基础上成立的新行政区。地理坐标介于东经112°18′，至112°49′，北纬32°38′，至33°17′，之间。区境东与社旗、唐河交界，南与新野接壤，西邻卧龙区，北连方城。辖4镇6乡和6个街道办事处，总面积为927平方公里。

地势由北而南稍有坡降。海拔北端140米、南端94米。北端的隐山是境内唯一孤山，是伏牛山南麓余脉，海拔210米，为全境最高点，余皆为平原。境内主要河流有白河、溧河、温凉河等，均为东南流向，纵贯全境。为农业灌溉提供了充足的水利资源。

宛城区属亚热带大陆性季风气候，四季分明，气候温和，全年平均气温为14.5℃～15.8℃，年均无霜期为229天，年降雨量在800毫米左右。适宜多种动物、植物的生长发育。

（二）历史沿革

宛城有着悠久的历史，唐、虞之际为吕望先祖"四岳"封地，称吕。虞、夏之间又封申于此，周宣王时为申伯封地，称申伯国。春秋时楚灭申建宛邑，始称宛。战国属韩。周赧王二十四年（前291年），秦伐韩拔宛。周赧王四十三年（前272年）始置南阳郡（秦置，时为秦昭王三十五年），郡治宛，并设宛县。西汉因秦旧制，先后与宛县析置杜衍、淯阳、安众等县与西鄂、博望侯国。新莽改南阳郡为"前队"（队音遂），改宛县为南阳县，改杜衍为润衍，改博望为宜乐。东汉复西汉旧制，称宛县，仍属南阳郡，改杜衍、淯阳、安众为侯国。三国魏初，宛为南阳郡治，淯阳、西鄂、安众复改县。西晋宛为荆州南阳郡，曾藩封南阳国，领宛县，淯阳、西鄂为侯国，博望为公国。东晋避简文帝司马昱讳，改淯阳为云阳。十六国时期前后赵（318～328年）、前燕，均为宛。隶荆州南阳郡。前秦与宛之外复析置淯阳、西鄂；入后秦，淯阳、西鄂复废。南北朝刘宋、南齐时，宛为雍州南阳郡治。北魏、西魏复置西鄂，又于宛析置上陌，均隶荆州南阳郡。北周并宛县于上陌，称上宛。隋文帝开皇三年（583年）改上宛为南阳县，废南阳郡，将前西鄂地改为向城县，俱属邓州。隋炀帝大业三年（607年），改邓州为南阳郡，领有南阳县。唐高祖武德三年（620年）置宛州，领有南阳县，并于南阳县析置上宛、云阳、安固等县。武德八年（625年）宛州废，复设邓州，以上宛、云阳、安固地入南阳县，仍属邓州。唐玄宗天宝元年（742年）复改邓州称南阳郡，仍辖南阳县。五代后梁于南阳郡设宣化军，后唐改威胜军（后晋、后汉因后唐旧制），后周改武胜军，皆领有南阳县。后周显德三年（956年）废向城，分其地入穰与南阳县。宋仁宗庆历四年（1044年）废方城县为镇，入南阳县。宋神宗元丰元年（1078年）复置方城。金哀宗正大三年（1226年）置申州治南阳，元升申州为南阳府，明、清仍设府，俱辖南阳县。明成祖永乐六年（1408年）为唐王藩国。民国初年沿明、清旧制，属南阳府辖。民国三年（1914年）废南阳府，改南汝道。后道废属省。民国二十一年（1932年）属河南省第六行政督察区，至1948年11月南阳解放。从古至今，宛城一直是宛部落、宛侯国、宛县、南阳县、郡、府、专署、市的治所。

二　墓葬与发掘清理的基本情况

南阳一中位于南阳市宛城区东部，东滨白河，行政区划隶属于宛城区仲景街道办事处，现称陈鹏社区（图一）。从二十世纪九十年代开始，原南阳市文物工作队和现南阳市文物考古研究所，就对这一区域的墓地进行过多次发掘，先后清理了3000余座墓葬，出土了一大批随葬品。

本报告所涉及的墓葬资料，发掘工作于2001年2月8日至2001年11月6日，分两期，历时8个月完成。发掘区位于原陈棚村的东北部，现建设东路与滨河路交叉口西北部，该处原为蔬菜地。南与书香水岸住宅小区相邻，北与阳光海岸住宅小区相邻。

此次发现清理了汉至明清时期的中小型墓葬447座，窑7口。其中101座墓为唐宋至明清时期的墓葬，120座墓葬未出土随葬品，时代不能确定。其余226座墓葬基本上可以

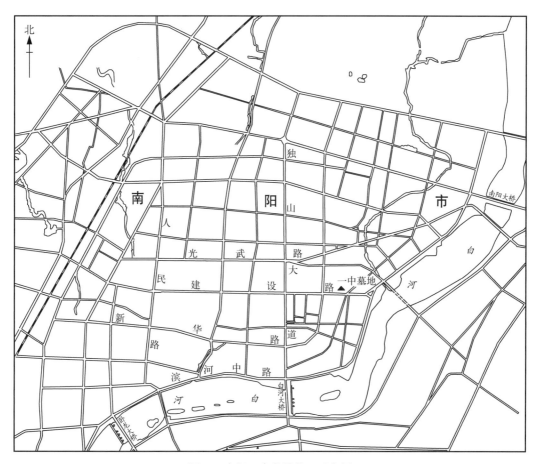

图一　南阳一中墓地位置示意图

确定为东周秦汉时期（图二）。

　　东周秦汉时期的226座墓葬，其结构可以分为竖穴土坑墓、砖室墓两类。砖室墓中，包括空心砖墓1座，砖石混筑墓葬3座（M6盖顶用石，M322盖顶及墓门用石，M175墓内后室门用石），其余为小砖结构墓葬。

　　226座墓葬中，随葬品一般2～7件，少则1～2件，最多达50余件，出土了陶、瓷、铜、铁、金、银、铅、玉、玛瑙、琉璃、石器等不同质地的文物近3000件。

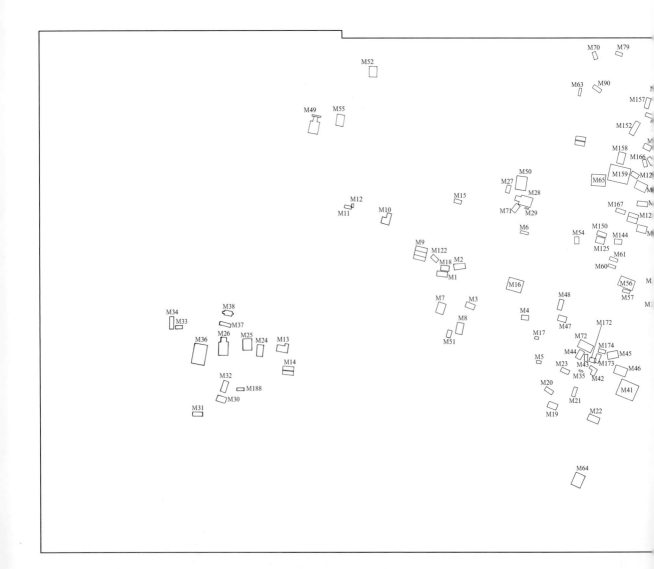

←→北

图二　南阳一中墓葬分布图

第一章 墓葬概况

南阳一中墓地出土遗物并能确定为战国至汉代的墓葬共计226座。其中22座砖墓全毁，无法纳入类型分析，包括M13、M31、M86、M98、M103、M212、M239、M245、M259、M269、M276、M277、M307、M311、M317、M318、M325、M344、M358、M396、M407、M437。其余204座墓葬中，土坑竖穴墓129座，砖室墓75座。

一 土坑竖穴墓

共129座。填五花沙土，未经夯打，结构疏松。据墓壁结构及墓道的有无分为三类。

（一）甲类墓

104座。土坑竖穴，直壁。

A型 31座。墓底有二层台，绝大多数为生土二层台，极少数有熟土二层台。

Aa型 共29座。墓底四面有四面台。包括M8、M16、M47、M50、M204、M208、M217、M221、M222、M224、M233、M236、M237、M268、M280、M288、M289、M290、M295、M306、M308、M339、M403、M420、M421、M432、M433、M436、M441。举例如下：

M221

该墓开口于扰土层之下，距地表深132厘米，方向290°。墓葬形制为竖穴土坑墓，平面呈长方形。墓口大于墓底，墓壁垂直无收分，四边设二层台，台宽24—30厘米，台高46厘米。墓室口长394厘米，宽240厘米；墓底长346厘米，宽180厘米，墓底距地表276厘米。室内填五花沙土，土质疏松，未夯打。葬具及葬式不详。大部分随葬品主要放置在墓室东部，出土有陶鼎2、陶盒2、陶壶2、陶小壶2、铁剑1、铜钱15、铜镜1（图三）。

M236

该墓开口于扰土层之下，距地表深130厘米，方向10°。墓葬形制为竖穴土坑墓，平面呈长方形。墓口大于墓底，墓壁垂直无收分，四边设二层台，台宽20—32厘米，台高43厘米。墓室口长320厘米，宽234厘米；墓底长260厘米，宽180厘米，墓底距地表238厘米。室内填五花沙土，土质疏松，未夯打。葬具及葬式不详。随葬品主要放置在墓室东北部，出土有陶鼎1、陶盒1、陶壶1、陶小壶1（图四）。

M306

该墓开口于扰土层之下，距地表深166厘米，方向204°。墓葬形制为竖穴土坑墓，平面呈长方形。墓口大于墓底，墓壁垂直无收分，四边设二层台，台宽18—74厘米，台高44厘米。墓室口长290厘米，宽244厘米；墓底长230厘米，宽120厘米，墓底距地表300厘米。室内填五花沙土，土质疏松，未夯打。葬具及葬式不详。随葬品主要放置在墓室西部，出土有铜鼎2、铜钫2、铜卮1、铁刀1（图五）。

M432

该墓开口于扰土层之下，距地表深150厘米，方向20°。墓葬形制为竖穴土坑墓，平面呈长方形。墓口大于墓底，墓壁垂直无收分，四边设二层台，台宽18—32厘米，台高50厘米。墓室口长330厘米，宽200厘米；墓底长270厘米，宽162厘米，墓底距地表326厘米。室内填五花沙土，土质疏松，未夯打。葬具及葬式不详。随葬品主要放置在墓室西北部，出土有陶鼎2、陶盒2、陶壶2、陶车轮2、铜带钩1、铜印章1、铅盖弓帽11、铁器1、铜泡钉4（图六）。

Ab型　1座。墓底三面有二层台。

M72

该墓开口于扰土层之下，距地表深160厘米，方向205°。墓葬形制为竖穴土坑墓，平面呈长方形。墓口大于底部，墓壁垂直无收分，东、西、北三边设熟土二层台，台宽10—50厘米，台高55厘米，形成墓内呈"T"字形。墓室口长420厘米，宽220厘米；墓底长280厘米，宽140厘米，地距地表深380厘米。室内填五花沙土，土质疏松，未夯打。葬具及葬式不详。随葬品主要放置在墓室

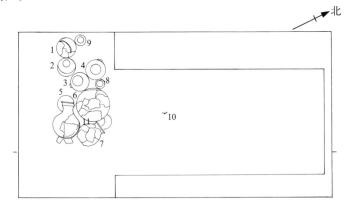

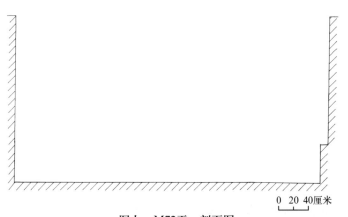

图七　M72平、剖面图

1、2.陶盒　3、4.陶鼎　5、6.陶壶　7.陶罐　8、9.陶小壶　10.铜带钩　11.铜钱

的南部，出土有陶鼎2、陶盒2、陶壶2、陶小壶2、陶罐1、铜钱18、铜带钩1（图七）。

Ac型　1座。一面台。

M53

该墓开口于扰土层之下，距地表深130厘米，方向198°。墓葬形制为竖穴土坑墓，平面呈长方形。墓口大于墓底，墓壁垂直，无收分。南部设二层台，台宽46厘米，台高90厘米。墓室口长286厘米，宽160厘米；墓底长240厘米，宽160厘米，墓底距地表350厘米。室内填五花土，土质疏松，未夯打。葬具及葬式不详。随葬品主要放置在墓室西部，出土有陶鼎2、陶盒2、陶壶2、陶小壶2、陶车轮2、铜镜1、铜带钩1（图八）。

B型　75座。墓底无二层台。

Ba型　共73座。平面长方形。包括M1、M12、M18、M23、M27、M29、M35、M44、M48、M51、M69、M71、M102、M110、M118、M119、M127、

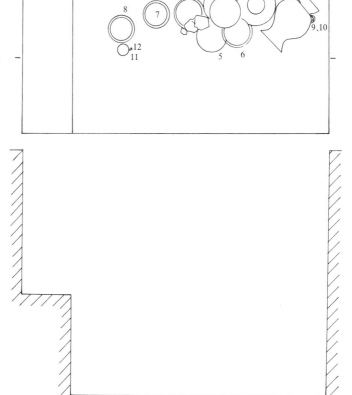

图八　M53平、剖面图
1、2.陶壶　3、4.陶鼎　5、6.陶盒　7、8.陶车轮
9、10.陶小壶　11.铜镜　12.铜带钩

M128、M129、M132、M138、M154、M158、M160、M161、M165、M168、M170、M172、M173、M174、M177、M188、M210、M218、M219、M220、M223、M227、M247、M267、M282、M291、M292、M293、M296、M299、M300、M304、M310、M312、M314、M321、M324、M326、M329、M338、M351、M360、M377、M378、M380、M395、M410、M411、M414、M415、M417、M430、M431、M434、M440、M445。葬具一般皆腐朽不存，唯其中M12、M29、M35、M430为陶棺得以保存。另

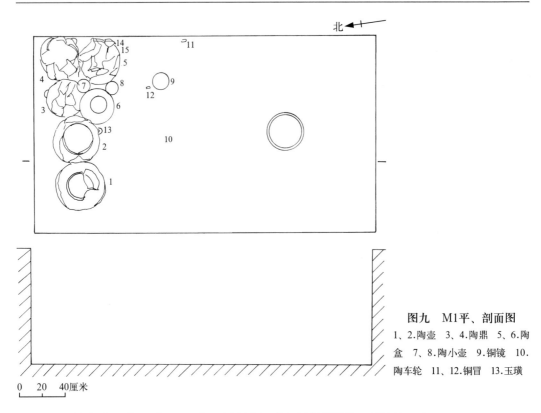

图九　M1平、剖面图

1、2.陶壶　3、4.陶鼎　5、6.陶盒　7、8.陶小壶　9.铜镜　10.陶车轮　11、12.铜冒　13.玉璜

外，土坑墓皆为平底，唯M360有一端较低，用以放置器物。举例如下：

M1

该墓开口于扰土层之下，距地表深240厘米，方向7°。墓葬形制为竖穴土坑墓，平面呈长方形。墓室长300厘米，宽170厘米，墓底距地表340厘米。墓室四壁垂直无收分，室内填五花沙土，土质疏松，未夯打。葬具及葬式不详。随葬品主要放置在墓室北部，出土有陶鼎2、陶盒2、陶壶2、陶小壶2、铜镜1、陶车轮1、铜车軎2、玉璜1（图九）。

M35

该墓开口于扰土层之下，距地表深103厘米，方向20°。墓葬形制为竖穴土坑墓，平面呈长方形。墓室长206厘米，宽54厘米，墓底距地表153厘米。墓室四壁垂直无收分，室内填五花沙土，土质疏松，未夯打。在墓底中部放置一陶棺。陶棺长136厘米，宽80厘米，高24厘米。随葬品放置在陶棺外北部，出土有灰陶罐2、陶无字钱4、铜觚形杯1（图一〇）。

M71

该墓开口于扰土层之下，距地表深150厘米，方向105°。墓葬形制为竖穴土坑墓，平面呈长方形。墓室长260厘米，宽160厘米，墓底距地表深220厘米。墓室四壁垂直无

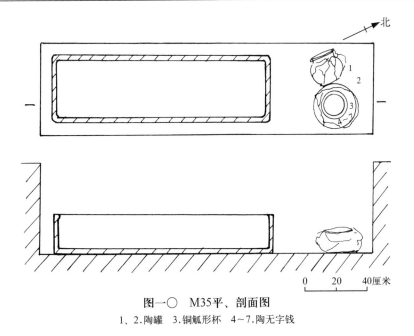

图一〇　M35平、剖面图
1、2.陶罐　3.铜觚形杯　4～7.陶无字钱

图一一　M71平、剖面图
1～3.陶仓　4.陶鼎　5.陶盒　6、7.陶罐

收分，室内填五花沙土，土质疏松，未夯打。葬具及葬式不详。随葬品主要摆放在墓室的东北角，出土有陶仓3、陶鼎1、陶盒1、陶罐2（图一一）。

　　M128

　　该墓开口于扰土层之下，距地表深120厘米，方向25°。墓葬形制为竖穴土坑墓，平面呈长方形。墓室长320厘米，宽190厘米，墓底距地表深190厘米。墓室四壁垂直，无收分。室内填五花沙土，土质疏松，未夯打。葬具及葬式不详。随葬品主要放置在墓室西部，出土有陶鼎1、陶盒1、陶壶1、铜镜1（图一二）。

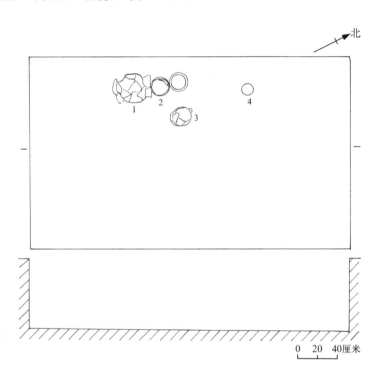

图一二　M128平、剖面图
1.陶壶　2.陶盒　3.陶鼎　4.铜镜

0　20　40厘米

　　M293

　　该墓开口于扰土层之下，距地表深180厘米，方向200°。墓葬形制为竖穴土坑墓，平面呈长方形。墓室长296厘米，宽178厘米，墓底距地表420厘米。墓室四壁垂直，无收分。室内填五花沙土，土质疏松，未夯打。葬具及葬式不详。随葬品主要放置在墓室西南部，出土有铜鼎2、铜钫2、铜勺2、铜环1、铜铃3、琉璃珠1、玉剑首1（图一三）。

　　M360

　　该墓开口于扰土层之下，距地表深190厘米，方向10°。墓葬形制为竖穴土坑墓，平面呈长方形。墓室长368厘米，宽240厘米，墓底距地表266厘米。由器物箱和主室组成。器物箱位于主室北部，宽88厘米，底低于墓室底27厘米。墓室四壁垂直无收分，室内填五花沙土，土质疏松，未夯打。葬具及葬式不详。随葬品大部分放置在器物箱里，

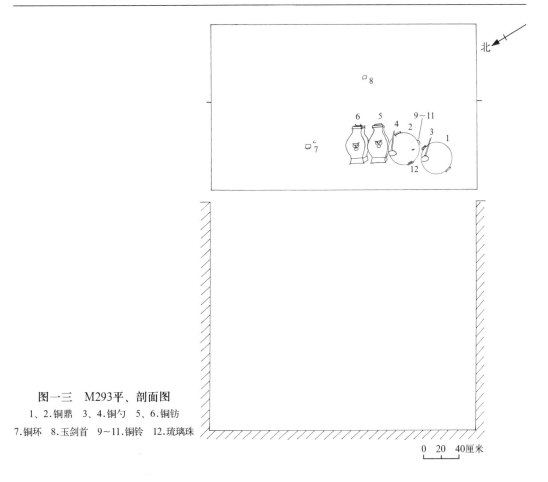

图一三 M293平、剖面图
1、2.铜鼎 3、4.铜勺 5、6.铜钫
7.铜环 8.玉剑首 9~11.铜铃 12.琉璃珠

0 20 40厘米

出土有陶鼎2、陶盒2、陶壶2、陶小壶2、陶车轮2、模型陶狗5、玉剑首1，仅在主室北部出土玛瑙环1件（图一四）。

Bb型 2座。平面近方形。包括M412、M413。举例如下：

M413

该墓开口于扰土层之下，距地表深270厘米，方向289°。墓葬形制为竖穴土坑墓，平面呈长方形。墓室长290厘米，宽240厘米，墓底距地表330厘米。墓室四壁垂直无收分，室内填五花沙土，土质疏松，未夯打。葬具及葬式不详。随葬品主要放置在墓室西北部，出土有陶鼎2、陶盒2、陶壶2、陶小壶2、陶车轮2、铜镜1（图一五）。

（二）乙类墓

20座。墓壁斜收，口大底小。

A型 12座。墓底有二层台。

Aa型 共9座。墓底四面有二层台。包括M36、M41、M77、M112、M116、M123、M159、M225、M229。举例如下：

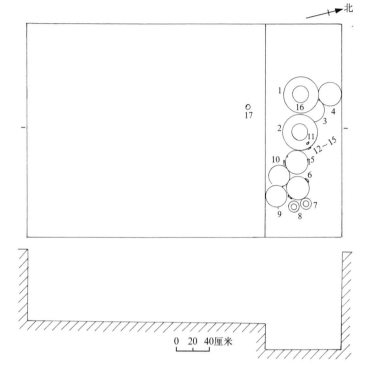

图一四　M360平、剖面图

1、2.陶壶　3、4.陶车轮

5、6.陶鼎　7、8.陶小壶　9、10.陶盒

11～15.陶小狗　16.玉剑首　17.玛瑙环

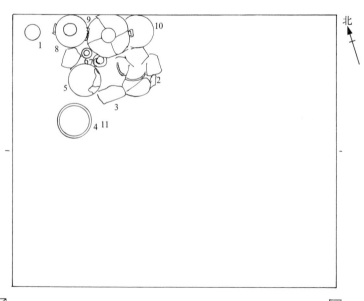

图一五　M413平、剖面图

1.铜镜　2、3.陶壶　4、11.陶车轮

5、10.陶盒　6、7.陶小壶　8、9.陶鼎

M116

该墓开口于扰土层之下，距地表深130厘米，方向13°。墓葬形制为竖穴土坑墓，平面呈长方形。墓口大于墓底，上部斜收，下部直壁有收分，墓底四边设二层台，台宽30—70厘米，台高10厘米。墓室口长500厘米，宽390厘米；墓底长300厘米，宽130厘米，地距地表深450厘米。室内填五花沙土，土质疏松，未夯打。葬具及葬式不详。随葬品主要放置在墓室的东北角，出土有铜鼎2、铜钫2、铜勺1、残铜片1（图一六）。

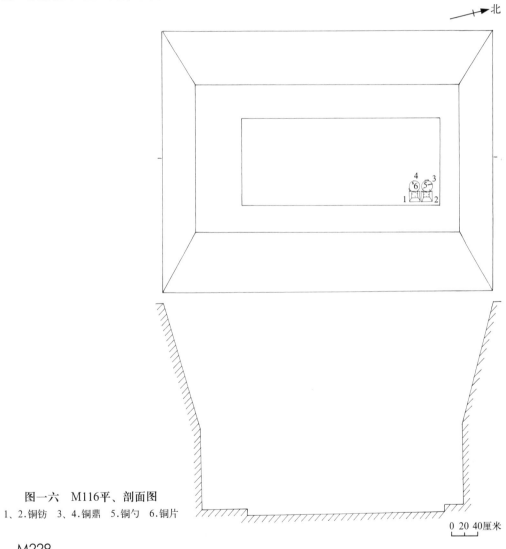

图一六 M116平、剖面图
1、2.铜钫 3、4.铜鼎 5.铜勺 6.铜片

M229

该墓开口于扰土层之下，距地表深120厘米，方向290°。墓葬形制为竖穴土坑墓，平面呈长方形。墓口大于墓底，有收分，呈斗形。四边设二层台，台宽26—30厘米，台高74厘米。墓室口长342厘米，宽252厘米；墓底长250厘米，宽140厘米，墓底距

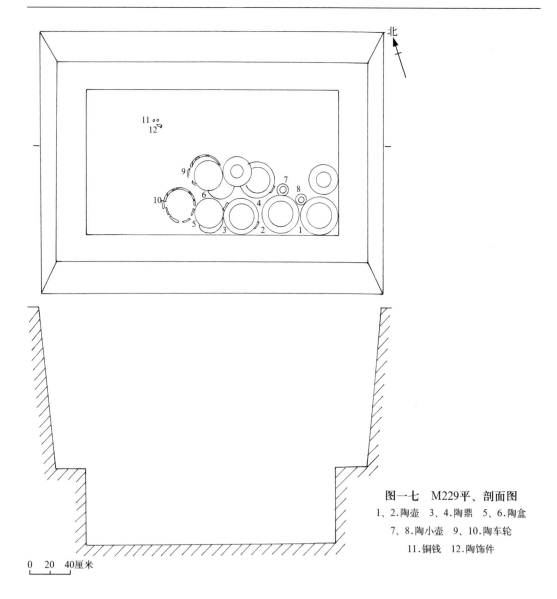

北

图一七 M229平、剖面图

1、2.陶壶 3、4.陶鼎 5、6.陶盒
7、8.陶小壶 9、10.陶车轮
11.铜钱 12.陶饰件

0   20   40厘米

地表深350厘米。室内填五花沙土，土质疏松，未夯打。葬具及葬式不详。随葬品主要放置在墓东南部，出土有陶鼎2、陶盒2、陶壶2、陶小壶2、陶车轮2、铜钱18、陶饰件1（图一七）。

Ab型 1座。墓底三面有二层台。

M19

该墓开口于扰土层之下，距地表深230厘米，方向22°。墓葬形制为竖穴土坑墓，平面呈长方形。墓口大于墓底，墓壁斜收，呈斗形。东、西、北三边设二层台。墓口长380厘米，宽290厘米；墓底长280厘米，宽170厘米，底距地表330厘米。台宽30—60厘

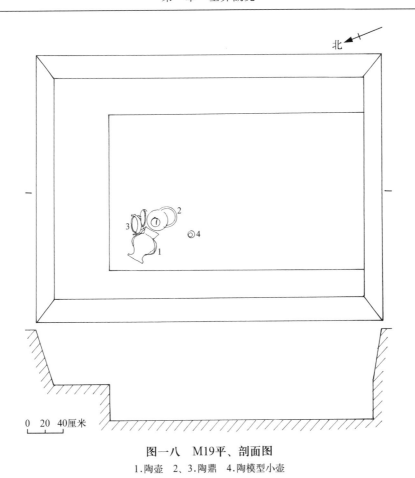

图一八 M19平、剖面图
1.陶壶 2、3.陶鼎 4.陶模型小壶

米，台高40厘米。室内填五花沙土，土质疏松，未夯打。葬具及葬式不详。随葬品主要放置在墓室的西北部，出土有陶鼎2、陶壶1、陶模型小壶1（图一八）。

Ac型 2座。墓底一面有台。包括M22、M56。以M22为例：

M22

该墓开口于扰土层之下，距地表深160厘米，方向22°。墓葬形制为竖穴土坑墓，平面呈长方形。墓口大于墓底，有收分，呈斗形。南部设二层台，台宽20厘米，台高70厘米。墓室口长420厘米，宽320厘米；墓底长310厘米，宽170厘米，底距地表深480厘米。室内填五花沙土，土质疏松，未夯打。葬具及葬式不详。随葬品主要放置在墓室的西部和南部，出土有陶鼎2、陶盒2、陶壶2、陶小壶2、陶车轮2、小陶狗1、铜镜1、玉带钩1（图一九）。

B型 共8座。斜收至底，墓底无二层台。包括M7、M64、M96、M114、M133、M214、M266、M371。以M7、M133为例：

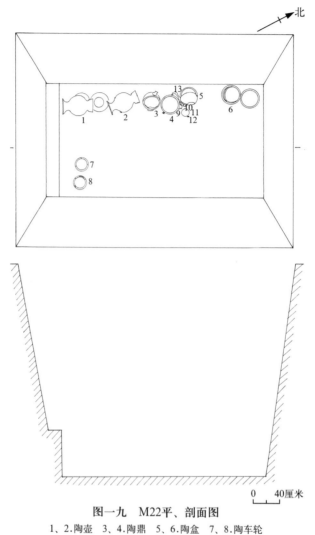

图一九　M22平、剖面图

1、2.陶壶　3、4.陶鼎　5、6.陶盒　7、8.陶车轮
9、10.陶小壶　11.铜镜　12.玉带钩　13.小陶狗

M7

该墓开口于扰土层之下，距地表深270厘米，方向285°。墓葬形制为竖穴土坑墓，平面呈梯形。墓口大于墓底，墓壁斜收，似斗形。墓室口长300厘米，西宽240厘米，东宽200厘米；墓底长260厘米，西宽200厘米，东宽160厘米，墓底距地表深370厘米。室内填五花沙土，土质疏松，未夯打。从墓底的灰痕看，葬具为并排双棺。位于墓室中部。质地为木质棺，双棺并列且平行。从朽木灰痕看，北棺长210厘米，宽56厘米；南棺长210厘米，宽60厘米。

随葬品主要放置在两棺内，北棺中部放置有铜钱、铁刀1、铜带钩1，南棺西部放置

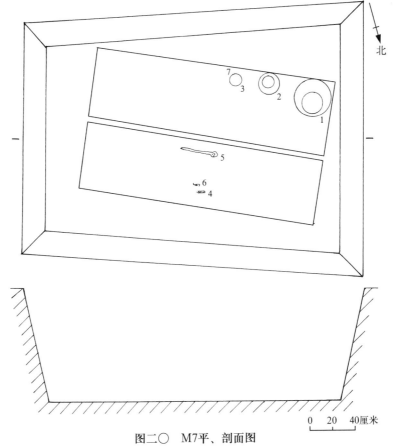

图二〇　M7平、剖面图

1.陶大口瓮　2.陶无耳矮领折沿罐　3.铜镜　4.铜钱　5.铁刀　6.铜带钩　7.铜刷

有陶大口瓮1、陶无耳矮领折沿罐1、铜镜1、铜刷1（压在铜镜下面）（图二〇）。

M133

该墓开口于扰土层之下，距地表深90厘米，方向18°。墓葬形制为竖穴土坑墓，平面呈长方形。墓口大于墓底，墓葬斜收，呈斗形。墓室口长310厘米，宽230厘米；墓底长240厘米，宽180厘米，墓底距地表深370厘米。室内填五花沙土，土质疏松，未夯打。葬具及葬式不详。随葬品主要放置在墓室东部，出土有陶双耳罐2、陶无耳高领折沿罐2、玉管1、铜镜1、铜钱12（图二一）。

（三）丙类墓

共3座。土坑竖穴带斜坡墓道，墓底四面设二层台。包括M207、M262、M278。举例如下：

M262

该墓开口于扰土层之下，距地表深130厘米，方向204°。平面呈"凸"字形，由墓

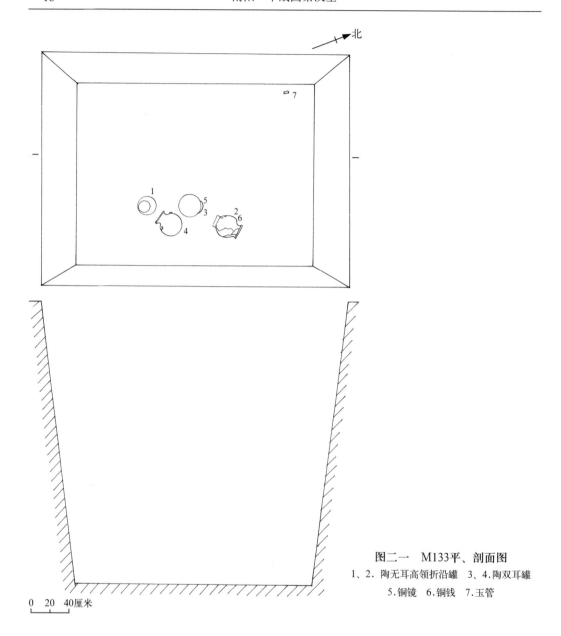

图二一　M133平、剖面图
1、2.陶无耳高领折沿罐　3、4.陶双耳罐
5.铜镜　6.铜钱　7.玉管

道和墓室两部分组成，墓室宽于墓道。全墓长670厘米，宽320厘米，墓底距地表深402厘米。

墓道：位于墓室南部。平面呈长方形，斜坡状，坡度为44°，墓道长200厘米，宽114厘米。近墓室处距地表深310厘米。墓道壁面较平直。填五花沙土，土质疏松，未夯打。

墓室：竖穴土坑，平面呈长方形，墓口大于墓底，墓壁斜收，呈斗形。四边设二层

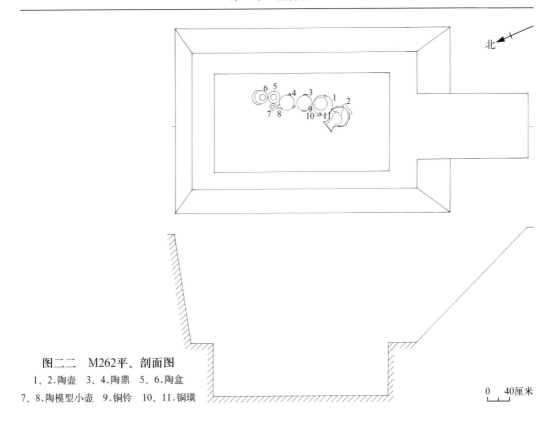

图二二　M262平、剖面图

1、2.陶壶　3、4.陶鼎　5、6.陶盒

7、8.陶模型小壶　9.铜铃　10、11.铜璜

0　　40厘米

台，台宽30—50厘米，台高92厘米。墓口长470厘米，宽320厘米；墓底长310厘米，宽
170厘米，墓底距地表深402厘米。葬具及葬式不详。随葬品主要放置在墓室东部，出土
有陶鼎2、陶盒2、陶壶2、陶模型壶2、铜铃1、铜璜2（图二二；图版一，1）。

二　砖室墓

共73座。包括空心砖墓1座、砖石混筑墓葬3座（M6盖顶用石，M322盖顶及墓门用
石，M175墓内后室门用石），其余为小砖结构墓葬。依墓室结构分为四类。

南阳地区汉代的砖室墓有一个特点，即中小型墓的修建，是先挖一个不带墓道的竖
穴土坑，然后在土坑中修筑砖室，砖墓的四壁与墓圹间的空隙不过数十厘米而已。据在
发掘现场的观察，墓室两端根本看不出有门的结构。因此，砖室的砌筑过程是四壁同时
一层层向上垒砌，并不存在门的设置。墓室四壁垒砌到起券高度后，将葬具及死者由墓
顶放入墓中，然后再行封顶。当然，大型墓葬则一般都有墓道，也就会有封门存在。

（一）甲类墓

共39座。单室。

A型　26座。平底。

Ⅰ式　1座。空心砖筑。

M249

该墓开口于扰土层之下，距地表深106厘米，方向12°。此墓已被盗扰，墓顶已毁，仅存部分墙体和铺地砖。墓葬形制为砖室墓，平面近方形。墓室长262厘米，宽256厘米，墓底距地表190厘米。墙高44厘米，用空心花纹砖垒砌，铺地砖用小条砖竖排错缝平铺。砖分为两种，一种用于铺地的长方形小条砖，长32厘米，宽16厘米，厚6厘米。一种用于砌墙的空心花纹砖，长140厘米，宽44厘米，厚16厘米。葬具及葬式不详。随葬品小件主要放置在墓室南部，出土有铁剑

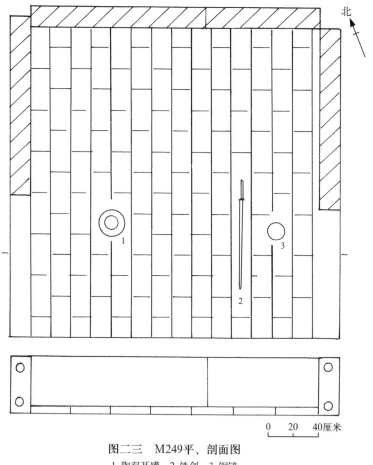

图二三　M249平、剖面图
1.陶双耳罐　2.铁剑　3.铜镜

1、铜镜1、陶双耳罐1，而铜钱一串、铜带钩1、铜印章1则出自室内扰土中（图二三）。

Ⅱ式　2座。小砖筑，石盖顶。包括M6、M322。举例如下：

M322

该墓开口于扰土层之下，距地表深98厘米，方向110°。墓葬形制为平顶砖、石混合结构墓，平面呈长方形。共用石料10块，主要用于墓顶、门柱、墓门，均为素石。墓室长358厘米，宽114厘米，墓底距地表218厘米。墙高90厘米，为平砖错缝垒砌，铺地砖为竖排对缝平铺。砖均为长方形小条砖，长28厘米，宽14厘米，厚6厘米。墓顶用6块长方形石板平铺封顶，墓门由门柱和门扉组成，2块石板立于门口用于门柱，2块石板封门。葬具及葬式不详。随葬品主要放置在墓室西部，出土有陶仓3、陶壶1、陶鼎

1、陶盒1、铜镜1、铜印
章1、铜钱15（图二四；
图版一，2）。

　　III式　19座。均用
小砖构筑，少数墓顶已不
存，其余为券顶或两面坡
顶。包括M3（封门用空心
砖垒砌），M10、M11、
M20、M40（一端墓壁为
弧形），M43、M61、
M89、M101、M106（人
字顶），M150、M152、
M156、M189、M216、
M246（平面为曲尺形），
M283、M334、M447。其
中M10墓壁砌法为一顺一
丁；M150平砖错缝铺砌，
腰部有两层为竖砖横砌；
M189墓壁为三顺一丁砌
法；M334墓壁砌法为二顺
一丁。其余各墓墓壁皆为
平砖错缝直砌。

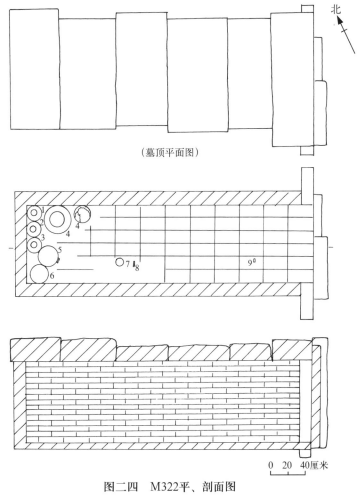

（墓顶平面图）

0　20　40厘米

图二四　M322平、剖面图
1~3.陶仓　4.陶壶（含盖）　5.陶鼎
6.陶盒　7.铜镜　8.铜钱　9.铜印章

　　M3
　　该墓开口于扰土层之
下，距地表深65厘米，方向201°。此墓已盗扰，墓顶已毁，仅存部分墙体和铺地砖。
墓葬形制为砖室墓，平面呈长方形。墓室长378厘米，宽126厘米，高100厘米，墓底距
地表165厘米。墙高80厘米，为平砖错缝垒砌，铺地砖用方砖对缝平铺。墓门位于墓室
南部，用空心花纹砖封门。垒砌墙体所用长方形小条砖，长28厘米，宽14厘米，厚5厘
米；铺地花纹方砖长、宽各39厘米，厚4厘米；封门空心砖长88厘米，宽42厘米，厚14
厘米。葬具及葬式不详。随葬品主要放置在墓室的北部，出土有陶仓2、印纹硬陶罐1、
陶无耳矮直领无沿罐1、陶匜1、陶鼎1、陶盒1（图二五）。

　　M334
　　该墓开口于扰土层之下，距地表深170厘米，方向10°。墓葬形制为砖室墓，平面

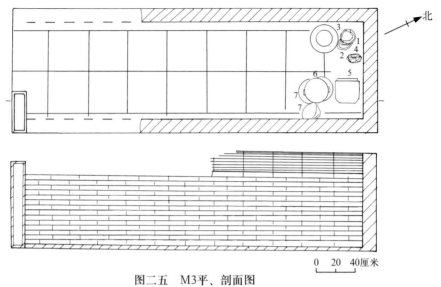

图二五　M3平、剖面图

1、2.陶仓　3.印纹硬陶罐　4.陶无耳矮直领无沿罐　5.陶奁　6.陶鼎　7.陶盒

呈长方形。墓室长366厘米，宽120厘米，高96厘米，墓底距地表266厘米。墙高58厘米，墙砖砌法为二顺一丁，券高38厘米，为竖排对缝起券。铺地砖为横排对缝平铺，砖均为长方形小条砖，长26厘米，宽12.5厘米，厚4厘米。葬具及葬式不详。随葬品主要放置在墓室南部，出土有陶鼎1、陶盒1、陶无耳矮直领

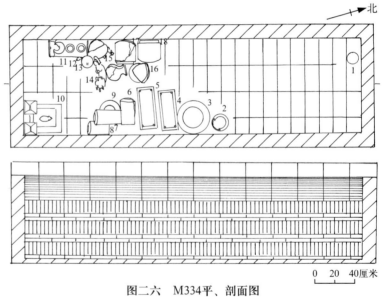

图二六　M334平、剖面图

1.铜镜　2.陶井　3.陶罐　4、5.陶方盒　6~8.陶仓　9.陶磨　10.陶猪圈
11.陶灶　12、13.陶鸡　14.陶狗　15.陶鼎　16.陶盒　17、18.陶奁　19.陶小罐

无沿罐1、陶小罐1、陶奁2、陶方盒2、陶仓3、陶灶1、陶井1、陶猪圈1、陶磨1、陶狗1、陶鸡2、铜镜1（图二六）。

M150

该墓开口于扰土层之下，距地表深60厘米，方向22°。此墓已盗扰，部分墓顶已

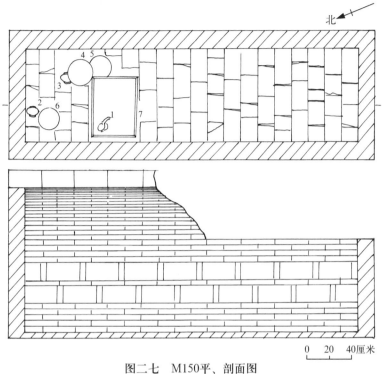

图二七 M150平、剖面图

1.陶勺 2、3.陶耳杯 4、5.陶圆盘 6.陶樽 7.陶方案

毁。墓葬形制为砖室墓，平面呈长方形。墓室长330厘米，宽110厘米，高140厘米，墓底距地表200厘米。墙高80厘米，为平砖错缝垒砌。券高60厘米，为竖排错缝起券。铺地砖均用半截砖平铺，砖为长方形小条砖，长30厘米，宽15厘米，厚5厘米。葬具及葬式不详。随葬品小件主要放置在墓室北部，出土有陶耳杯2、陶勺1、陶盘2、陶樽1、陶方案1。在扰土中出土有陶方盒1件（图二七）。

M40

该墓开口于扰土层之下，距地表深140厘米，方向159°。此墓已盗扰，墓室顶部已毁。墓葬形制为砖室墓，平面略呈长方形。墓室长296厘米，宽100厘米，墓底距地表215厘米。封门为于墓室南部，呈弧形。墙残高70厘米，为平砖错缝垒砌。铺地砖为竖排错缝平铺，砖均为长方形小条砖，长30厘米，宽15厘米，厚5厘米。葬具及葬式不详。随葬品主要放置在墓室的南部，出土有陶壶1、陶方盒1、陶奁1、陶仓2、铜钱15，一部分随葬品则出自室内扰土中，有陶无耳高领折沿罐1、陶井1（图二八）。

M10

该墓开口于扰土层之下，距地表深160厘米，方向285°。此墓已盗扰，墓顶已毁，仅存部分墙体和铺地砖。平面呈刀把形,由主室、侧室两部分组成。葬具及葬式不详。

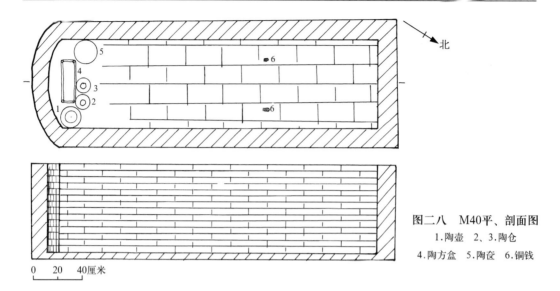

图二八 M40平、剖面图

1.陶壶 2、3.陶仓

4.陶方盒 5.陶瓮 6.铜钱

0 20 40厘米

墓室长320厘米，最宽处240厘米，墓底距地表深265厘米。

主室：平面呈长方形，长320厘米。墙高56厘米，东、西、北三面墙宽13.5厘米，南墙宽27厘米，均为一顺一丁垒砌，铺地砖用方砖对缝平铺。

侧室：平面呈长方形，位于主室南侧，长180厘米，宽110厘米。与主室间有留门隔墙，墙高100厘米，东、西、南三墙宽13.5厘米，隔墙宽42厘米，均为一顺一丁垒砌，丁砖用半截砖。铺地砖用方砖对缝平铺。随葬品主要放置在西南角，出土有陶仓3、陶鼎1、陶盒1。在室内扰土中出土有陶壶1件。

墓砖分两种，一种为长方形小条砖，用于垒砌墙体，长27厘米，宽13.5厘米，厚5厘米；一种为花纹方砖用于铺地，长、宽各40厘米，厚4厘米（图二九）。

M216

该墓开口于扰土层之下，距地表深57厘米，方向280°。此墓已扰乱，墓顶已毁。墓

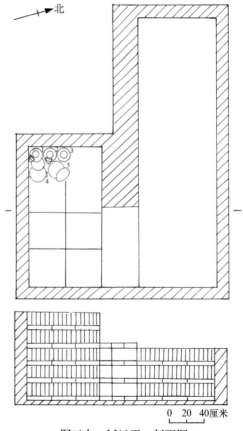

图二九 M10平、剖面图

1~3.陶仓 4.陶鼎 5.陶盒

0 20 40厘米

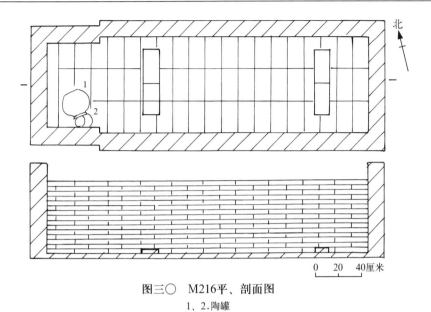

图三〇　M216平、剖面图
1、2.陶罐

葬平面略呈"凸"字形。其西端较整个墓室略窄，形成一间小侧室，用于放置随葬品。整个墓室长294厘米，最宽处108厘米，其中侧室平面呈长方形，长60厘米，宽98厘米。墓底距地表132厘米。墙高75厘米，为平砖错缝垒砌。铺地砖为横排对缝平铺。在铺地砖之上摆放两横排平砖，用于垫棺。葬具及葬式不详。所用砖均为长方形小条砖，砖长27厘米，宽13.5厘米，厚3.5厘米。葬具及葬式不详。随葬品放置在侧室南部，出土有陶罐2件。另在室内扰土中出土琉璃环1件（图三〇）。

M246

该墓开口于扰土层之下，距地表深105厘米，方向85°。此墓已盗扰，墓室顶部已毁。墓葬形制为砖室墓，平面呈"刀"把形。在主室的南侧凸出一块形成侧室。主室长235厘米，宽140厘米。南侧室长150厘米，宽70厘米。墓底距地表130厘米。砖均为长方形小条砖，

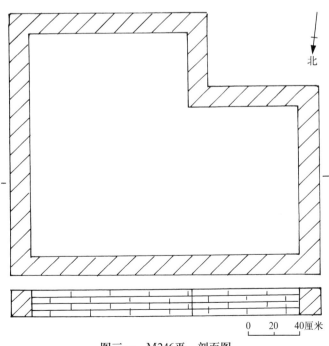

图三一　M246平、剖面图

砖长30厘米，宽15厘米，厚5厘米。葬具及葬式不详。随葬品出自室内扰土中，出土有陶双耳罐1（图三一）。

M89

该墓开口于扰土层之下，距地表深75厘米，方向108°。墓葬平面呈长方形。墓室长135厘米，宽78厘米，高50厘米，墓底距地表135厘米。墙高20厘米，为平砖错缝垒砌。铺地砖两横一竖（每三块一组，共4组）平铺。在南、北两墙上用14块竖立砖两两相斜对立，上扣筒瓦作墓顶，形成∧形顶。砖均为长方形小条砖，砖长30厘米，宽15厘米，厚5厘米。筒瓦长26.5厘米，宽14厘米，高6厘米。葬具及葬式不详。随葬品主要散放于墓底，出土有陶瓦当1、铜铃4、铜钱10（图三二；图版二，1、2）。

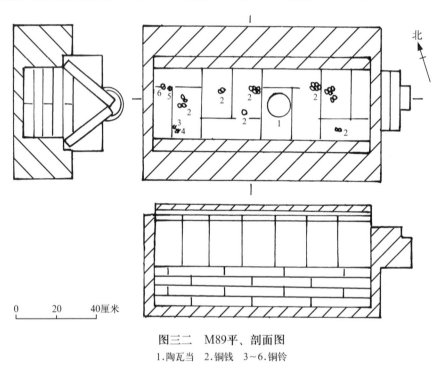

图三二　M89平、剖面图
1.陶瓦当　2.铜钱　3～6.铜铃

Ⅳ式　1座。小砖筑，券顶，有甬道。为M42。

M42

该墓开口于扰土层之下，距地表深50厘米，方向118°。此墓已盗扰，墓室顶部已毁，仅存部分墙体和铺地砖。但据墓葬平面形状可知其为券顶。墓葬平面呈"L"形，由墓室及甬道组成。墓室长244厘米，宽124厘米，墓底距地表170厘米。墙高120厘米。东墙为平砖错缝垒砌。西、南、北三墙为二顺一丁垒砌，铺地砖为竖排缝平铺。甬道位于墓室南侧西端，平面呈长方形，长120厘米，宽114厘米，底高于墓室底4厘米。墙高12厘米。西、东墙为二顺一丁垒砌，铺地砖为竖排错缝平铺。砖均为长方形小条砖，

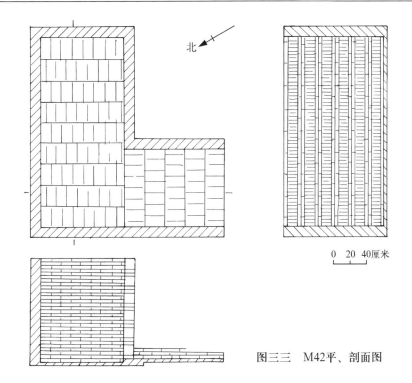

图三三 M42平、剖面图

砖长24厘米，宽12厘米，厚4厘米。葬具及葬式不详。随葬品出自室内扰土中，出土有陶壶1、陶盒1（图三三）。

V式 3座。平面近方形，穹窿顶，有甬道，地砖为人字形铺砌。包括M39、M49、M384。其中M39墓顶已不存，据平面形状推测为穹窿顶。

M49

该墓开口于扰土层之下，距地表深120厘米，方向280°。此墓已扰乱，部分墓顶已毁。墓葬形制为砖室墓，平面呈"凸"字形。由封门、甬道和主室三部分组成。砖均为长方形小条砖，砖长30厘米，宽15厘米，厚5厘米。

甬道：位于主室西端，平面呈长方形，长170厘米，宽160厘米，高275厘米。墙高165厘米，为三顺一丁垒砌。券高110厘米，为双层拱形竖排错缝起券。铺地砖为"人"字形平铺。

封门：宽220厘米，高275厘米，厚45厘米，为平砖错缝垒砌。

主室：平面呈长方形，长330厘米，宽280厘米，残高303厘米。墙高165厘米，为三顺一丁垒砌。穹窿顶，残高138厘米。铺地砖为"人"字形平铺（图三四）。

葬具及葬式不详。随葬品均出自室内扰土中，出土有陶无耳矮直领无沿罐1、陶钵1、铜镜1、铜带钩1、玉猪2、铜钱111枚。

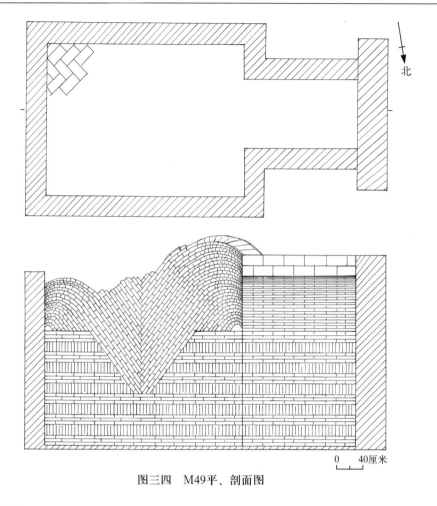

图三四　M49平、剖面图

北

0　　40厘米

M384

该墓开口于扰土层之下，距地表深159厘米，方向110°。此墓已扰乱，部分墓顶已毁。墓葬形制为砖室墓，平面略呈"凸"字形。由甬道和主室组成。砖均为长方形小条砖，砖长30.5厘米，宽15.5厘米，厚4.5厘米。

甬道：位于主室东端，平面呈长方形，长184厘米，宽124厘米。墙高100厘米，为平砖错缝垒砌。券残高22厘米，为竖排错缝起券。铺地砖为"人"字形平铺。随葬品仅在甬道西北部出土1件陶博山炉盖。

主室：平面呈长方形，长340厘米，宽286厘米，残高168厘米。墙高93厘米，为一丁三顺垒砌。穹窿顶，残高75厘米。铺地砖为"人"字形平铺。葬具及葬式不详。随葬品主要放置在主室东、西两端，出土有陶壶1、陶盒1、陶盘1、陶耳杯2、陶圆案2、陶奁2、陶方盒2、陶井1、陶俑3、陶猪1、陶鸡1、陶马2、陶牛1、陶泡钉3、陶建筑构件1、陶碓1、铜钱5。其中一部分随葬品出自室内扰土中（图三五）。

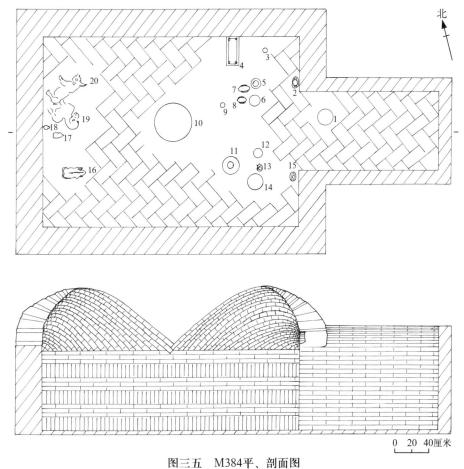

图三五　M384平、剖面图

1.陶博山炉盖　2、13、15.陶俑　3、9.陶泡钉　4.陶方盒　5.陶井　6.陶匜　7、8.陶耳杯
10.陶圆案　11.陶壶　12.陶盘　14.陶盒　16.陶马　17.陶猪　18.陶鸡　19.陶马　20.陶牛

　　B型　13座。墓室底部一端低，一端高。包括M21、M24、M84、M157、M199、M213、M215、M228、M231、M240、M253、M264、M270。其中M21、199、215、231、240、253等墓还保存有券顶。M84、M240两墓的墓壁一侧设有短甬道，应是为与另一墓室相通而预留。绝大部分墓葬的墓壁为错缝平铺直砌，M253墓壁为三顺一丁砌法。M199、M215两墓的墓壁前后错开相连，其中M215的券顶为一个整体，而M199的券顶前后高低有交错。随葬品的位置，除M21、M213、M253因被盗不明外，其余均放置于墓室内较低的一端。

　　M231、M253为正常标本。M240为侧面有甬道标本，应是预留与另一墓室的通道。M199为前后两部分墓壁错开相连标本。

M231

该墓开口于扰土层之下，距地表深100厘米，方向110°。此墓已盗扰，部分墓顶已毁。墓葬平面呈长方形。墓室东端低于整个墓室底部，作为器物室，绝大部分随葬品都放置在这一区域的南部。墙高100厘米，为平砖错缝垒砌。券高80厘米，为竖排错缝起券。铺地砖为竖排错缝平铺。墓室长360厘米，宽200厘米。其中东端较低的部分长80厘米，底低于墓室底部22厘米。墓底距地表280厘米。砖均为长方形小条砖，砖长30厘米，宽15厘米，厚5厘米。葬具及葬式不详。随葬品放置在墓室东端，出土有陶盒1、陶方盒1、陶仓2、陶灶1、陶井1、陶磨1、陶猪圈1、陶鸡2、陶狗1。少量器物放置在墓室的北部，出土有陶鼎1、铜钱14。另有陶博山炉盖1件出于室内扰土中（图三六）。

图三六　M231平、剖面图

1、2.陶仓　3.陶井　4.陶磨　5.陶灶　6.陶猪圈　7.陶盒　8、9.陶鸡　10.陶方盒
11.陶狗　12.陶鼎　13.铜钱　14.陶博山炉盖

M253

该墓开口于扰土层之下，距地表深170厘米，方向10°。此墓已盗扰，部分墓顶已毁。墓葬平面呈长方形，墓室北端低于整个墓室底部，墓室长360厘米，宽100厘米。墙高43厘米，为三顺一丁垒砌。券高29厘米。墓底距地表275厘米，其北端长78厘米的范围低于墓室底33厘米。铺地砖为竖排错缝平铺。砖均为长方形小条砖，砖长30厘米，宽15厘米，厚4厘米。室内扰土中出土陶磨1、石饰件1、铜钱7枚（图三七）。

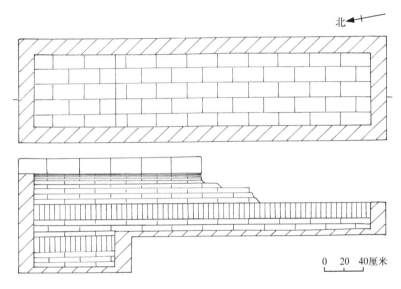

北

0　20　40厘米

图三七　M253平、剖面图

M240

该墓开口于扰土层之下，距地表深154厘米，方向295°。墓葬平面呈"卜"字形。由墓室与甬道组成，墓室西端低于整个墓室底部。墓室长404厘米，宽134厘米。墙高72厘米，为平砖错缝垒砌。券高54厘米，为竖排错缝起券。铺地砖为竖排错缝平铺。墓底距地表深310厘米。其西端长118厘米范围低于墓室底24厘米。其北侧开有一条甬道，应是为与另一墓室相通而预留。甬道长62厘米，宽33厘米。砖均为长方形小条砖，长32厘米，宽16厘米，厚6厘米。葬具及葬式不详。随葬品放置在甬道内，出土有陶鼎1、陶罐1、陶奁1、陶方盒1、陶博山炉盖1、陶仓2、陶灶1、陶磨1、陶猪圈1（图三八）。

M199

该墓开口于扰土层之下，距地表深130厘米，方向210°。墓葬平面略呈"T"字形。墓室长406厘米，北端宽124厘米，南端宽154厘米。南端墓底较北部低28厘米。墓壁为平砖错缝垒砌，铺地砖为竖排错缝平铺。所用砖均为长方形小条砖，砖长31厘米，宽15.5厘米，厚6厘米。从墓葬结构分析，该墓似为前后两部分分别修筑，然后合为一

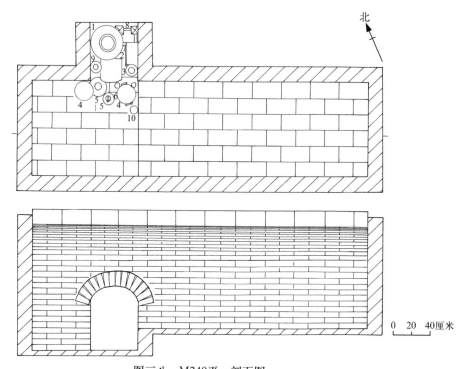

图三八　M240平、剖面图

1.陶罐　2.陶奁　3、9.陶仓　4.陶鼎（含盖）　5.陶磨　6.陶灶　7.陶方盒

8.陶猪圈　10.陶博山炉盖

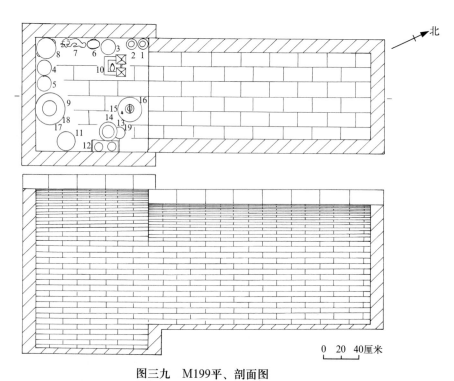

图三九　M199平、剖面图

1、2.陶仓　3~5.陶奁　6.陶耳杯　7.陶狗　8.陶鼎　9.陶壶　10.陶猪圈

11.陶盒　12.陶灶　13.陶碗　14.陶井　15.陶饰件　16.陶磨　17、18.陶勺　19.陶碗

个整体。其中墓室北部长264厘米一段为一个整体，宽124厘米，墙高90厘米，券高56厘米，整体高146厘米。墓室南部长142厘米一段为一个整体，宽154厘米，底部较北部低28厘米，券顶较北部高16厘米，券顶有近半块砖的长度搭在北部券顶之上。南、北两部分的砖壁交错相连接。

葬具及葬式不详。随葬品放置在墓室南端，出土有陶鼎1、陶盒1、陶壶1、陶奁3、陶耳杯1、陶勺2、陶碗2、陶仓2、陶灶1、陶井1、陶狗1、陶猪圈1、陶磨1、陶饰件1。（图三九）

（二）乙类墓

共23座。双室。据双室的结构分二型。

A型 1座。双室前后相连，中有甬道相接，地砖人字形铺砌。

M176

该墓开口于扰土层之下，距地表深60厘米，方向94°。墓葬平面略为"干"字形，由前甬道、前室、后甬道、后室组成。墓室长920厘米，最宽处360厘米，墓底距地表390厘米。墓壁砌法三顺一丁。此墓已扰乱，穹窿顶大部分已毁。砖均为青灰色小条砖，长30厘米，宽15厘米，厚5厘米。

前甬道：位于墓葬东端，与前室相接，平面呈长方形，长120厘米，宽190厘米，底与前室底平。墙高120厘米，为一丁三顺垒砌，顶已不存，铺地砖为"人"字形平铺。

前室：平面略呈方形，长320厘米，宽270厘米，其中前部长70厘米的一段宽300厘米，两者间的墓壁交错相接。前室底低于后甬道底20厘米。墙高120厘米，为三顺一丁垒砌，从残存的墙壁看，券顶为穹窿顶，铺地砖为"人"字形平铺。

后甬道：连接前室和后室。平面呈方形，内长、内宽各90厘米，底高于前室底20厘米，与后室底相平。墙高120厘米，为三顺一丁垒砌，券为拱形，高80厘米，竖排错缝起券，铺地砖为"人"字形平铺。

后室：平面呈长方形，长390厘米，宽240厘米，底与后甬道底相平。墙高120厘米，为三顺一丁垒砌。从残存的墙壁看，券顶为穹窿顶，券残高46厘米，铺地砖为"人"字形平铺（图四〇）。

葬具及葬式不详。随葬品均出自室内扰土之中，出土有陶鼎1、陶盒1、陶壶1、陶直领无沿罐2、陶盆1、陶钵1、陶方盒1、陶奁1、陶仓3、陶井1、陶狗1、陶饰件1、泥钱85、铜灯1、铜泡钉2、圆形铜片2、残玉片2、铜戒指1、铜弩机4、金坠3、铜钱113、铜器碎片。

B型 23座。双室左右并列。各自有独立的墓室和券顶，但两室间相邻的隔墙为整体砌筑，厚度为其余各面墙体的一倍，各占一半用于起券。据墓室底部结构分二亚型。

Ba型 8座。平底。

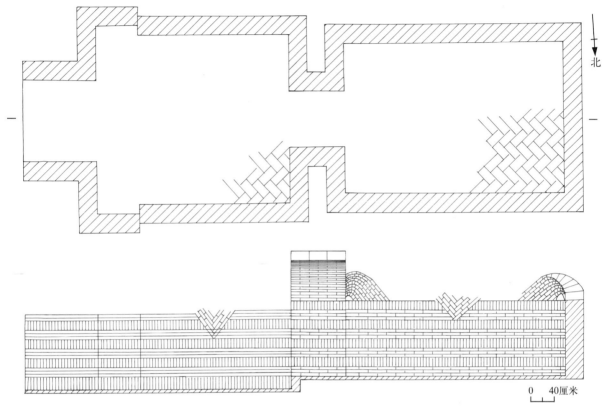

图四〇　M176平、剖面图

I式　5座。于两室相邻的墙上设券门连通两室。地砖为对缝平铺。包括M14、M52、M55、M58、M251。其中M58墓壁砌法为一顺一丁，隔墙为错缝平铺直砌。其余各墓墓壁及隔墙均为错缝平铺直砌。

M52

该墓开口于扰土层之下，距地表深127厘米，方向90°。此墓因盗扰，墓室顶部已毁，局部残存墓顶。墓葬平面呈长方形，由南北两室组成。墓室长278，宽212厘米。

两墓室的形状与结构相同。平面呈长方形，长278厘米，各宽78厘米，两室总宽212厘米，残高112厘米，其中墓壁高104厘米，券顶残高8厘米。墓底距地表深252厘米。两室相邻隔墙中部有券门连通两室。门高40，宽30厘米。墓壁为平砖错缝垒砌，铺底砖南室为一横一竖平铺六组，北室为一横两竖。砖均为长方形小条砖，长27厘米，宽13.5厘米，厚4厘米。

葬具及葬式不详。随葬品主要放置在北室，北室东北角出土有陶鼎1、铜镜1、铜钱17、陶饰件1、铁削2，西北角出土陶仓1件，南室南侧出土陶双耳罐1件。扰土中出有石黛板1件（图四一）。

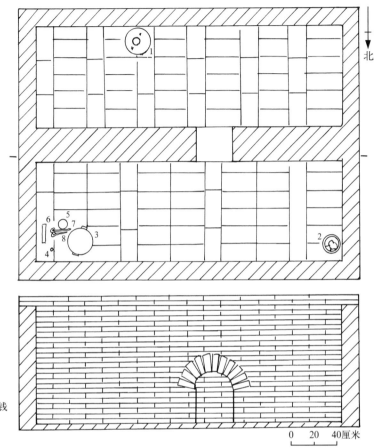

图四一　M52平、剖面图
1.陶罐　2.陶仓　3.陶鼎　4.铜钱
5.铜镜　6.陶饰件　7、8.铁削

0　20　40厘米

　　Ⅱ式　2座。墓室结构同Ⅰ式，地砖为人字形铺砌。包括M25、M124。
　　M124
　　该墓开口于扰土层之下，距地表深180厘米，方向27°。此墓因盗扰，部分墓室顶部已毁。墓葬形制为券顶砖室墓，平面呈长方形。由并列东、西室组成。墓室长290厘米，宽236厘米，墓底距地表深310厘米。
　　东西两室的形状与结构相同。平面长方形，长290厘米，西室内宽94厘米，东室内宽88厘米。墙高80厘米，为平砖错缝垒砌。券高37厘米，为竖排对缝起券。铺地砖为"人"字形平铺。两室相邻隔墙上的券门开设于北端，门高64厘米，宽50厘米。砖均为长方形小条砖，长26厘米，宽13厘米，厚4厘米。
　　葬具及葬式不详。随葬品主要放置在东室西北部两室相通的门前，出土有陶猪圈1、陶狗1、陶仓3，东室的东侧出土铁剑1件，在室内扰土中出土有硬陶罐1、陶磨1、铜钱2（图四二）。
　　Ⅲ式　1座。双室并列，各有独立墓室，中间有甬道相通，但两室修建的时间有先

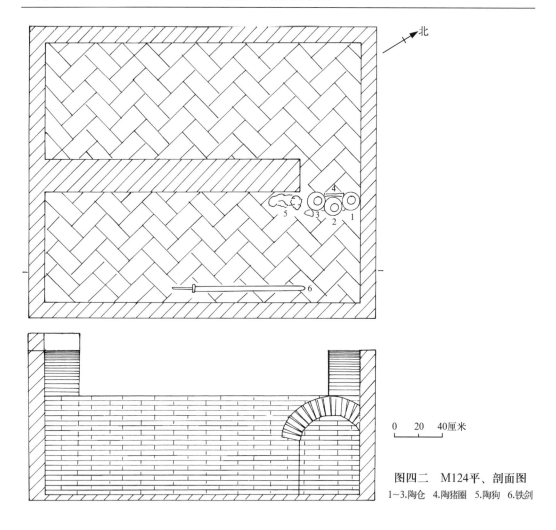

图四二　M124平、剖面图
1～3.陶仓 4.陶猪圈 5.陶狗 6.铁剑

后，为两次建造。墓室地砖为人字形铺砌。

M256

墓葬形制为双穹隆顶砖室墓，由两甬道、两主室和连接两主室的小过道组成。平面呈双"凸"字横连形。墓口距地表90厘米，方向290°。此墓已盗扰，墓顶大部分已毁，但墓室四壁保存较好。墓室最长480厘米，横宽580厘米，墓底距地表290厘米。此墓为两次筑造而成，从连接两主室的过道接口处看，南部墓室时代早于北部墓室。在修筑北部墓室时，于北墓室南墙的前部修小券门，而将南室的北墙的相同位置掏一个洞，形成与北室券门相通的小过道，过道北部有券门，而南部无券门。过道底高于南主室底48厘米而与北室底相平。所用砖均为青灰色小条砖，长32厘米，宽16厘米，厚5厘米。

南甬道；平面呈长方形。长150厘米，宽90厘米，无封门。底低于南主室底20厘米，低于过道和北室底68厘米。墙高138厘米，为三顺一丁垒砌。铺地砖为竖排错缝平铺。顶已毁。

南墓室；平面近方形。长282厘米，宽318厘米，底高于南甬道底20厘米，低于过道和北室底48厘米。墙高98厘米，为三顺一丁垒砌，穹隆顶残高20厘米，铺地砖为"人"字形平铺。

北甬道；平面呈长方形。长138厘米，宽84厘米。底高于南主室底48厘米，且与小过道和北主室底相平。封门高145厘米，垒筑方法从下往上为一丁二顺，一丁一顺（四组），其上存平砖错缝垒砌四层。墙高125厘米，为一丁三顺垒砌，底到残券顶高140厘米。券顶为竖排对缝起券。无铺地砖。

北墓室；平面呈长方形。长362厘米，宽250厘米。底高于南主室底48厘米，且与小过道和北甬道底相平。墙高88厘米，为一丁三顺垒砌。穹隆顶，残高164厘米。铺地砖为"人"字形平铺。

过道；位南、北主室中部，与二室相通，平面呈长方形。长70厘米，宽52厘米，高48厘米。底高于南主室底48厘米，与北室底相平。过道北段为券门形态，南部略呈不规则形。铺地砖为竖排错缝平铺（图四三；图版二，3）。

葬具及葬式不详。随葬品主要放置在南墓室的南部和东部，出土有陶壶2、陶方盒1、陶奁1、陶釜2、陶盆1、陶熏炉2、陶耳杯2、陶博山炉盖1、陶泡钉9、陶仓1、陶井2、陶狗1、陶猪圈1、陶磨1、陶鸡3、陶鸭1、陶俑5、陶兕1、陶五铢钱12、铜环1、铜钱10。另在北墓室的北部出土有陶镇墓兽1、陶耳杯2、陶狗1。一部分随葬品出自室内扰土中，出土有陶鼎、陶盘2、陶五铢钱1、陶碓1、陶磨1、陶鸭2、陶俑1、陶勺1、陶仓1、陶灶1、铜弩机1、铜泡钉5、铜镜1。

Bb型　15座。墓底前低后高，前端为低于墓室的器物室。其它与Ba型相同。

Ⅰ式　14座。于两室相邻的墙上设券门连通两室，券门一般设在墓室较低的一端，仅M243的情形相反。地砖为对缝平铺。包括M28、M66、M92、M171、M238、M243、M260、M294、M342、M345、M367、M381、M406、M428。其中M406墓壁砌法为错缝平铺直砌20层后，再用一顺一丁砌法。其余各墓均为错缝平铺直砌。M260、M294、M342、M367、M381的前后两部分墓壁错开相连。有随葬品者主要放置于墓室内较低的一端。

M66

该墓开口于扰土层之下，距地表深105厘米，方向180°。墓葬平面呈长方形，由并列东、西两室组成，两室各有券顶。墓室长390厘米，宽240厘米，最高190厘米，底距地表深295厘米。墓壁为错缝平铺直砌，券顶竖排错缝起券，砖均为长方形小条砖，长30厘米，宽15厘米，厚5厘米。

两墓室大小、形状和结构相同，平面长方形，在墓室南端筑有一间低于主室墓底35

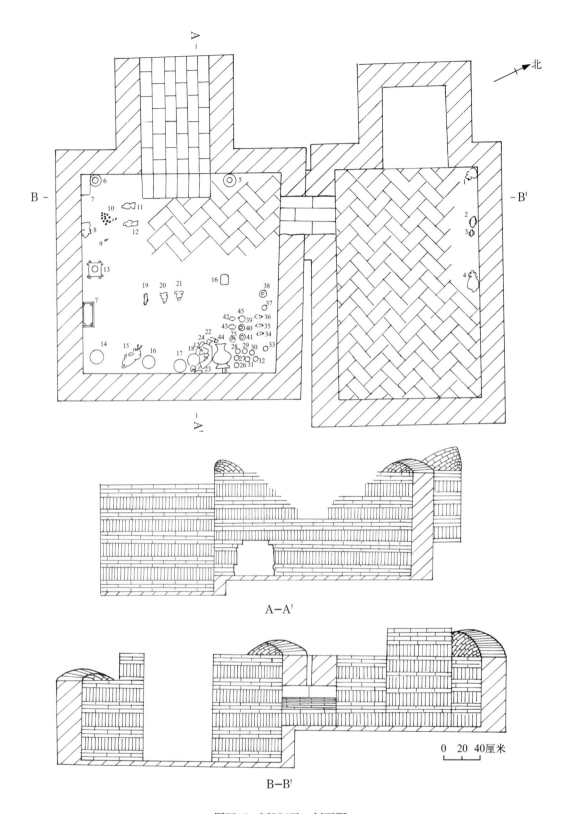

图四三　M256平、剖面图

1.陶镇墓兽　2、3.陶耳杯　4.陶狗　5.陶仓　6.陶井　7.陶方盒　8.陶狗　9.铜环　10.陶五铢钱　11、12.陶俑　13.陶井　14.陶博山炉盖　15.陶兕　16.陶奁　17、18.陶壶　19~21.陶俑　22、23.陶熏炉　24.陶猪圈　25.陶磨　26~33、37.陶泡钉　34、36、44.陶鸡　35.陶鸭　38.陶盆　39.陶汲水瓶　40、41.陶釜　42、43.陶耳杯　45.铜钱

厘米的器物室，用以放置随葬品。铺地砖西室为竖排错缝平铺，东室主室为竖排错缝平铺，器物室为两竖排错缝和两横排对缝平铺。两墓室长390厘米，其中器物室长120厘米，各宽90厘米，器物室高190厘米，主室高155厘米。两室相邻器物室的隔墙上有券门相通，高96厘米，宽60厘米。

葬具及葬式不详。随葬品置于两室南部，其中东室有陶器盖1、陶灯1、陶模型甑1、陶模型釜2、陶鸡2、铜钱13、铜片1、石黛板1。西室有陶鼎1、陶壶1、陶奁1、陶仓2、陶井1、陶猪圈1、陶磨1、陶狗1；另外在主室前端有陶方盒1件（图四四）。

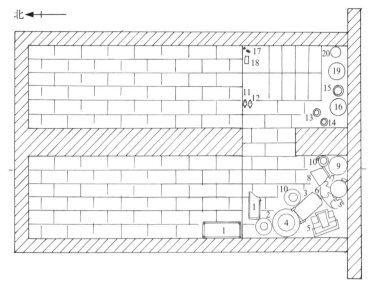

M243

该墓开口于扰土层

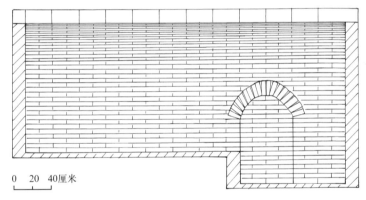

图四四　M66平、剖面图
1.陶方盒　2、3.陶仓　4.陶壶　5.陶猪圈　6.陶狗　7.陶鼎　8.陶井
9.陶奁　10.陶磨　11、12.陶鸡　13、14.陶模型釜　15.陶模型甑
16.陶器盖　17.铜钱　18.石黛板　19.铜片　20.陶灯

之下，距地表深110厘米，方向110°。墓葬平面呈长方形，由并列南、北两室组成，两室各有券顶。墓室长342厘米，宽254厘米，最高182厘米。墓底距地表深292厘米。墓壁为错缝平铺直砌，券顶竖排错缝起券，铺地砖为竖排错缝平铺。砖均为长方形小条砖，长32厘米、宽16厘米、厚5.5厘米。

两墓室大小、形状和结构相同，平面长方形，在墓室南端筑有一个其底低于主室墓底18厘米的器物室，用以放置随葬品。两墓室长342厘米，其中器物室长78厘米，各宽95厘米，器物室高182厘米，主室高164厘米。两主室相邻隔墙的西端有券门相通，高82厘米，宽50厘米。

葬具葬式不详。随葬品主要置于器物室内。其中北器物室有陶奁1、陶仓1、陶磨1、陶井1、陶灶1、陶猪圈1、陶鸭2、陶鸡2件，北主室前端有陶罐1件。南器物室有陶罐1、陶器盖1、小陶罐2件（图四五；图版一，3）。

M342

该墓开口于扰土层之下，距地表深110厘米，方向25°。墓被盗扰，部分墓顶已毁。墓葬形制为券顶砖室墓，由东、西室组成。东室长西室短，东室宽西室窄。两室又各分为前后两部分，前部墓底低于后部，其中东室前部的东侧与西室前部的西侧较后部宽出一墙之厚的空间，前后壁之间呈错

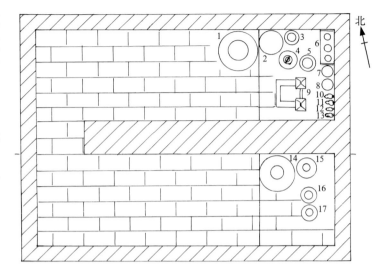

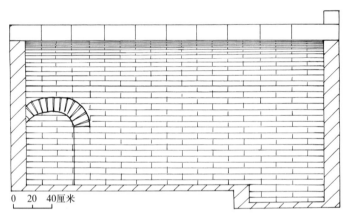

图四五　M243平、剖面图

1、14.陶罐　2.陶奁　3.陶仓　4.陶磨　5.陶井　6.陶灶　7.陶模型盆

8.陶模型甑　9.陶猪圈　10、11.陶鸭　12、13.陶鸡

15.陶器盖　16、17.陶小罐

开相连的结构，使整个墓葬平面略呈"T"字形。东西两室前后两部分的券顶也分别修建，前部券顶亦高出后部券顶一砖之厚，并部分搭盖于后部券顶之上。墓室长376厘米，最宽处268厘米。墓壁均为平砖错缝垒砌，券顶为竖排错缝起券，铺地砖均为竖排错缝平铺。底距地表深292厘米。砖均为长方形小条砖，长32厘米，宽16厘米，厚6厘米。

东室：平面长方形，长376厘米，前部宽112厘米，后部宽96厘米。前部墓底较后部墓底低24厘米。东室前部高210厘米，后部高170厘米。

西室：平面长方形，长360厘米，前部宽84厘米，后部宽68厘米，前部墓底较后部墓底低24厘米。西室前部高210厘米，后部高170厘米。

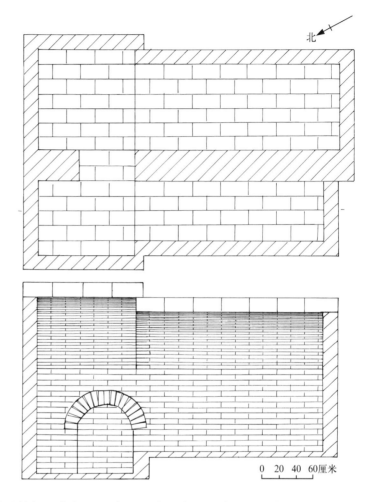

图四六 M342平、剖面图

0 20 40 60厘米

两室间相通的券门开设于前部（北部），高76厘米，宽64厘米（图四六）。

从西室长度比东室短的情况分析，两室修建的时间似有早晚，但具体哪个室早不能判断。

葬具葬式不详。随葬品均出自室内扰土中，有陶碗1、陶方案1、陶仓1、陶灶1、陶猪圈1、陶磨1、陶狗1、陶钵1、陶小壶1、陶博山炉盖2、陶盒1、陶壶1件。

M406

该墓开口于扰土层之下，距地表深166厘米，方向200°。此墓已被扰乱，墓顶已毁。墓葬结构由东、西两室组成。墓室长348厘米，宽248厘米，墓底距地表深296厘米。墓壁砌法各墙略有不同，其中东、西、北墙为一顺一丁砌法，南墙、两室间的隔墙、东室前后两部分间的隔墙为平砖错缝垒砌。砖分为两种：一种为长方形小条砖，主要用于墙体垒砌、西室及东器物室铺地，长26厘米，宽13厘米，厚3厘米；另一种为花纹方砖，用于东室铺地，长、宽均为40厘米，厚4厘米。

　　东室：刀形，分主室及器物室两部分，主室略宽，器物室略窄，两室地面相平，两室间有隔墙。主室长方形，方砖对缝铺地。室内长210厘米，内宽90厘米，高122厘米。器物室长方形，墓底为小砖横排对缝平铺。内长84厘米，内宽54厘米，高122厘米。

　　西室：长方形，分器物室及主室两部分。器物室低于主室12厘米，与东室底部相平。两室间西墙上有一卯槽，卯槽中有朽木痕迹，应为用于前后室隔板，长、宽均12厘米。铺地砖主室自北向南为一横排、六竖排对缝、一横一竖一横排平铺，器物室为横排对缝平铺。西室内长308厘米，其中器物室长78厘米，内宽92厘米，主室高110厘米，器物室高122厘米。

　　两主室间的隔墙上留有三个极窄的通道，各宽14、14、16厘米。

　　葬具葬式不详。随葬品主要放置在两室器物室里，西器物室出土有陶仓2、陶狗1，东器物室出土有陶灶1、陶熏炉1、陶井1、陶鼎1、陶盒1、陶猪圈1、陶壶1、陶磨1、陶奁1，另外在东主室出土铁剑一柄。一部分随葬品出自室内扰土中，出土有陶灯1、陶鸡2、陶鸭2、石口蝉1、铜车害2、铜衔镳1、铜辖1、铜当卢1、铜盖

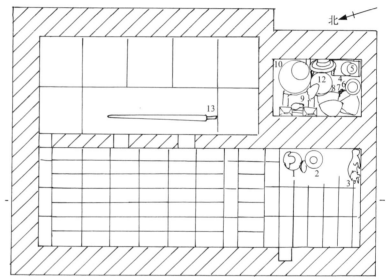

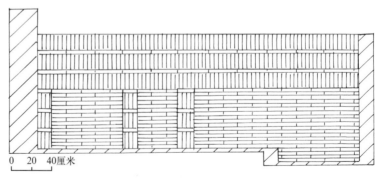

图四七　M406平、剖面图

1、2.陶仓　3.陶狗　4.陶灶　5.陶熏炉　6.陶井　7.陶鼎
8.陶盒　9.陶猪圈　10.陶壶　11.陶磨　12.陶奁　13.铁剑

弓帽4、铜扣2、铜方形饰件1、铜带钩1、铜片1、琉璃耳塞1件（图四七）。

　　Ⅱ式　1座。双室并列，各有独立墓室，中间有甬道相通。但两室修建的时间有先后，为两次筑造。

M195

该墓开口于扰土层之下，距地表深137厘米，方向205°。此墓已盗扰，大部分墓顶已毁，但墓室四壁保存较好。墓葬结构为券顶砖室墓。墓室由东室、东耳室、西室和连接东、西室的甬道组成。墓葬平面呈"干"字形。墓室南北长456厘米，东西宽348厘米，墓底距地表317厘米。此墓为两次筑造形成的，从东、西室接口的小过道看，东墓室时代早于西墓室，原在墓室南部两侧各建有一个侧室，在修筑西墓室时，把东墓室的西侧室西墙打开，加高底部与使西室底相平，在其上部改成连接两室的甬道，且又在东室原西侧室南、北墙内侧两边各垒砌长48厘米的砖墙，形成甬道西部有券门，而东部无券门的结构。所用砖均为长方形小条砖，砖长31厘米、宽15厘米、厚5厘米。

东室：平面呈长方形。长456，宽72厘米。其中前半部长198厘米一段墓底，较后室及耳室处低35厘米。墓壁整体为平砖错缝垒砌，后半部分墙高78厘米，券顶高62厘米，为竖排错缝起券，铺地砖为（南部）两竖排砖和竖排错缝平铺。墓室前半部。

东耳室：位于东前室的东部，平面呈长方形。宽74厘米，深64厘米，底高于东室前部35厘米，与东室后部底相平。墙高140厘米，为平砖错缝垒砌，铺地砖为一竖排、一横排砖平铺。

西室：平面呈长方形。长370厘米，宽76厘米。底高于东室前部60厘米，与两室的过道底相平。墙高110厘米，为平砖错缝垒砌，铺地砖为"人"字形平铺。在南部铺地砖上摆放着四块平砖，其用途不详。

过道：位于东、西两室南部，与二室相通，平面呈长方形。长70厘米，东宽78厘米，西宽50厘米。过道底高于东前室底60厘米，与西室底相平。墙高60厘米，为平砖错缝垒砌，铺地砖为一横排、两竖排平铺。

葬具及葬式不详。随葬品主要置于东室及东西两室间的过道内。其中东室前部出土有陶灶1、陶猪圈1、陶瓮1、陶狗1、陶鸡1、陶耳杯1、陶壶1件，东室的耳室内出土有陶壶1、陶仓2件，东西两室间的过道内出土有陶罐1、陶方盒1件。一部分随葬品出自室内扰土中，有陶磨1、陶耳杯1、陶博山炉盖1、陶泡钉1、铜刷1、陶狗1、铜钱8、陶五铢钱2（图四八）。

（三）丙类墓

共3座。三室并列。包括M9、M91、M399。其中M9、M91为一次性修建，M399有二次修建痕迹。

M9

该墓开口于扰土层之下，距地表深102厘米，方向168°。此墓已盗扰，墓顶已毁，仅存部分墙体和铺地砖。墓葬形制为砖室墓，平面呈长方形。由封门、东室、中室、西室四部分组成。墓室长342厘米，宽362厘米，墓底距地表深264厘米。墓壁残高120厘

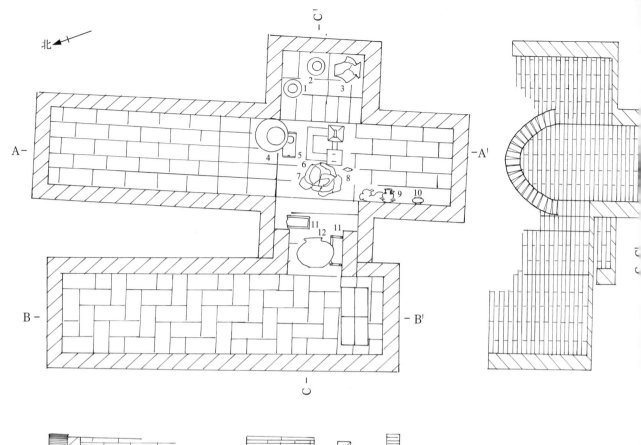

北

C

C'

A — — A'

B — — B'

C'

C

1、2.陶仓　3、4.陶壶　5.陶灶　6.陶猪圈　7.陶奁　8.陶鸡　9.陶狗　10.陶耳杯　11.陶方盒　12.陶罐

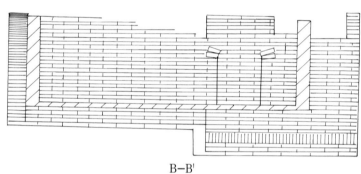

B—B'

0　20　40厘米

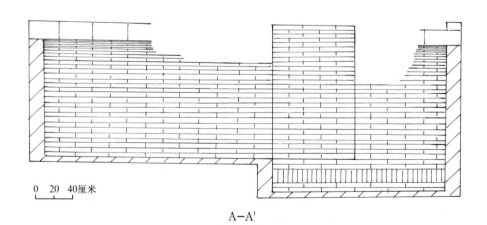

A—A'

图四八　M195平、剖面图

1、2.陶仓　3、4.陶壶　5.陶灶　6.陶猪圈　7.陶奁　8.陶鸡　9.陶狗　10.陶耳杯　11.陶方盒　12.陶罐

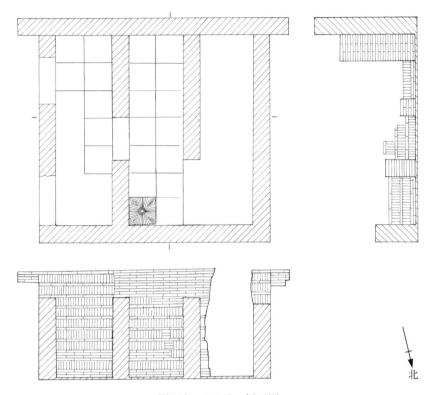

图四九　M9平、剖面图

米，为一丁一顺垒砌。砖分两种，一种为长方形小条砖，用于垒砌墙体，长26厘米，宽13厘米，厚4厘米；另一种为花纹方砖，用于铺地，长、宽各40厘米，厚3厘米。

封门位于墓室南端，宽426厘米，高184厘米。东室门为三顺一丁、四顺一丁、一顺一丁（6组）。中室门为三顺一丁、四顺一丁、一顺一丁（3组）。上部有丁砖和平砖错缝垒砌。西室门从残存的部分看为三顺一丁、四顺一丁、一顺一丁（3组），上部为平砖错缝垒砌。

三墓室东西并列，形状、结构、大小相同。各室内长290厘米，内宽皆为86厘米。铺地砖为方砖对缝平铺。

三室间的隔墙上有门相通。东、中室之间的门开设于隔墙中部，宽66厘米；中、西室之间的门开设于北端，宽100厘米（图四九）。

葬具葬式不详。随葬品均出自室内扰土中，有陶磨1、陶钵1、铜衔镳1。

M91

该墓开口于扰土层之下，距地表深190厘米，方向280°。此墓已盗扰，部分墓顶已毁。墓葬形制为砖室墓，平面近方形。由封门、北室、中室和南室组成。墓室长382厘米，宽366厘米，最高178厘米，墓底距地表深380厘米。墓壁砌法均为平砖错缝垒砌，三室各有券顶，为竖排错缝起券。墓砖均为长方形小条砖，长32厘米，宽16厘米，厚5厘米。

封门位于墓室西端，长452厘米，高197厘米。平砖错缝垒砌。

三室结构、形状相同，长方形，墓室分为前后两部分，前部（西端）长110厘米，后部长240厘米，前部墓底较后部低20厘米。铺地砖均为竖排错缝平铺。墓室长度均为350厘米，宽91厘米，以墓室后部计墙高为90厘米，券高为68厘米。各室间于墓室前部设券门相通，门高84厘米，宽50厘米。

葬具葬式不详。随葬品主要放置在各室前部，其中北室前部出土有陶猪圈1、陶鸡2，中室前部出土有陶釜1、陶汲水瓶1，北、中两室相通的小券门里放置陶狗1件。另在北室后部出土有陶仓1、陶磨1，在中室后部扰土中出土铜钱16枚（图五〇）。

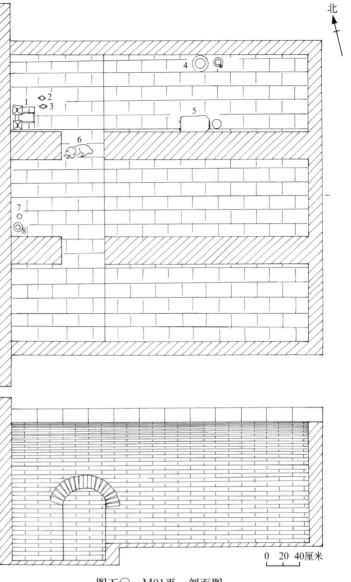

图五〇　M91平、剖面图
1.陶猪圈　2、3.陶鸡　4.陶磨（含盖）　5.陶仓
6.陶狗　7.汲水瓶　8.陶小釜

M399

该墓开口于扰土层之下，距地表深210厘米，方向200°。此墓因盗扰，墓顶已毁。墓葬形制为砖室墓，平面呈长方形。由东、西、中并列三室组成。墓室长312厘米，宽370厘米，墓底距地表深340厘米。墓壁残高130厘米，均为三顺一丁垒砌。墙砖及地砖均为长方形小条砖，长29厘米，宽13厘米，厚5厘米。

从墓室结构看分为两部分，由两次筑造而成：一部分由西、中室组成，同时修筑，另一部分则为东室。东室的西壁直接利用了中室的东壁，其南北壁与中室东壁间有明显的接缝，由此观察，可知东室时代晚于西室和中室。三室的长度均为247厘米，西室宽84厘米，中室宽94厘米，东室宽81厘米。东室与中、西室间不相通，西室和中室隔墙北端设券门相通。门高90厘米，宽50厘米。铺地砖西室、中室为一横排一竖排（6组），东室为横排对缝平铺。

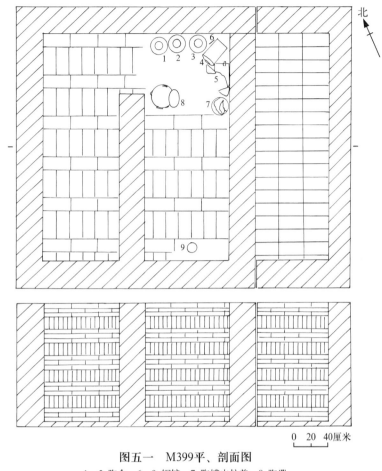

图五一 M399平、剖面图
1～5.陶仓 6、9.铜镜 7.陶博山炉盖 8.陶鼎

葬具葬式不详。随葬品主要放置在中室北部，出土有陶仓5、铜镜2、陶鼎1、陶博山炉盖1。一部分随葬品出土在室内扰土中，有陶壶1、陶盘1、陶耳杯1、陶博山盖2（图五一）。

（四）丁类墓

共8座。前室横列，前室均较后室低。

A型 4座。无甬道。券顶。前室横长方形。由横长方形前室和两个长方形后室组成。双后室的总宽比前室的宽度小，使墓葬的平面形状近"T"形或"十"字形。各室皆有独立券顶。包括M73、M130、M196、M444。其中M130前室两端有耳室。

M130

该墓开口于扰土层下，距地表深70厘米，方向15°。此墓已扰乱，墓顶已毁。墓葬形制为砖室墓，由横前室、东西耳室和两后室组成。平面呈"T"字形。墓室长370厘米，最宽处380厘米，墓底距地表180厘米。砖均为长方形小条砖，砖长30厘米，宽15厘米，厚5厘米。

前室：平面横长方形，长115厘米，宽210厘米，底低于耳室和后室底25厘米。墙高110厘米，为平砖错缝垒砌，铺地砖为"人"字形平铺。

耳室：位于前室东西两端。两耳室形状与结构相同，平面均呈长方形，宽115厘米，深70厘米，耳室底高于前室底25厘米，与后室底相平。墙高85厘米，为平砖错缝垒砌，铺地砖为竖排错缝平铺。

后室：两后室形状与结构相同。平面呈长方形，长250厘米，各宽

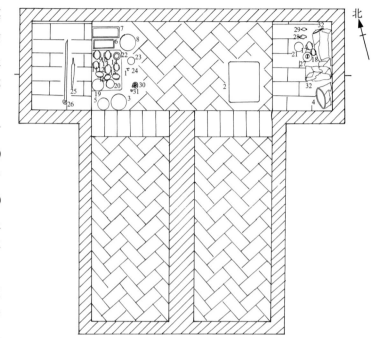

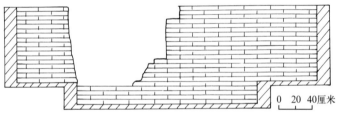

图五二　M130平、剖面图

1、2.陶方案　3、4.陶奁　5.陶樽　6、7.陶方盒　8.陶碗　9～18.陶耳杯
19.铜钵　20、21.陶盘　22.陶钵　23.铜镜　24.铜器耳　25.铁剑　26.铜刀
27.陶磨　28.陶鸭　29.陶鸡　30.铜钱　31.铜铃　32.陶片（壶）

90厘米，通宽240厘米。后室底高于前室底25厘米，与耳室底相平。墙高85厘米，为平砖错缝垒砌，铺地砖为"人"字形平铺，与前室相接外铺一排对缝平砖。

葬具葬式不详。东耳室出土有陶奁1、陶耳杯2、陶磨1、陶盘1、陶鸡1、陶鸭1、陶壶1。前室东部出陶案1，前室西部出土有陶案1、陶奁1、陶樽1、陶方盒2、陶碗1、陶钵1、陶耳杯8、陶盘1、铜钵1、铜镜1、铜铃1、铜器耳1、铜钱22。西耳室出土有铁剑1、铜刀1（图五二）。

M196

该墓开口于扰土层之下，距地表深130厘米，方向36°。此墓已扰乱，大部分墓顶已毁。墓葬形制为券顶砖室墓，平面呈"T"字形。由横列前室和两后室组成。墓室长368

厘米，最宽处438厘米，高140厘米，墓底距地表280厘米。砖均为长方形小条砖，砖长32厘米，宽16厘米，厚4.5厘米。

前室：平面呈横长方形，长112厘米，宽438厘米，底低于两后室底30厘米。墓顶已毁。墙残高90厘米，为平砖错缝垒砌，铺地砖为竖排错缝平铺。

后室：两后室形状与结构相同。平面长方形，长256厘米，各宽88厘米。两后室通宽252厘米，高110厘米。底高于前室底30厘米。墙高60厘米，为平砖错缝垒砌。券高50厘米，为竖排错缝起券。铺地砖为竖排错缝平铺。

葬具葬式不详。仅在西后室东南角出陶双耳罐1件。扰土中出有陶壶残片（图五三）。

B型 4座。有甬道。

I式 3座。券顶。前室横长方形。由横长方形前室和两个长方形后室组成。双后室的总宽比前室的宽度小，使墓葬的平面形状近"T"形或"十"字形。各室皆有独立券顶。包括M332、M402、M442。

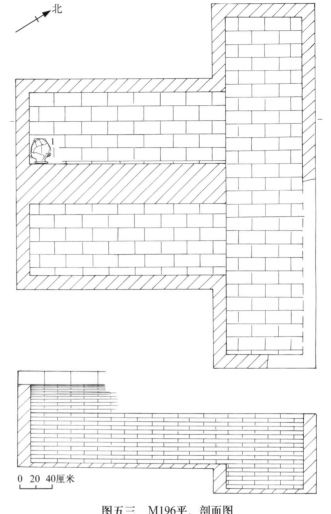

图五三 M196平、剖面图
1. 陶罐

M332

该墓开口于扰土层之下，距地表深210厘米，方向290°。此墓已盗扰，墓顶已毁。墓葬形制为砖室墓，由南北并行甬道、前室和南北双后室组成，平面略呈"十"字形。墓室长448厘米，最宽处274厘米，墓底距地表深310厘米。墓壁砌法均为平砖错缝垒砌，残存最高100厘米。铺地砖均为横排错缝平铺。砖均为长方形小条砖，长32厘米，宽16厘米，厚6厘米（图五四）。

甬道：平面呈长方形，长92厘米，通宽242厘米，各宽90厘米。甬道底与前室底相

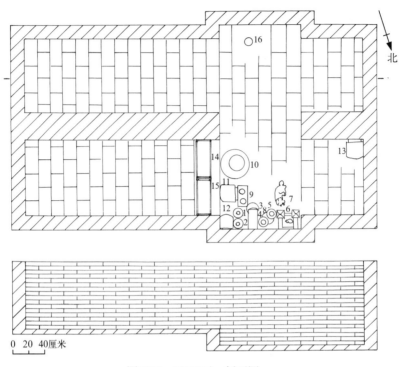

图五四　M332平、剖面图

1~5.陶仓　6.陶猪圈　7.陶狗　8.陶磨　9.陶灶

10.陶罐　11~13.陶奁　14、15.陶方盒　16.铜镜

平，低于后室底20厘米。

前室：平面呈横长方形，长100厘米、宽274厘米，前室底低于后室底20厘米，与甬道底相平。墙高100厘米，为平砖错缝垒砌，铺地砖为横排错缝平铺。

后室：两后室形状与结构相同。平面呈长方形，长256厘米，各宽90厘米，两后室通宽242厘米，底高于前室底和甬道底20厘米。

葬具葬式不详。随葬品主要见于前室北侧，包括有陶仓5、陶猪圈1、陶狗1、陶磨1、陶灶1、陶罐1、陶奁2件。另外在前室南侧出铜镜1件，北甬道口出陶奁1件，北后室前端出土陶方盒2件。

M402

该墓开口于扰土层之下，距地表深210厘米，方向283°。此墓已盗扰，墓顶已毁。墓葬形制为砖室墓，由南北并行甬道、前室、南北耳室和南北双后室组成，平面略呈"十"字形。墓室长458厘米，最宽处392厘米，底距地表深298厘米。墓壁砌法均为平砖错缝垒砌，残存最高87厘米。铺地砖甬道及前室为"人"字形平铺，后室为竖排错缝平铺。砖均为长方形小条砖，长32厘米，宽16厘米，厚5.5厘米。

甬道：两甬道形状与结构相同。平面方形，长100厘米，各宽98厘米，通宽272厘米，底与前室底相平。墙残高84厘米。

前室：平面呈横长方形，长92厘米，宽240厘米，底低于后室底34厘米，与甬道底相平。

耳室：位于前室两端。北耳室宽92厘米，深50厘米。南耳室宽92厘米，深104厘米，底高于前室底34厘米，与后室底相平。

后室：两后室形状与结构相同。平面呈长方形，长266厘米，各宽98厘米，两后室通宽272厘米，底高于前室底34厘米，与耳室底相平。墙残高54厘米。

葬具葬式不详。随葬品主要见于两个耳室内。其中南耳室出土有陶壶1、陶磨1、陶方盒1、陶宬1、陶灶1、陶鸡2、陶鸭1、陶猪圈1、陶仓1，北耳室出土有铜刀1、陶双耳罐1、铜钱9、陶仓1。另在前室北部出土

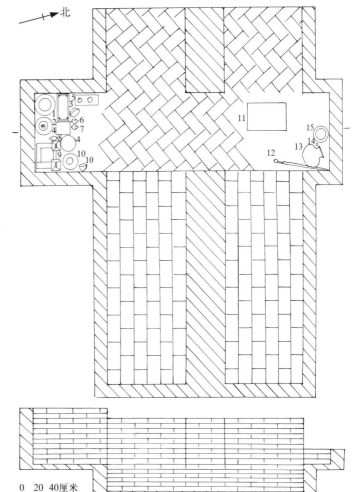

图五五　M402平、剖面图

1.陶壶　2.陶磨　3.陶方盒　4.陶宬（一套）　5.陶灶　6、7.陶鸡
8.陶鸭　9.陶猪圈　10.陶仓（含盖）　11.陶方案　12.铜刀
13.陶双耳罐　14.铜钱　15.陶仓

有陶方案1件。室内扰土中出土有陶耳杯3、陶罐1、陶汲水瓶1、铜镞1、陶碓1、陶盒1、陶熏炉1（图五五）。

M442

该墓开口于扰土层之下，距地表深157厘米，方向100°。此墓已盗扰，部分墓顶已毁。墓葬形制为券顶砖室墓，由南北并行甬道、前室和南北双后室组成，平面略呈"十"字形。墓室长520厘米，最宽处320厘米，高204厘米。底距地表深353厘米。砖均为长方形小条砖，长31厘米，宽15.5厘米，厚6厘米。

甬道：南北两条甬道形状、结构相同。平面呈长方形，长114厘米，各宽98厘米，通

宽260厘米，高196厘米。墙高120厘米，为平砖错缝垒砌，券高76厘米，为竖排错缝起券，铺地砖为"人"字形平铺。两甬道的封门垒砌方法不同，南甬道封门为一丁一顺（三组）、一丁二顺、一丁一顺、一丁九层平砖错缝垒砌，北甬道为一顺一丁（四组）、十一排平砖错缝垒砌。

前室：平面呈横长方形，长138厘米，宽320厘米。墙高120厘米，为平砖错缝垒砌，券残高56厘米，为竖排错缝起券，铺地砖为"人"字形平铺。

后室：两后室形状与结构相同。平面长方形，

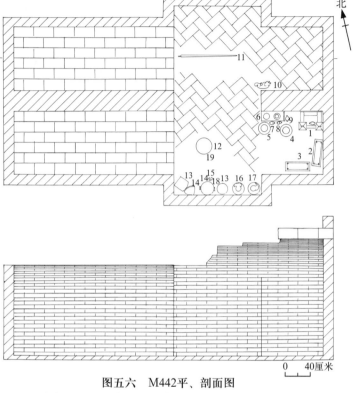

图五六　M442平、剖面图

1.陶猪圈　2、3.陶方盒　4.陶磨　5.陶井　6.陶灶　7、8.陶鸡
9.陶鸭　10.陶狗　11.铁刀　12、13.陶奁　14.陶鼎（含盖）
15.铜柿蒂形饰　16、17.陶仓　18.铜钱　19.铜冒

长268厘米，各宽98厘米，两后室通宽260厘米。墙高120厘米，为平砖错缝垒砌，券残高20厘米，为竖排错缝起券，铺地砖为竖排错缝平铺。

葬具葬式不详。随葬品主要见于南甬道及前室南端。其中在南甬道里出土有陶猪圈1、陶方盒2、陶磨1、陶井1、陶灶1、陶鸡2、陶鸭1。前室南端出土有陶奁2、陶鼎1、铜柿蒂形饰8、陶仓2、铜钱5、铜冒1。另外在北甬道西南角出土有陶狗1件，前室北部出土铁刀1件（图五六）。

Ⅱ式　1座。穹窿顶。前室近方形，双后室亦近方形。

M175

该墓开口于扰土层之下，距地表深72厘米，方向90°。此墓已盗扰，部分墓顶已毁。墓葬形制为穹窿顶砖、石混和结构墓，平面呈"品"字形。全墓由甬道、前室、南后室、北后室组成。墓室长960厘米，最宽处628厘米，墓底距地表478厘米。墓壁砌法均为三顺一丁，各室皆为穹窿顶。砖均为长方形小条砖，长30厘米，宽15厘米，厚5厘米。

（平面图）

图五七 M175平、剖面图（一）

北

0 20 40厘米

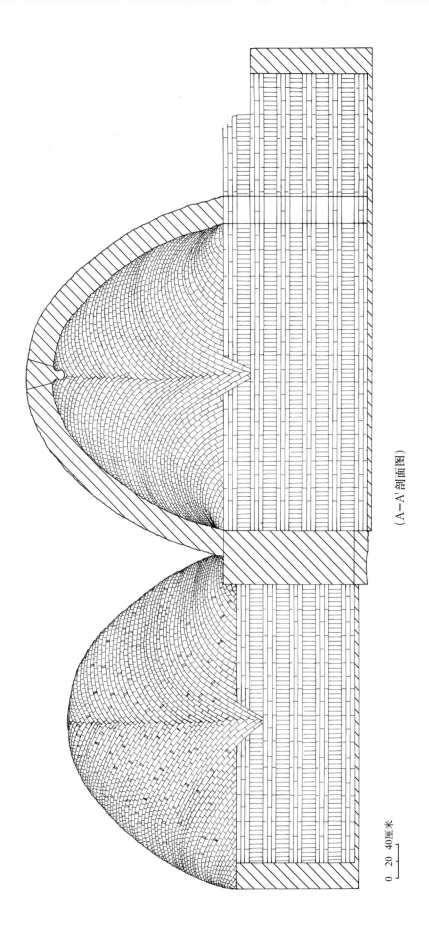

（A—A'剖面图）

0 20 40厘米

图五七 M175平、剖面图（二）

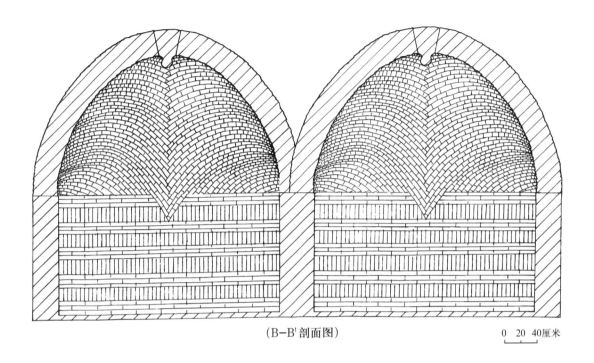

（B—B'剖面图）

0 20 40厘米

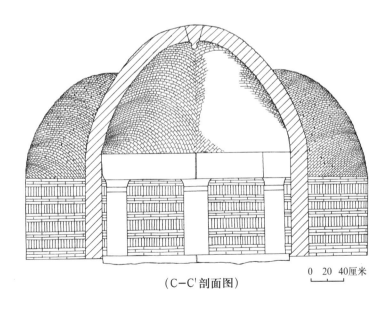

（C—C'剖面图）

0 20 40厘米

图五七 M175平、剖面图（三）

甬道：平面呈长方形，长200厘米，宽180厘米。底低于两后室底15厘米，与前室底相平。墙高166厘米，为三顺一丁垒砌，铺地砖为"人"字形平铺。

前室：平面近方形，较宽大。长350厘米，宽406厘米，高404厘米。底低于两后室底15厘米，与甬道底相平。墙高176厘米，为三顺一丁垒砌，顶为穹窿顶，高228厘米，墓顶中部用塞顶石封口，铺地砖为"人"字形平铺。在穹窿顶西北部有一盗洞。

两后室与前室间有石结构墓门，门底部为两垫石，垫石上等距立三根圆形石门柱，柱顶三栌斗，栌斗上承两门楣。门高由垫石至楣顶160厘米，宽298厘米，两门道各高120厘米，宽103厘米。

两后室形状结构相同：平面近方形，长318厘米，宽260厘米，高333厘米。墓底高于甬道底和前室底15厘米。墙高132厘米，为三顺一丁垒砌，顶为穹窿顶，高201厘米，墓顶中部用塞顶石封口，铺地砖为"人"字形平铺（图五七）。

葬具葬式不详。扰土内出铜带钩1，残铁器1，铜钱"大布黄千"一串。

第二章　出土遗物

南阳一中小区墓地共出土各类遗物1587件（不包括钱币）。质地包括陶器、釉陶器、瓷器、铜器、铁器、金器、银器、铅器、玉器、玛瑙器、琉璃器、石器等。另有铜钱1041枚（文字可辨者），陶钱307枚。

一　陶　器

共1509件，复原1251件。包括鼎、盒、壶、钫、双鼻壶、小壶、模型壶、小口瓮、大口瓮、双耳罐、无耳罐（高领折沿罐、矮领折沿罐、矮领无沿罐、小罐、模型罐）、印纹硬陶罐、奁、樽、方盒、案、熏炉、灯、豆、碗、钵、杯、耳杯、盘、匜、勺、模型洗、盖、仓、灶、井、圈、磨、碓、狗、鸡、鸭、马、牛、猪、兕、镇墓兽、人俑、车轮、泡钉、瓦当、盖弓帽、钱币等器类。

1.鼎

共135件，复原87件，另有器盖6件。出土于98座墓葬，其中37座墓葬各出土2件。据有肩或无肩而分为二型。

A型　86件。无肩。

一般有盖，少数盖已失。腹部一至数道凸起的折棱。三蹄足或熊足，器足根部内侧多掏空。方附耳外撇。耳及足均为单独模制完成后，粘附于器表。分十一式。

Ⅰ式　3件。器形小。盖微隆，器腹极浅，盖身相扣呈扁盒状，腹部一道折棱。实蹄足略高，足根位置接近底部。

标本　市一中M237：3，泥质红褐胎灰皮陶。子口承盖，圆唇，弧腹极浅，圜底近平。方附耳微外撇。三蹄足略高，截面半圆形。盖方唇，微隆，平顶，盖面有三个等距小孔，应是作插盖钮之用。器表连耳、足均涂白，原来可能有彩绘，盖唇涂朱。通高16.4、口径17.2、盖径19.6、高4.2厘米（图五八，1；图版三，1）。

Ⅱ式　9件。器形小。盖微隆，弧腹较Ⅰ式略深，腹部一道凸棱，实蹄足矮，足根位置在腹部。

标本　市一中M170：3，泥质黄灰陶，质地较差。子口承盖，圆唇，弧腹略深，圜底。腹部一道折棱。方附耳，三矮蹄足。盖方唇，弧顶隆起。通高16.8、口径16.6、盖径19厘米（图五八，2）。

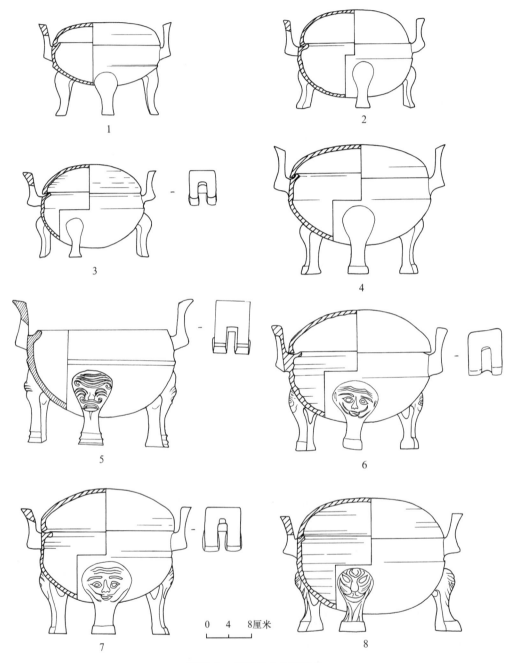

图五八　墓地出土A型陶鼎

1. Ⅰ式（M237：3）　2. Ⅱ式（M170：3）　3. Ⅱ式（M236：2）　4. Ⅲ式（M262：3）

5. Ⅳa式（M50：2）　6. Ⅳb式（M36：9）　7. Ⅳb式（M436：4）　8. Ⅳc式（M268：4）

　　标本　市一中M236：2，泥质灰陶。子口承盖，圆唇，腹较深，微外鼓，腹部一道折棱，最大径在折棱处，圜底。方附耳，三矮蹄足。盖方唇，弧顶微隆。器表残存涂白及朱彩。通高16、口径15.2、盖径16.8厘米（图五八，3）。

III式 5件。器形变大，蹄足变高，足根变粗大；器腹较外鼓，腹部有折棱，最大径在腹部折棱处，腹较II式略深。

标本 市一中M262：3，泥质灰陶。子口承盖，方唇，腹略深而外鼓，圜底。方附耳，三蹄足较高，足根粗大。盖斜方唇，弧顶隆起。通高22、口径21.6、盖径24厘米（图五八，4；图版三，2）。

IV式 12件。器形较大，隆盖。腹深浅不一，但一般较深，少数较浅，腹部一般皆微微鼓起，圜底。腹部一道折棱或一至二道凹弦纹。蹄足较高，足根粗大，足根内侧皆掏空，足根正面饰人面。根据足根人面纹饰特征的不同，分为三亚式。

IVa式 1件。足根人面五官细节表现皆用线条。

标本 市一中M50：2，泥质灰陶。失盖。子口承盖，圆唇，唇部高于外口较多，弧腹略深，圜底，方附耳。三蹄足较高，足根略粗大，足尖有箍。腹部一道凸弦纹，足根饰人面。人面细部皆以线条表现，眉毛由三道弧线组成，涡纹状眼，鼻梁塌陷，鼻头肥大，扁嘴，嘴角下垂，圆下巴，额下一绺倒三角须，抬头纹为五道波状线，额角涡纹似髻。通高26、口径23.2厘米（图五八，5；彩版一，1）。

IVb式 10件。人面五官清晰，刻划细致，长眉，鱼眼，圆睛，隆鼻，嘴呈桔瓣状，嘴里有舌，抬头纹三道，上唇及下嘴角各两撇倒八字须拂向脸颊。

标本 市一中M36：9，泥质灰陶。子口承盖，圆唇，腹较深，微鼓，圜底。腹部一道折棱。方附耳，耳孔不穿。三蹄足较高，足根粗大，足根外饰人面纹。盖斜方唇，顶隆起，器盖及器身内壁涂朱。通高24.5、口径20.8、盖径25.4厘米（图五八，6；图版三，3）。

标本 市一中M436：4，泥质灰陶。子口承盖，方唇，腹较深，微鼓，圜底。腹部一周凹弦纹。方附耳。三蹄足较高，足根粗大，足根内侧掏空，外侧饰人面纹。盖斜方唇，弧顶隆起较高。通高25.6、口径22、盖径24厘米（图五八，7）。

IVc式 1件。面部各部位多用块状表现。

标本 市一中M268：4，泥质灰陶。子口承盖，方圆唇，腹较深，微鼓，圜底。腹部一道折棱。方附耳。三蹄足略矮，足根粗大，足根内侧掏空，外侧饰人面纹，人面纹较特殊：眉倒竖交于两目之间，眼长大后及于耳部，隆鼻，颧骨突出，嘴极大，呈倒三角形，唇下一绺倒三角胡须。两眉间有花饰不清晰。盖斜方唇，隆顶。通高23.2、口径24、盖径26厘米（图五八，8；图版三，4）。

V式 5件。器形往往较大，腹略深，微鼓腹，一般为圜底。三蹄足较高，足根粗大，足根内侧掏空，外侧饰人面，抬头纹数道，粗眉圆眼，鼻梁高挺，隆准阔翼，上唇有须呈梳篦状，有的下唇嘴角有胡须左右各两绺呈倒八字上拂。盖弧顶隆起。

标本　市一中M432：1，泥质灰陶。失盖。子口承盖，方唇，唇面低于外口，腹略深微鼓，圜底。腹部一道折棱。方附耳，三蹄足略高，足根粗大，外饰人面，粗眉，椭圆眼，鼻呈三角形隆起，嘴扁圆形，上唇有须呈梳篦状。通高22、口径23厘米（图五九，1）。

Ⅵ式　5件。器形极大。深腹，腹部一道折棱，折棱下两道凹弦纹。三蹄足略高，足根粗大，足根内侧掏空，外侧饰人面，粗眉，鱼目圆睛，鼻梁不显，鼻头肥大，嘴呈桔瓣状有舌，上唇胡须梳篦状，下唇有须三绺，有的嘴角左右各有须一绺呈倒八字上拂，抬头纹三道呈弧形。

标本　市一中M207：3，泥质灰陶。器形高大。子口承盖，方唇，唇面高于外口较多，腹略深，外鼓，圜底近平。腹部两道凸弦纹。方附耳，三蹄足略高，足根粗大，外饰人面。盖斜方唇，微隆，平顶。器盖及器身内壁涂朱。通高32.4、口径30.2、盖径36.7厘米（图五九，2；图版三，5）。

标本　市一中M224：7，泥质灰陶。器形高大。子口承盖，方唇，唇面高于外口较多，圜底。腹部一道折棱，两道凹弦纹。方附耳，三蹄足略高，足根粗大，外饰人面盖斜方唇，盖顶高高隆起。器内壁涂朱。通高30.4、口径25.8、腹径28.8厘米（图五九，3；图版三，6）。

Ⅶ式　7件。器形略变小。器腹有一至二道折棱，有的在折棱下有一至二道凹弦纹。三蹄足，足根粗大，足尖多有花边饰；足根内侧掏空，外侧饰人面。人面长眉，椭圆眼近圆，长三角形鼻，嘴椭圆形，上唇胡须梳篦状，下唇有须三绺。附耳有的有鱼纹等装饰。盖弧顶折壁，折壁处及盖面中部各有一周凸棱，盖顶有铺首状钮饰，钮作两个相对的铺首，铺首的鼻部重合为一个半圆钮，无穿。

标本　市一中M221：5，泥质灰陶。子口承盖，方唇，唇面高于外口，近平底。腹部两道折棱。方附耳，耳顶端面一耳饰鱼纹，一耳饰几何折线。三蹄足，足根粗大，足尖有花边饰；足根外饰人面。有盖。器表涂朱。通高28、口径20.8、盖径24厘米（图五九，4；彩版一，2）。

标本　市一中M229：3，泥质灰陶。器腹略浅，三蹄足。腹部一道折棱，折棱下两道凹弦纹。器内壁涂朱。口径22.4、高22.8、通高25.2、盖径24.4厘米（图五九，5）。

Ⅷ式　10件。盖同Ⅶ式。器身腹部为两至三周折棱或凹弦纹。嘴形简化，往往呈一字横线，或无嘴。

Ⅷa式　5件。足根多仍粗大，内侧掏空，外侧饰人面，足尖有的饰花边。人面抬头纹为弧线或树枝状，鼻梁多细弱，准部呈三角形，嘴简化为"一"字或扁圆形，仅上唇有须，简化为"┌┐"形。

标本　市一中M173：4，夹细砂灰陶。子口承盖，方唇与外口平，腹略浅微鼓，近

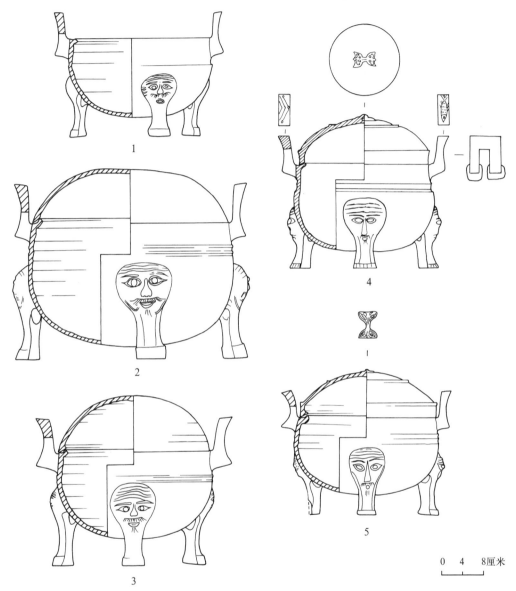

图五九　墓地出土A型陶鼎

1. V式（M432：1）　　2、3.VI式（M207：3、M224：7）　　4、5.VII式（M221：5、M229：3）

平底。腹部一周凸棱。方附耳，耳孔不穿，耳外侧上端饰几何纹。三蹄足较高，足尖有花边饰，足根不粗，内侧掏空，外侧饰人面，人面细长眉，与鼻梁相连，圆眼圆晴，鼻梁隆起，嘴呈一字形，上唇有须，须拂上脸颊，抬头纹六道呈弧线形。盖顶隆起有铺首钮。通高27.2、口径22.2、腹径28.8厘米（图六〇，1；彩版一，3）。

标本　市一中M338：4，泥质灰陶。失盖。子口承盖，方唇高于外口，有颈，腹略深外鼓，圜底近平。腹部两道。方附耳，耳孔不穿，耳部外侧有模印几何纹。三蹄足较

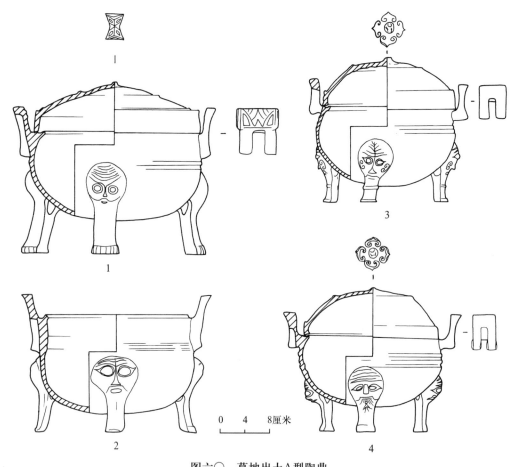

图六〇　墓地出土A型陶鼎

1~3.Ⅷa式（M173：4、M338：4、M411：3）　4.Ⅷb式（M411：4）

高，足根粗大，足根内侧掏空，外侧饰人面纹。人面眉合于抬头纹，圆眼圆睛，鼻梁细长，鼻准呈三角形，扁圆形嘴，上唇有"⌐"形须，下唇无须。器外壁涂朱。通高21.8、口径23.6、腹径25.2厘米（图六〇，2）。

　　标本　市一中M411：3，夹细砂灰陶。子口承盖，圆唇与外口平，鼓腹，圜底近平。腹部三周折棱。方附耳，耳孔不穿。三蹄足，足中部饰一道凸箍，足尖矮蹄，足根粗大，内侧略凹，外侧饰人面纹。人面细长眉连成一线，并与鼻梁相接，圆眼，睛如蝌蚪状，长鼻，鼻梁细长，鼻准隆起，嘴呈一短直线，上唇有"⌐"形须，下唇无须，抬头纹三道呈弧形，中部贯通一线并与鼻梁相接，人面两颊各饰一单线云纹。盖顶隆起，盖顶中央有花状钮，钮以云状四花瓣及花蕊组成。器表涂朱。通高23、口径18.4、腹径22.8厘米（图六〇，3；图版四，1）。

　　Ⅷb式　5件。抬头纹基本上是直线，细长眼眶，椭圆眼珠，嘴抿成一线或呈圆形，唇部上下胡须呈梳篦状。

标本 市一中M411：4，泥质灰陶。子口承盖，圆唇与外口平，鼓腹，圜底。腹部三周折棱。方附耳，耳孔不穿。三蹄足，足根粗大，足根内侧掏空，外侧饰人面。人面长眉连为一线，眼椭圆，其中一眼近倒三角形，高鼻，嘴呈一字形，唇上"冂"形须，唇下束鞭状须。抬头纹三道近直。盖顶隆起，中央有花状钮，钮以云状四花瓣及花蕊组成。通高22.9、口径18.4、腹径22.4厘米（图六〇，4；图版四，2）。

IX式 17件。器形较大。器口圆唇，唇部一般低于或平行于外口，少数略高；一般为扁鼓腹，极少数腹部较深；腹部一般有两周宽凸带。三蹲熊足，足根内侧掏空呈圆洞状。部分失盖，有盖者皆为博山盖。

博山盖盖面皆模印有数周纹饰，内容大同而小异，有的非常清晰，有的比较模糊，有的已完全看不清纹饰内容。总体而言时代越晚则纹饰越模糊。盖顶有长方形、蟾蜍、卧兽、盘龙等钮饰。鼎、盒博山盖形态内容相同，我们先在此一并加以介绍。据其山峦形态及纹饰内容可分为三类：

第一类为五周模印纹饰，纹饰内容都比较清晰，轮廓较分明。最下一周连峰式山峦，各峰形态清晰，每座山峦前模印一种纹饰，内容有射箭人物、犬、骑士、动物（可辨识的有象、野猪）等。第二周半圆形山峰，峰前主要模印各类形态的树木，间或有劳作人物。第三周仍为连峰式山峦，山峦前模印持戟、荷弓、击刺武士，间以动物及树木。第四周为半圆形山峰，峰前模印禽、兽、袍服人物、树木等。第五周整体模印成近三角形的树形。如标本M267：6鼎盖拓片（图六一，1）。

第二类为四周模印纹饰，纹饰内容不太清晰，较廓多圆钝。第一至第三周均为中部略高的圆钝连峰式山峦，各峰分界不明显。第一周山峦前模印走兽（可辨识者有双犬、野猪、骆驼等）、射箭、击刺人物等。第二周山峦前模印各种树木及走兽（可辨识者有鹿、牛、犬等），间有人物。第三周山峦前模印坐、立人物，间有动物。第四周模印为三角树形。如标本M10：5盒盖拓片（图六一，2）。

第三类为四周模印纹饰，纹饰内容都比较清晰，轮廓较分明。第一至第三周均为半圆形山峦。第一周山峦前模印双犬、鹿、荷戟人物、追击人物、象，一般均伴随有树木。第二周山峦前模印树木及动物（可辨有牛、虎、野猪等）。第三周山峦前模印树木、人物、走兽等。第四周模印为三角兽形。如标本M334：15鼎盖（图六一，3）。

标本 市一中M3：6，夹细砂灰陶。子口承盖，圆唇，唇面略高于外口，扁鼓腹，圜底。上腹部两道宽凸带。方附耳；三蹲熊足。博山盖，弧壁，盖顶高高隆起，盖顶中央匍伏一蟾蜍。盖面纹饰为第一类。通高28、口径19.8、腹径23.5厘米（图六二，1；图版四，3）。

标本 市一中M334：15，夹细砂灰陶。子口承盖，圆唇，唇面与外口平，扁鼓腹，

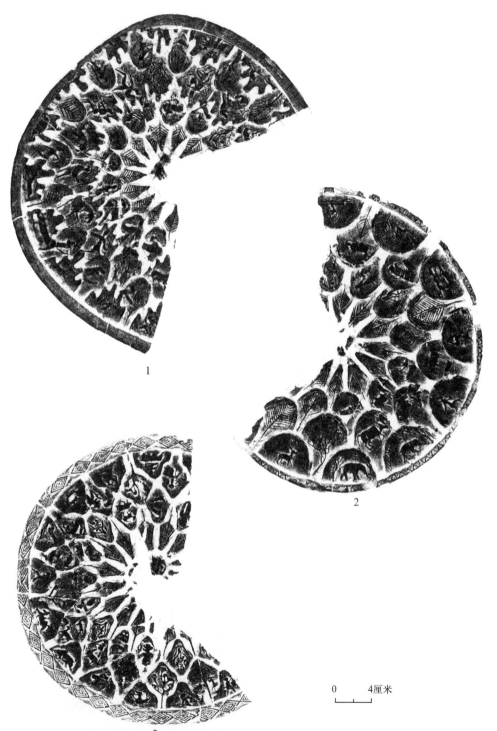

0　　4厘米

图六一　墓地出土陶鼎盖、盒盖模印纹拓片

1.鼎盖（M267：6）　2.盒盖（M10：5）　3.鼎盖（M334：15）

圜底。上腹部两道宽凸带。方附耳。三踞熊足。博山盖，弧壁，盖顶高高隆起，盖顶中央长方钮。盖面纹饰为第三类。通高27.6、口径18.4、腹径23.6厘米（图六二，2；彩版一，4）。

Ⅹ式 12件。皆无足；唇面多低于外口，腹较深；部分鼎耳耳孔不穿。有盖者皆为博山盖，模印纹饰多模糊不清。胎质多较粗。

标本 市一中M231：12，泥质灰陶。子口承盖，圆唇，唇面略低于外口，腹部较深，上腹略鼓，下腹斜收，平底。上腹部两周凹弦纹。方附耳。博山盖，盖顶中央长方钮。盖面纹饰为第三类。通高24.8、口径17.6、腹径22.4，底径12.4厘米（图六二，3；图版四，4）。

标本 市一中M442：14，泥质灰陶。子口承盖，圆唇，唇面低于外口，腹部较深，上腹外鼓较甚，下腹斜收，平底。上腹部两周凹弦纹。方附耳孔不穿，顶端向外折出明显。博山盖，盖折沿，沿部一周重菱纹，盖顶中央盘龙扁钮。盖面纹饰为第二类但极模糊。通高23.4、口径16.8、腹径23.2，底径10厘米（图六二，4）。

Ⅺ式 1件。无足；浅腹；博山盖，模印纹饰不清。

标本 市一中M256：46，泥质红胎，器表施棕色釉。子口承盖，圆唇，唇面低于外口，浅腹，上腹外鼓，下腹斜收，平底。方附耳，顶端向外折出明显。博山盖，盖顶中央钮饰不清楚。盖面纹饰为第一类但极模糊。通高19、口径14.6、腹径21、底径5.2厘米（图六二，5；彩版一，5）。

B型 1件。有肩。

标本 市一中M299：13，通体施黄褐釉。小口，圆唇，斜肩，腹微折，圜底近平。折腹处一道绳索纹。方附耳外撇。蹄足较细高外撇。有盖，盖微隆，折壁，弧顶，盖面两道绳索纹，盖顶中央小圆钮，四蒂叶钮座。通高20.8、口径13.6、腹径24厘米（图六二，6；彩版一，6）。

鼎盖 6件。其中属Ⅳ～Ⅵ式者3件，Ⅶ～Ⅷ式者3件。

2. 盒

共120件，复原75件，其中盒盖13件，盒身8件。出土于88座墓葬，其中32座墓葬各出2件。盖、身相合，器身多数为平底或内凹，少量有圈足，器盖一般都有圈足状抓手。据器底有无圈足而分二型。

A型 4件。器底有圈足。

标本 市一中M380：5，泥质灰陶。器形较大。子口承盖，方唇高于外口，深弧腹，平底，矮圈足。盖斜方唇，壁鼓，平顶，有圈足状抓手。盖面两周凹弦纹，器身三周凹弦纹。器内壁涂朱，口径19.2、底径10.2、器身高11.6、通高19.6厘米（图六三，1；图版四，5）。

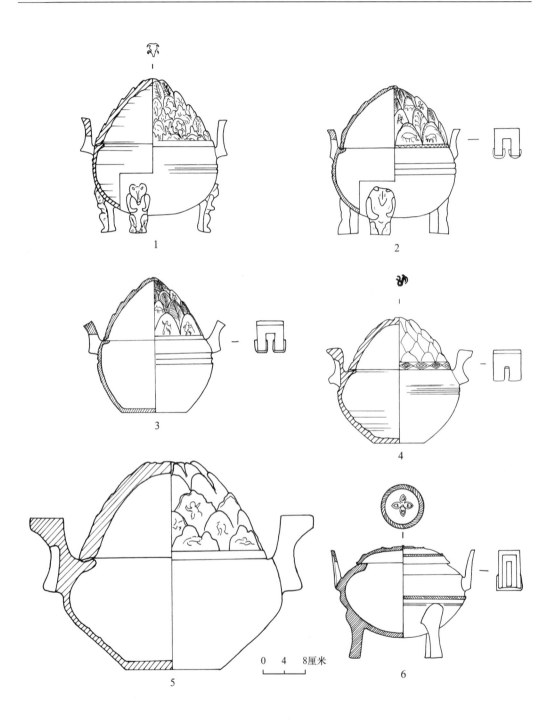

图六二　墓地出土A型陶鼎

1.Ⅸ式鼎一类盖（M3：6）　2.Ⅸ式鼎三类盖（M334：15）　3.Ⅹ式鼎三类盖（M231：12）

4.Ⅹ式鼎二类盖（M442：14）　5.ⅩⅠ式鼎一类盖（M256：46）　6.B型鼎（M299：13）

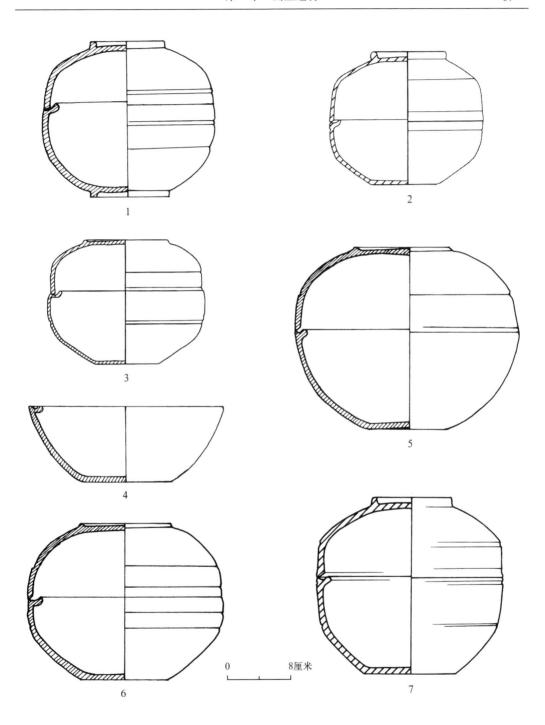

图六三　墓地出土陶盒

1.A型（M380：5）　　2、3.B型Ⅰ式（M129：2、M445：7）　4.B型Ⅱ式（M247：3）

5、6.B型Ⅲ式（M224：3、M360：9）　7.B型Ⅳ式（M299：5）

B型　70件，其中器盖13件，器身8件。平底或底内凹。分十式。

Ⅰ式　5件（其中器盖1件，器身1件）。器形小，浅腹略鼓；盖亦浅，壁略弧鼓。

标本　市一中M129：2，夹细砂灰陶。器形小。子口承盖，圆唇高于外口，浅腹中部有折痕，平底。盖方唇，壁鼓，平顶，圈足状抓手。器身及盖面各两组，每组一周凹弦纹。口径19.6、底径9、高8.4、通高16.8厘米（图六三，2）。

标本　市一中M445：7，泥质灰陶。器形小。子口承盖，圆唇高于外口，浅腹下部有折痕，平底。盖斜方唇，壁鼓，平顶，圈足状抓手。器腹一道、盖面两道凹弦纹。口径17厘米、底径8.3厘米、高9.2厘米、通高15.6厘米（图六三，3）。

Ⅱ式　5件（其中器身4件，器盖1件）。器形变大，斜弧腹略深，盖隆起较高，壁弧鼓。

标本　市一中M247：3，泥质灰陶表面磨光。失盖。子口承盖，方唇低于外口，浅腹斜弧，平底。盖斜方唇，弧壁，平顶，有圈足状抓手。口径25、底径11.2、高9.4厘米（图六三，4）。

Ⅲ式　18件（器身2件，器盖7件）。器形大，弧鼓腹较深，盖隆起甚高，壁多鼓出，盖顶平或略弧。器身、器盖饰多道凹弦纹。

标本　市一中M224：3，泥质灰陶表面磨光呈灰黑色。器形大。子口承盖，方唇略高于外口，弧腹微鼓，小平底内凹。盖斜方唇，壁鼓，平顶，圈足状抓手。盖面两周凹弦纹。内壁涂朱。口径27.2、身高12.8、通高23、底径9.6厘米（图六三，5）。

标本　市一中M360：9，泥质灰陶有磨光痕。器形大。子口承盖，方唇高于外口，浅腹略弧鼓，平底微凹。腹部数周凹弦纹。盖斜方唇，壁鼓，平顶，圈足状抓手。盖面两周凹弦纹。口径25.3、底径11.2、通高19.8、身高10.8厘米（图六三，6；图版四，6）。

Ⅳ式　4件（其中器盖1件）。器形较大，折腹较深，盖亦折壁，弧顶；折腹或饰一道凹弦纹。

标本　市一中M229：5，泥质灰陶磨光表面灰黑色。内壁涂朱。子口承盖，圆唇与外口平，腹中部弧折，上腹直，下腹斜收，平底。盖斜方唇，盖面弧折，平顶，圈足状抓手。器腹及盖面各饰两周凹弦纹。口径24.8、底径12、通高22、器身高12厘米（图六三，7；图版五，1）。

Ⅴ式　6件（器盖2件）。器形较大，器身、器盖皆弧折，盖弧顶低于抓手或与之齐平；盖顶有铺首钮，钮作两个相对的铺首，铺首的鼻部重合为一个半环钮，钮无孔。

标本　市一中M308：7，泥质灰陶，器表磨光呈灰黑色。器形大，子口承盖，方唇高于外口，中腹折，上腹直，下腹斜收，平底。盖斜方唇，折壁，抓手高，弧顶近平，顶中央有铺首钮。器身、盖面均在近口处及折腹处各有一周凹弦纹，盖面上部还有一道凹弦纹。口径25.2、底径12.4、通高22.4、器身高12厘米（图六四，1；图版五，2）。

Ⅵ式 11件（器盖1件）。器形较大，身、盖皆折壁，盖顶弧凸，高于抓手；原来的圈足状抓手退化为凸棱；盖顶有铺首钮。分二亚式。

Ⅵa式 4件。盖顶高高隆起，盖面下部折壁，折壁处一道凸弦纹，原来的圈足状抓手退化为凸棱。

标本 市一中M173：7，夹细砂灰陶。子口承盖，方唇略高于外口，腹中部弧折，平底内凹。折腹处两周凹弦纹。盖斜方唇，弧顶，盖面下部折壁，上部斜直，折壁处一道凸弦纹，原来的圈足状抓手退化为凸棱，盖顶高度超过抓手甚多，中央有铺首。口径23.8、底径14.8、通高22、身高14.4厘米（图六四，2；图版五，3）。

Ⅵb式 7件（器盖1件）。盖折壁处无凸弦纹。上腹弧折，小平底。盖斜方唇。器身泥质灰陶，器盖泥质黄灰陶。

标本 市一中M72：1，泥质黄灰陶，器表磨光灰黑色。器形大。子口承盖，方唇略高于外口，腹部弧折，上腹直，下腹斜收，平底。盖斜方唇，亦折壁，圈足状抓手比较高。器身、器盖表面施凹弦纹不明显。口径20.8、底径11.6、通高25、身高12.8厘米（图六四，3；图版五，4）。

标本 市一中M411：18，泥质灰陶，器表磨光。器形较大。子口承盖，圆唇低于外口，浅鼓腹，小平底内凹。盖方唇，壁弧折，圈足状抓手退化为凸弦纹状，盖顶中央花钮，四叶钮座。器身及器盖在近口处及腹部各一周凹弦纹。口径18.4、底径10.4、通高19.6、身高10.2厘米（图六四，4）。

Ⅶ式 7件。器形较小，器身扁浅，折腹，折腹处位于器身中部。博山盖，盖面有模印纹饰。

标本 市一中M3：7，泥质灰陶。子口承盖，圆唇低于外口，浅腹中部弧折，小平底内凹。上腹近口及折腹处各一道凹弦纹。博山盖方唇，隆起甚高，盖顶蟾蜍钮。盖面纹饰为第一类。口径19.2、底径8.6、通高23.6、身高11.6厘米（图六四，5；图版五，5）。

Ⅷ式 10件。器形较小，折腹较深，折腹处多位于器身上部。博山盖，盖面有模印纹饰。

标本 市一中M215：4，泥质灰陶。子口承盖，方唇与外口平，鼓腹，平底内凹。近口处及折腹处各一周凹弦纹。博山盖斜方唇，隆起甚高，盖沿一周菱纹模糊不清，盖顶模糊似盘龙。盖面纹饰为第二类但模糊不清。口径17.6、底径11.8、通高23.6、身高14.4厘米（图六四，6）。

标本 市一中M334：16，夹细砂灰陶。子口承盖，方唇与外口平，折腹略靠上，小平底。近口处及折腹处各一周凹弦纹。博山盖方唇，盖顶长方钮。盖面纹饰为第三类。口径16.6、底径7.6、通高23.6、身高12厘米（图六四，7；图版五，6）。

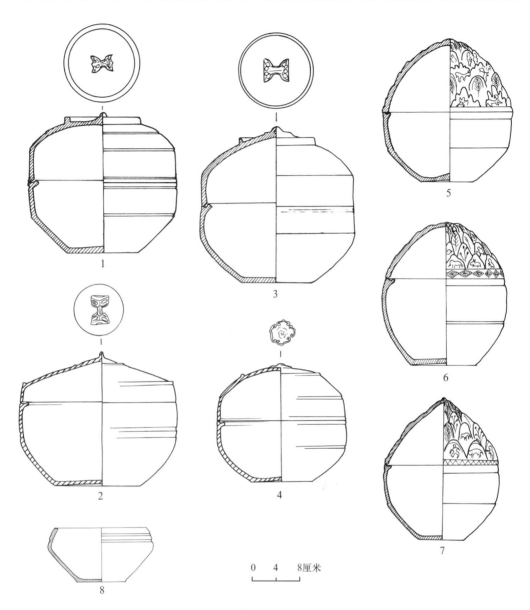

图六四　墓地出土B型陶盒
1.Ⅴ式（M308：7）　2.Ⅵa式（M173：7）　3、4.Ⅵb式（M72：1、M411：18）
5.Ⅶ式（M3：7）　6、7.Ⅷ式（M215：4、M334：16）　8.Ⅸ式（M384：14）

Ⅸ式　1件。敛口，浅腹，上腹鼓出。

标本　市一中M384：14，泥质红陶胎，器表上部施棕釉。失盖。敛口，方唇，腹上部弧鼓，折而斜收成小平底。口径15.6厘米、底径8.8厘米、高18厘米（图六四，8；图版七，4）。

Ⅹ式　2件，均为器身。出土于市一中。

　　标本　市一中M189：15，泥质红陶胎。失盖。方口，腹较深，上腹直，中腹折而弧收至底，平底。器表上部施棕釉。口径17.6、底径10、通高20.4、身高11.6厘米（图六五，1；图版七，5）。

　　C型　1件。饼足。

　　标本　市一中M299：5，泥质红陶胎，器表施黄褐釉。子口承盖，圆唇略高于外口，弧腹较深，饼足。盖圆唇，浅腹，弧壁弧顶。器身上部一周绳索纹，一周凹弦纹；盖面一周绳索纹，一周宽带纹，盖顶中央四叶钮饰。口径18.4、底径13.6、通高19、身高13.6厘米（图六五，2；彩版二，1）。

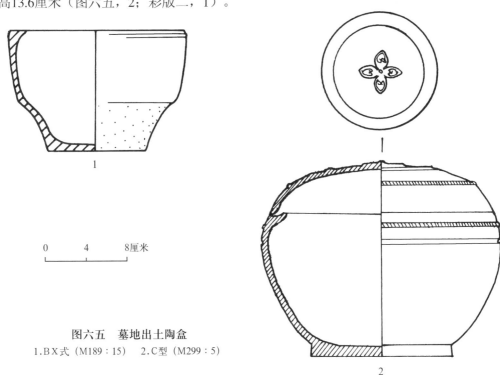

0　　　4　　　8厘米

图六五　墓地出土陶盒
1.ＢⅩ式（M189：15）　2.Ｃ型（M299：5）

3. 壶

　　共117件，复原79件。出土于81座墓葬，其中36座墓葬各出2件。敞口或盘口，束颈，鼓腹圆或略扁，有圈足。肩部模印铺首衔环。据圈足特征分二型。

　　A型　76件。圈足壶。据口部特征分为二亚型。

　　Aa型　21件。敞口，束颈。分三式。

　　Ⅰ式　6件。器形小。细长束颈，圆腹或略扁。铺首两角微伸出。

　　标本　市一中M18：2，泥质灰陶。器形较小。敞口，束颈较细，圆肩，腹略扁，最大径在腹部，折曲状外撇圈足略矮。一对铺首衔环。颈肩相交处、上腹部、下腹部各一周宽带。盖弧顶，盖舌较短位置靠外侧。器身内壁涂朱，外壁残存有涂白，原来可能有彩绘。盖口径19.2、高4.8，壶口径18.2、腹径29.2、底径18.4、高36.8，通高41.6厘米（图六六，1）。

标本　市一中M129：1，泥质灰陶。器形较小。敞口，束颈，颈上部一周凹弦纹，圆鼓腹，折曲状高圈足外撇。一对铺首无衔环。肩部、上腹部、下腹部各一组两周凹弦纹。口径18、腹径33.2、底径19.2、高38.2厘米（图六六，2）。

Ⅱ式　5件。泥质灰陶。细束颈多略显短促，圆肩，斜弧腹较深，最大径在肩部。铺首两角微伸出。

标本　市一中M50：1，泥质灰陶。敞口，短束颈，颈部一周凹弦纹，圆肩，斜弧腹，最大径在肩部，折曲状高圈足外撇。一对铺首无衔环。颈肩相交处一组两周凹弦纹，上腹部、下腹部各一组，每组四周凹弦纹。盖弧顶近平，盖舌较短位置靠外侧。器身内壁涂朱。盖径25.2、高5.4、壶口径22.8、腹径37.2、底径24、高47、通高52厘米（图六六，3；图版六，1）。

Ⅲ式　10件。器形变得极大。长束颈，扁腹，最大径多在肩部。铺首两角向外伸出较长。部分器盖有铺首钮及凸棱。

标本　市一中M207：1，泥质灰陶。口外侈似折，粗斜颈，圆肩，扁弧腹，最大径位于上部，折曲状高圈足外撇。一对铺首无衔环。颈肩相交处一组三周，上腹部及下腹部各一组两周凹弦纹。盖弧顶，舌较短位于中间，盖面有三个长方形镂孔，原来应插有盖钮。器盖及器身内壁涂朱。盖径31.2、高5.2厘米、口径29.6、腹径44.8、底径26.8、高56、通高61.2厘米（图六六，4；图版六，2）。

标本　市一中M290：1，泥质灰陶。敞口，束长颈，颈下一周凹弦纹，圆肩，扁圆鼓腹，最大径位于肩部，折曲状高圈足外撇。一对铺首无衔环。颈肩相交处及上腹部各一组两周凹弦纹。盖弧顶，盖面上部有一道凸棱，顶中央有铺首钮；盖舌退化成凸弦纹状，其位置靠近盖顶中心。口径23.2、底径23.6、腹径36.8、高46.2，通高52.8厘米（图六七，1）。

Ab型　55件。盘口。分八式。

Ⅰ式　1件。稍具盘口特征，细长颈，弧腹较深，矮斜圈足。

标本　市一中M295：1，泥质灰陶。失盖。侈口，方唇，盘口但不突出，长束颈较细，圆肩，弧腹较深，圈足略矮而外撇，上部一道凸棱。肩部一对铺首衔环，铺首两角圆钝。颈肩相交处、上腹部及下腹部各一周宽带。口径17、腹径29.4、底径18.4、高42.8厘米（图六七，2；图版六，3）。

Ⅱ式　4件。盘底微微折出，颈变短，扁鼓腹或斜腹，圈足折曲变高。有盖者为弧顶。铺首两角圆钝。

标本　市一中M236：3，泥质灰陶。侈口，方唇，稍具盘口特征，盘口下部微微折

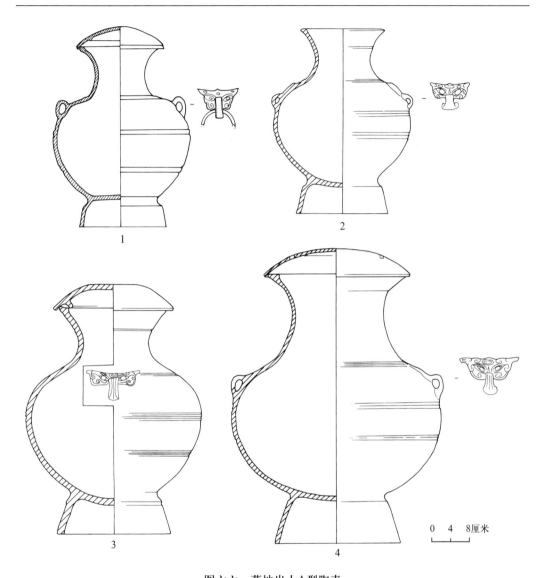

图六六　墓地出土A型陶壶

1、2.Aa I 式（M18：2、M129：1）　3.Aa II 式（M50：1）　4.Aa III 式（M207：1）

出，束颈，圆鼓腹略扁，折曲状高圈足外撇。肩部一对铺首无衔环。颈肩相交处及上腹部各一组两周凹弦纹。盖弧顶，舌短位于中部。盖径20.4、高5.2厘米，口径16.8、腹径25.6、底径17.6、高35.2、通高39.2厘米（图六七，3）。

标本　市一中M262：1，泥质灰陶。器盖、器身内外壁涂朱。敞口，方唇，稍具盘口特征，盘口下部微微折出，短束颈，圆肩，斜弧腹较深，折曲状矮圈足。肩部一对铺首衔环。颈肩相交处、上腹部及下腹部各一周宽带。盖弧顶，有舌较长，位于外侧。盖径22、高5.6厘米，口径22、腹径34.4、底径22.4、高44、通高49.6厘米（图六七，4；图

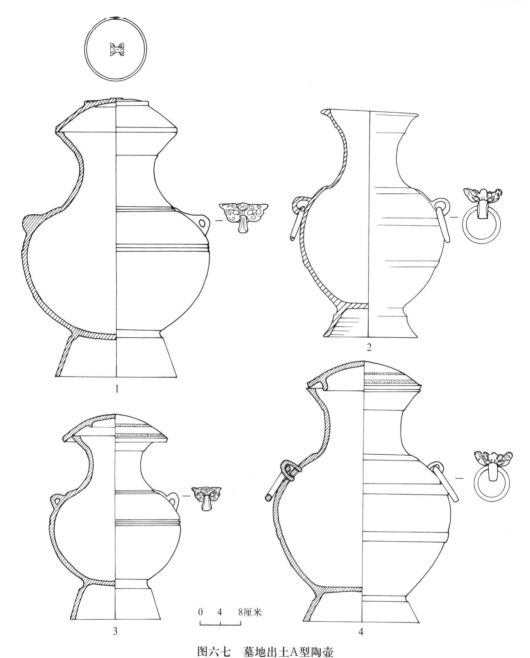

图六七　墓地出土A型陶壶

1.AaⅢ式（M290：1）　　2.AbⅠ式（M295：1）　　3、4.AbⅡ式（M236：3、M262：1）

版六，4）。

　　Ⅲ式　12件。器形变得极大。大部分口外侈，盘底微微折出，多束颈，扁鼓腹，折曲状高圈足外撇。铺首有角耸起较高，皆未见衔环。

　　标本　市一中M1：1，泥质灰陶。敞口，方唇，盘口斜壁，下部微微折出，粗斜颈近口处微束，扁鼓腹，最大径在腹上部，折曲状高圈足外撇。肩部一对铺首无衔环。颈肩相交处、上腹部及下腹部各一组两周凹弦纹。弧顶盖，短舌如凸棱位于中间。口径25.6、腹径43.2、底径26.4、高57.2、通高63.8厘米（图六八，1）。

　　标本　市一中M224：1，泥质灰陶。盖内壁及器内壁涂朱。口外侈，方唇，盘口下

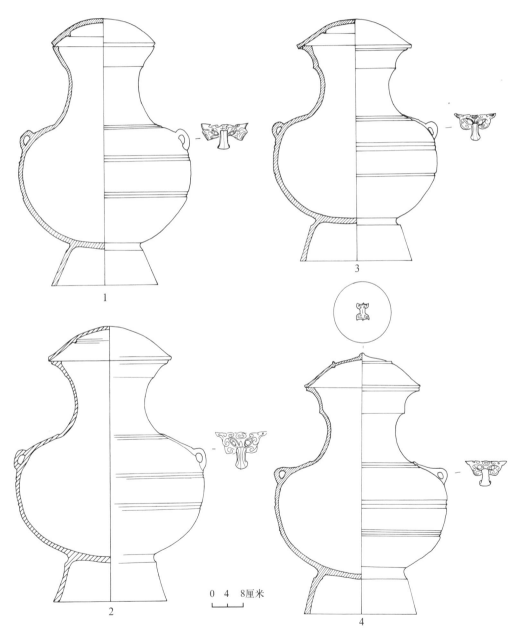

图六八　墓地出土A型陶壶
1、2.AbⅢ式（M1：1，M224：1）　3、4.AbⅣ式（M229：1，M308：1）

部微微折出，束颈，扁圆鼓腹，折曲状高圈足外撇。肩部一对铺首尢衔坏。颈肩相交处、上腹部及下腹部各一组两周凹弦纹。弧顶盖，短舌如凸棱位于中间。盖径30.8、高8厘米，口径29.2、腹径48.4、底径28.4、高57.6、通高65.6厘米（图六八，2）。

Ⅳ式　20件。折沿，斜盘口，盘口底部有凸棱，少数凸棱不显，多粗斜颈近口微束，圆鼓腹略扁，最大径有的在腹中部，有的略靠上，折曲状高圈足外撇。腹部一对铺首，衔环多已失，铺首双角高耸。盖弧顶隆起，盖舌短，呈凸棱状，除一件（M229∶1）无装饰外，其余盖面一周凸棱，盖顶中央铺首钮。

标本　市一中M229∶1，泥质灰陶。颈肩相交处、上腹部各一组两周宽凹弦纹，下腹部一周细凹弦纹。盖弧顶隆起，盖舌短，呈凸棱状。盖内外壁及器内壁涂朱。盖径28.8、高6.8厘米，口径26.4、腹径41.2、底径28、高51.6、通高57.6厘米（图六八，3）。

标本　市一中M308∶1，泥质灰陶，扁圆鼓腹，最大径略靠上。颈肩相交处、上腹部各一组两周宽凹弦纹，下腹部两周细凹弦纹。盖弧顶有铺首钮。器表磨光呈灰黑色。盖径29.2、高8.4厘米，口径28.4、腹径43.6、底径28.4、高54、通高62.4厘米（图六八，4）。

标本　市一中M221∶1，泥质灰陶。粗束颈。颈肩相交处、上腹部各一组两周宽凹弦纹，下腹部一周细凹弦纹。盖弧顶有铺首钮。器盖器身内外壁涂朱。盖径26、高7.6厘米，口径25、腹径44、高51.2、通高58.8厘米（图六九，1；彩版二，2）。

Ⅴ式　5件。斜直盘口较高，无折沿，盘底折出如凸棱，圆肩鼓腹，折曲状矮圈足，铺首双角圆钝，模印衔环。

标本　市一中发M322∶4，泥质灰陶。斜长颈，圆鼓腹略扁。颈肩相交处三道刮棱，上腹部两道刮棱，下腹部一周凹弦纹。盖口径17.1、高9.8厘米，壶口径19、腹径36、底径17.8、高49、通高58厘米（图六九，2；图版七，1）。

标本　市一中M371∶4，泥质灰陶。斜长颈较细，圆鼓腹颈肩相交处及上腹部各一组两周凹弦纹。口径16、腹径33.6、底径18.4、高45.2厘米（图六九，3）。

Ⅵ式　7件。盘口浅，斜壁，底部微折。束长颈，扁圆鼓腹，折曲状矮圈足。肩部一对铺首模印衔环。

标本　市一中M325∶8，泥质红胎，器表施棕釉。折曲状矮圈足略外撇。颈肩相交处两周宽凹弦纹，下腹部两周细凹弦纹。口径21.6、腹径37.6、底径20、高45.2厘米（图六九，4）。

标本　市一中M402∶16，泥质红胎，表面施釉已氧化。折曲状矮直圈足。颈肩相交处及上腹部各一组两周宽凹弦纹。口径16.8、腹径33.6、底径16.8、高41.4厘米（图七〇，1；彩版二，5）。

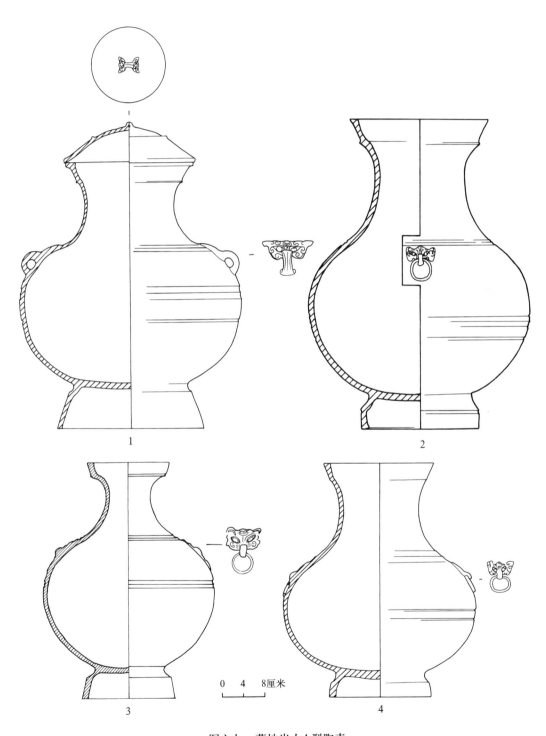

图六九　墓地出土A型陶壶

1.AbⅣ式（M221：1）　　2、3. AbⅤ式（M322：4、M371：4）　　4.AbⅥ式（M325：8）

Ⅶ式　2件。短直口，溜肩扁腹。余同上式。

标本　市一中M199：9，泥质红胎棕釉。束长细颈，扁腹，折曲状圈足斜高。肩部一对铺首模印衔环。颈肩相交处三周、腹部两周瓦纹。口径19.6、腹径25.6、底径20、高33.2厘米（图七〇，2）。

Ⅷ式　3件。浅直盘口，细束长颈，扁腹，高圈足斜直。肩部一对铺首模印衔环。

标本　市一中M256：17，泥质红胎，表面施棕釉。颈肩相交处一组三周宽凹弦纹，腹部一周细凹弦纹。口径17.6、腹径26、底径18.4、高33.2厘米（图七〇，4）。

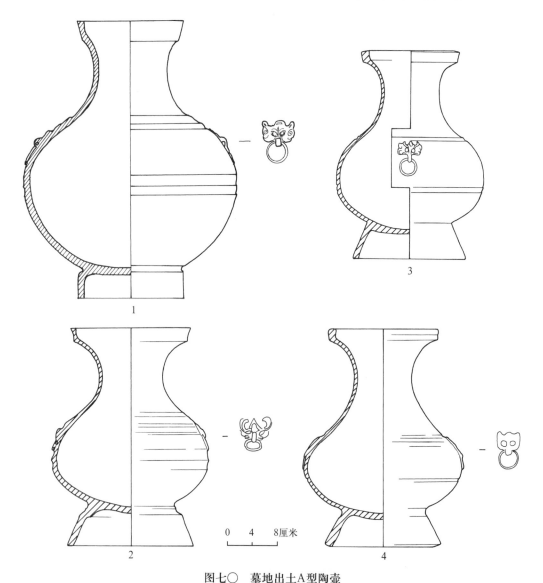

图七〇　墓地出土A型陶壶
1.Ⅵ式（M402：16）　2.Ⅶ式（M199：9）　3、4.AbⅧ式（M256：18、M256：17）

标本　市一中M256：18，泥质红胎，表面施棕釉。颈肩相交处及腹部各一组两周凹弦纹。口径16、腹径24、底径15.6、高32.4厘米（图七〇，3；彩版二，3）。

B型　3件。假圈足。据口部特征分二亚型。

Ba型　1件。盘口。

标本　市一中M40：1，夹细砂红陶。斜盘口，盘底一周凹弦纹，束颈，溜肩，垂腹，斜假圈足。肩、腹部各数周刮削形成的宽带。口径15.2、腹径24.8、底径14.4、高33.2厘米（图七一，1；图版七，2）。

Bb型　2件。敞口。

标本　市一中M195：3，泥质红陶胎，器表施绿釉。喇叭口高大，溜折肩，腹部急居弧收，下段呈筒状假足。肩部三周凹弦纹。口径19.4、腹径30、底径12.2、高37厘米（图七一，2；彩版二，4）。

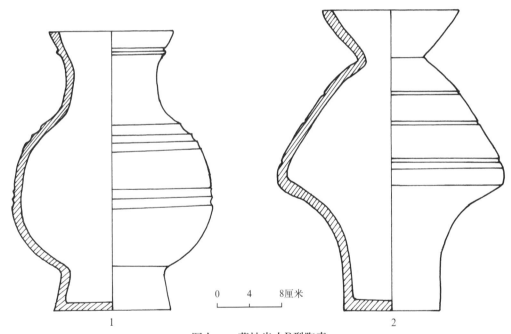

0　　4　　8厘米

1　　　　　　　　　　　　　　　　　　　　2

图七一　墓地出土B型陶壶
1.Ba型（M40：1）　2.Bb型（M195：3）

4. 双鼻壶

1件。

标本　市一中M21：2，泥质灰陶。平折沿，方唇，细长颈，溜肩，深腹，上腹鼓，下腹弧收，小平底。肩部一对竖鼻耳。肩以下饰极细的方格纹，其上肩部压八周凹弦纹，腹部密集的宽凹带。口径12.8、腹径21.2、底径8.4、高31.2厘米（图七二，1；图版·七，3）。

5. 小壶

共49件，复原22件。出土于31座墓葬，其中18座墓葬各出2件。器形与大壶相近似，器身高度在20厘米以下。由于实物中存在小壶和模型小壶两类器物，而原始记录中并未将其区别开，因此，凡原记录有小壶而实物未能修复，且同墓中不出模型小壶者，我们都将其归类于小壶来进行统计。据器底及肩部附饰特征分二型。

A型　1件。平底，肩部饰一对鼻钮。

标本　市一中M106：1，泥质灰陶。敞口，尖唇，长颈，圆肩，斜收腹，平底。肩部一对角状钮，钮上有小穿孔。颈部有密集的弦纹，肩部一组数周极细极规整的凹弦纹。口径10.4、腹径18、底径7.2、高20厘米（图七二，2；图版八，1）。

B型　21件。假圈足壶。形态上与A型大壶基本相同，只是尺寸要小很多，制作也比较精致。据口部特征分二亚型。

Ba型　4件。敞口。多斜颈，上端收束，扁鼓腹，最大径有的靠上部。

标本　市一中M296：1，泥质灰陶。敞口，方唇，束颈，扁圆鼓腹，高假圈足外撇。肩部一对铺首，实鼻无衔环。颈肩相交处及上腹部各一组每组两周凹弦纹。盖弧顶隆起，舌呈较高的凸棱状，位于靠中心的位置。盖径10.8、高6厘米，口径9.8、腹径12.6、底径7.8、高18.2厘米（图七二，3）。

Bb型　17件。盘口。分三式。

Ⅰ式　6件。微具盘口特征。多斜颈，扁鼓腹，最大径靠上部。盖弧顶，舌呈较高的凸棱状，位于靠中心的位置。

标本　市一中M395：1，泥质灰陶。器表有磨光痕迹。方唇，唇面微外侈，稍具盘口特征，盘口下部弧折极不明显，束颈，扁鼓腹，最大径靠上部。高假圈足外撇。肩部一对铺首无衔环。颈肩相交处及上腹部各一组每组两周凹弦纹。盖弧顶，舌呈较高的凸棱状，位于靠中心的位置。器内壁涂朱。盖径11.2、高2.8、口径9.8、腹径14.8、底径9.2、高18.2、通高20.6厘米（图七二，4；图版八，2）。

Ⅱ式　4件。盘口较深，斜颈，扁腹。

标本　市一中M360：8，泥质灰陶。无盖。盘口，斜颈，扁圆鼓腹，假圈足略高外撇。肩部一对铺首，实鼻无衔环。颈肩相交处及上腹部各一组每组两周凹弦纹。口径8.8、腹径14、底径9.8、高16.9厘米（图七二，5）。

Ⅲ式　7件。盘口较浅，粗束颈。

标本　市一中M308：5，泥质灰陶。盘口，盘口下部有凸棱，束颈，扁圆鼓腹，高假圈足外撇。肩部一对铺首，实鼻无衔环。颈肩相交处及上腹部各一组每组两周凹弦纹。盖弧顶，舌呈较高的凸棱状，位于靠中心的位置，盖顶中央饰铺首钮。盖径11.2、

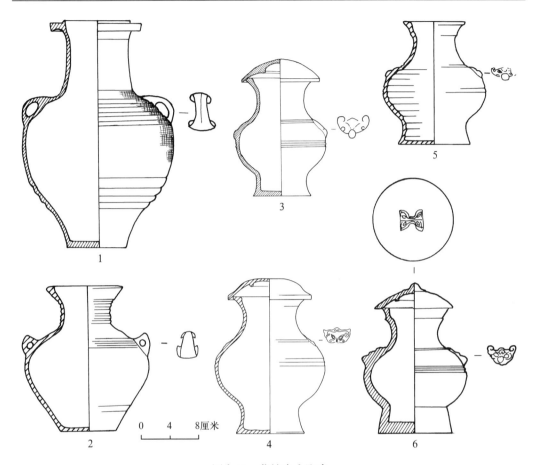

图七二 墓地出土陶壶

1. 双鼻壶（M21∶2）　　2. A型小壶（M106∶1）　　3. Ba型小壶（M296∶1）　　4. BbⅠ式小壶（M395∶1）
5. BbⅡ式小壶（M360∶8）　　6. BbⅢ式小壶（M308∶5）

高3.2、口径9.2、腹径14.8、底径10、高17.2、通高20.6厘米（图七二，6；图版八，3）。

6. 模型壶

共39件，复原37件。出土于26座墓葬，其中13座墓葬各出2件。器形小，身高在14厘米以下。制作比较粗糙，形态比较简单，假圈足，无铺首，无盖。分三式。

Ⅰ式　14件。细颈，扁腹，器形一般较小。

标本　市一中M262∶7，泥质灰陶。盘口，束颈，扁腹，高假圈足外撇。口径5.6、腹径10.4、底径7.2、高12.8厘米（图七三，1）。

Ⅱ式　13件。细颈，圆肩，扁鼓腹，器形多较大。

标本　市一中M53∶9，泥质灰陶。敞口，方唇，细束颈，扁鼓腹，最大径靠上，假圈足高略外撇。口径7.8、腹径11.2、底径6.8、高13.2厘米（图七三，2）。

标本　市一中M96∶7，泥质灰陶，表面灰黑色。敞口，圆唇，束颈，溜肩，扁

0 4 8厘米

图七三　墓地出土陶模型壶、陶钫
1.Ⅰ式壶（M262：7）　2、3.Ⅱ式壶（M53：9、M96：7）　4.Ⅲ式壶（M378：8）
5.A型钫（M237：1）　6.B型钫（M36：14）

鼓腹，直假圈足较矮。口径8.6、腹径10.8、底径6.2、高12.4厘米（图七三，3；图版八，4）。

Ⅲ式 10件。粗颈，溜肩，扁鼓腹，底较大略矮。

标本 市一中M378：8，泥质灰陶。敞口，圆唇，斜颈，溜肩，扁鼓腹，直假圈足较高。口径6.2、腹径9.2、底径6、高10.4厘米（图七三，4）。

7. 钫

4件，出土于2座墓葬，各出2件。分二型。

A型 2件。器底方足。

标本 市一中M237：1，泥质灰陶。方体。敞口，方唇，鼓腹，高足。肩部一对铺首无衔环。盝顶盖，长舌。盖宽11.6、高4厘米，口宽10、腹宽20、底宽12.8、高34、通高37.6厘米（图七三，5；图版一一，1）。

B型 2件。器底卧兽座。

标本 市一中M36：14，泥质灰陶。卧兽，兽背承钫。钫敞口，方唇，鼓腹。肩部一对铺首衔环。盝顶盖，短舌。兽高22.7、长45厘米，钫壶盖径17.5、高5厘米，口径19、腹径26、高41.2、通高53厘米（图七三，6；图版一一，2）。

8. 小口瓮

共14件，复原12件。出土于14座墓葬。小口，有领，斜腹。分二型。

A型 2件。圆肩，饰绳纹。分二亚型。

Ⅰ式 1件。卷沿。

标本 市一中M219：2，泥质灰陶。卷沿，束颈，圆肩，斜腹，大平底。肩部、上腹部各一周凹弦纹。肩部一隶书"胡"字。口径16、腹径34.4、底径19.2、高32厘米（图七四，1；图版九，1）。

Ⅱ式 1件。折沿。

标本 市一中M6：1，泥质灰陶。器形大。平折沿，沿面两道凹槽，方唇，领较高，圆肩，斜收腹，平底。肩部两组，每组两周凹弦纹；肩部及上腹部施抹断绳纹。口径18.4、腹径45、底径21、高41.2厘米（图七四，2）。

B型 10件。折肩。分二亚型。

Ba型 6件。肩腹间有一段直线或弧线。一般不饰绳纹。分四式。

Ⅰ式 1件。折沿下仰，广肩，肩腹间一段弧线相连，小平底。

标本 市一中M445：2，泥质灰陶。折沿略下仰，沿面弧，斜方唇，细直高领，广肩，斜收腹，肩腹间一段弧线相连，平底。口径14.4、肩径40、底径18.4、高33.8厘米（图七四，3；图版九，2）。

Ⅱ式 3件。平折沿，沿面有凹槽，广肩，肩腹间有短边相连，斜腹较深，小平

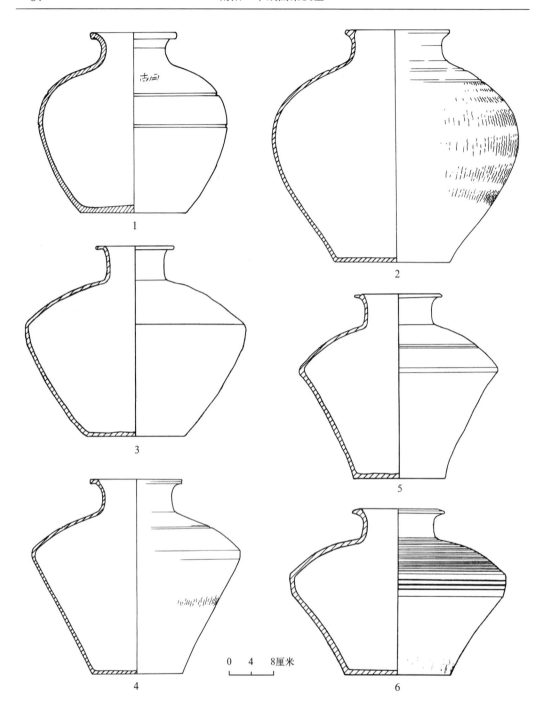

图七四　墓地出土陶小口瓮

1.AⅠ式（M219∶2）　2. AⅡ式（M6∶1）　3.BaⅠ式（M445∶2）

4、5.BaⅡ式（M218∶1、M431∶1）　6.BaⅢ式（M152∶1）

底。（Ⅱ式据逻辑关系，其时代或在西汉早期后段或在武帝前期）。

标本　市一中M218：1，泥质灰陶。平折沿，方唇，沿面两道凹槽，高领微束，斜肩，肩垂直折下一小段与腹部相交，斜腹较深，平底。肩上一组两周凹弦纹，腹部局部隐隐有未抹净的绳纹。口径16.4、肩径38.4、底径16.8、高34.6厘米（图七四，4）。

标本　市一中M431：1，平折沿，圆唇，沿面两道凹槽，高领微束，斜肩微鼓，肩垂直折下一小段与腹部相交，斜腹较深，平底。肩上一组两周凹弦纹，腹部局部隐隐有未抹净的绳纹。泥质灰陶。肩部有刻文不清晰。口径16、肩径36、底径16.8、高32.6厘米（图七四，5；图版九，3）。

Ⅲ式　2件。泥质黄灰陶。折沿下仰，沿面有凹槽，肩变窄，肩腹间有较长直边相连，底较大。

标本　市一中M152：1，折沿下仰，沿面弧，圆唇，广肩，肩垂直折下一段与腹部相交，斜腹，平底。肩部似有刻文。口径8.8、肩径39.2、底径19.2、高29.6厘米（图七四，6；彩版三，1）。

Bb型　4件。折肩直接接腹部，器较瘦高，腹部斜直。器表饰绳纹。

标本　市一中M48：4，夹细砂灰陶。平折沿，沿面一道凹槽不明显，方唇，唇面两道凹槽，矮领，斜广肩锐折，深腹斜收，平底。肩部饰抹断绳纹。口径15.8、肩径40、底径17、高36厘米（图七五，1；图版九，4）。

标本　市一中M421：2，夹细砂灰陶。折沿下仰，沿面一道凹槽不明显，斜方唇，领细高，斜广肩锐折，深腹斜收，平底。肩部及上腹部饰抹断绳纹。口径15.2、肩径36、底径15.6、高36.4厘米（图七五，2）。

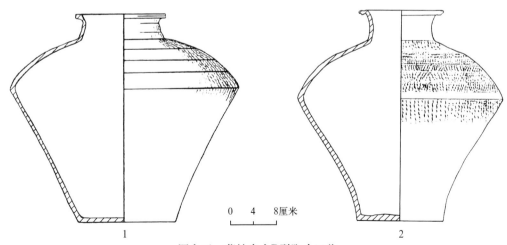

0　　4　　8厘米

图七五　墓地出土B型陶小口瓮
1、2.Bb型（M48：4、M421：2）

9. 大口瓮

5件，出土于5座墓葬。矮直领，圆肩宽广，大底。分两型。

A型　2件。圜底。

标本　市一中M160：1，泥质灰陶。矮领，方唇，折肩，垂腹，圜底。腹部饰抹断绳纹，底部饰交错绳纹。口径23、腹径41、高33.5厘米（图七六，1；图版九，5）。

标本　市一中M165：1，泥质灰陶。折沿，方唇，折肩，腹略垂，圜底。下部及底饰交错绳纹。口径20.4、腹径34.4、高29厘米（图七六，2）。

B型　3件。平底。分二亚型。

Ba型　2件。圆唇。

标本　市一中M7：2，泥质黄灰陶。矮直领，圆唇，圆肩，斜弧腹，大平底。原通体有较粗绳纹，制作时刮削表面，仅在肩部及腹部各留有一周宽绳纹带。口径18、腹径34.4、底径22、高25.6厘米（图七六，3；彩版三，2）。

标本　市一中M27：1，泥质灰陶。矮直领，圆唇，圆肩，斜弧腹，大平底内凹。肩部及腹部各一组，每组两周凹弦纹。口径20、腹径36.4、底径24.4、高26.4厘米（图七六，4）。

Bb型　1件。方唇。

标本　市一中M377：1，泥质灰陶。矮直领，方唇，圆肩，斜弧腹，大平底。口径20、腹径36.8、底径24、高28厘米（图七六，5；图版九，6）。

10. 双耳罐

29件，复原27件，出土于27座墓葬，其中2座墓葬各出2座。肩部饰对称双鼻耳。据底部特征分二型。

A型　25件。圜底内凹，粗短颈，鼓腹。分二亚型。

Aa型　16件。折沿，尖、圆唇。分四式。

Ⅰ式　6件。折沿下仰，高粗束颈，扁鼓腹。

标本　市一中M133：3，夹细砂黄灰陶。折沿下仰，沿面弧，尖唇，长束颈，鼓腹极扁，圜底内凹。肩部一对竖鼻耳。肩、上腹部施较粗的抹断竖绳纹，下腹、底部施交错绳纹。口径13、腹径22.6、底径8、高22.4厘米（图七七，1；图版一〇，1）。

标本　市一中M174：2，泥质灰陶。折沿下仰，沿面弧，尖唇，束颈，圆鼓腹，圜底内凹。肩部一对竖鼻耳。肩、上腹部施较粗的抹断竖绳纹，下腹、底部施横绳纹。口径13.6、腹径22、底径4、高23.2厘米（图七七，2）。

Ⅱ式　3件。束颈变细，颈变短而略外斜，腹部变圆鼓。

标本　市一中M436：2，泥质灰陶。折沿，沿面中部下折，沿面上形成一道凹槽，圆唇，斜颈，鼓腹，圜底内凹。肩部一对竖鼻耳。肩、上腹部施抹断竖绳纹，下腹、底

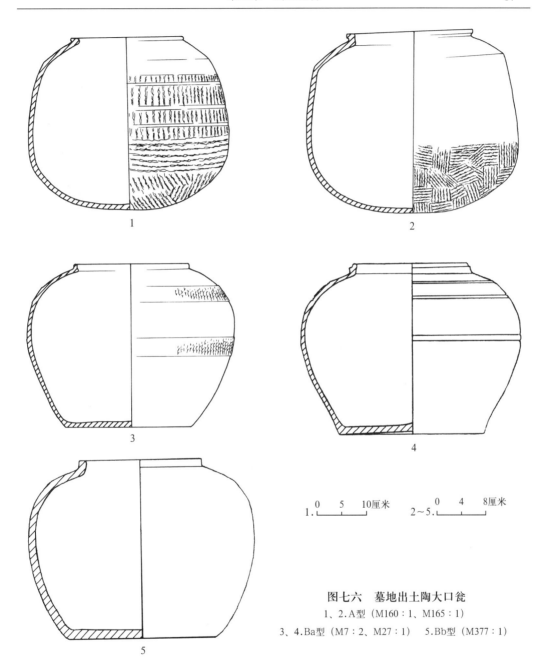

图七六 墓地出土陶大口瓮
1、2.A型（M160：1，M165：1）
3、4.Ba型（M7：2，M27：1） 5.Bb型（M377：1）

部施横绳纹。口径13.6、腹径28、底径9.6、高28厘米（图七七，3；图版一〇，2）。

Ⅲ式 2件。短颈略外斜，深腹壁较直。

标本 市一中M35：1，夹细砂灰陶。折沿，沿面中部下折，圆唇，颈略斜，腹较深，腹部略直，圆底内凹。肩部一对竖鼻耳。肩、上腹部施抹断竖绳纹，下腹、底部施横绳纹。口径15.2、腹径26.8、底径5.6、高28.8厘米（图七七，4；图版一〇，3）。

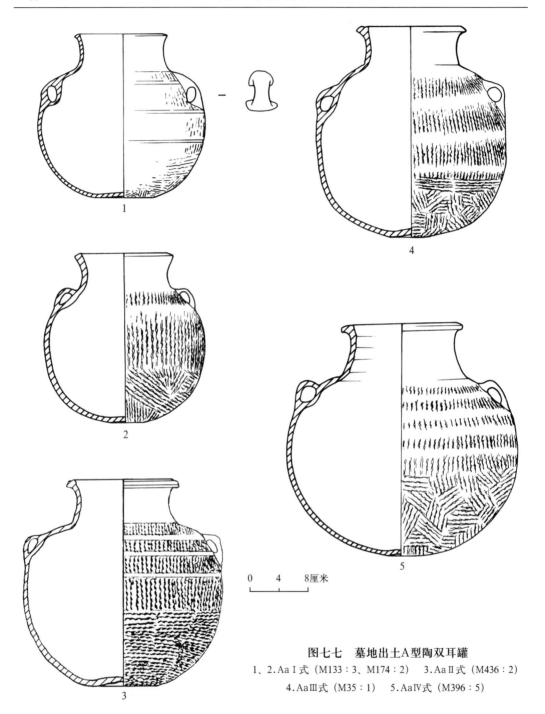

图七七　墓地出土A型陶双耳罐

1、2.AaⅠ式（M133：3、M174：2）　3.AaⅡ式（M436：2）

4.AaⅢ式（M35：1）　5.AaⅣ式（M396：5）

　　Ⅳ式　4件。折沿下仰，长颈外斜，扁鼓腹。有垂腹特征。

　　标本　市一中M396：5，泥质灰陶。折沿下仰，方唇，长颈外斜，扁鼓腹，圜底内凹。肩部一对竖鼻耳。肩、上腹部施抹断竖绳纹，下腹、底部施横绳纹。口径17.2、腹径32、底径4、高32厘米（图七七，5；图版一〇，4）。

Ab型 9件。口内侧有一周凸棱，沿面下折形成极厚的方唇或斜方唇。分二式。

Ⅰ式 5件。圆腹。

标本 市一中M12：1，夹细砂灰陶。口内侧有一周凸棱，沿面下折形成极厚的斜方唇，唇面一道凹槽，直领较高，圆鼓腹，圜底内凹。肩部一对竖鼻耳。肩、上腹部施抹断竖绳纹，下腹、底部施横绳纹。口径14.8、腹径27.6、底径8、高28.4厘米（图七八，1）。

标本 市一中M246：1，泥质灰陶。口内侧有一周凸棱，厚方唇，唇面一道凸棱，短颈内斜，扁鼓腹，圜底内凹。肩部一对竖鼻耳。肩、上腹部施抹断竖绳纹，下腹、底部施横绳纹。口径15.6、腹径28.4、底径9.5、高26.8厘米（图七八，2；图版一〇，5）。

Ⅱ式 4件。椭长腹。

标本 市一中M270：1，夹细砂灰陶。口内侧有一周凸棱，沿面下折形成极厚的斜方唇，唇面一道凹槽不太明显，短颈内斜，鼓腹椭长，圜底内凹。肩部一对竖鼻耳。肩、上腹部施抹断竖绳纹，下腹、底部施横绳纹。口径15.2、腹径27.2、底径8、高28.8厘米（图七八，3；图版一〇，6）。

B型 3件。平底，斜腹。分二亚型。

Ba型 2件。敞口斜颈。

Ⅰ式 1件。广圆肩。

标本 市一中M52：1，泥质灰陶。方唇，长斜颈，颈上有密集的凹弦纹，圆肩，斜弧腹较浅，平底微凹。口径10.4、腹径20.8、底径8.4、高21.4厘米（图七八，4）。

Ⅱ式 1件。溜肩。

标本 市一中M11：2，泥质黄灰陶。方唇，唇内侧凸出，长斜颈，溜肩，斜长腹，平底。肩部一对竖鼻耳。通体施细竖线和斜线，然后以弦纹隔断。口径12.2、腹径21.2、底径10、高25.2厘米（图七八，5；彩版三，3）。

Bb型 1件。折沿束颈。

标本 市一中M189：3，泥质黄灰陶。盘口，长颈微束，溜肩，斜弧腹，平底。肩部一对竖鼻耳。通体施极细的竖线，然后抹断。口径13.4、腹径21.8、底径10.6、高26.2厘米（图七八，6；图版八，5）。

11. 无耳高领折沿罐

共13件，出土于10座墓葬，其中3座墓葬各出土2件。无耳，高领，平底。分为三型。

A型 4件。折腹。据领部分二亚型。

Aa型 3件。领较高。

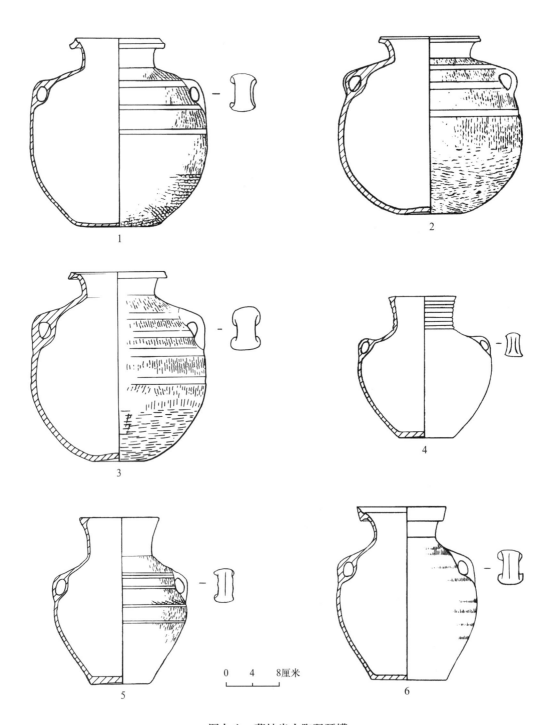

0　　4　　8厘米

图七八　墓地出土陶双耳罐

1、2.AbⅠ式（M12：1、M246：1）　3.AbⅡ式（M270：1）　4.BaⅠ式（M52：1）

5.BaⅡ式（M11：2）　6.Bb型（M189：3）

标本　市一中M133：4，泥质黄灰陶。折沿下仰，尖唇，粗长斜颈，斜肩，上腹弧形近直，下腹斜收，平底。肩、腹有折痕。口径10.4、腹径17.6、底径8、高17厘米（图七九，1）。

标本　市一中M47：2，泥质灰陶。折沿下仰，圆唇，长颈，斜肩，上腹近直，下腹斜收，平底。肩腹有折痕。口径10.4、腹径19、底径11.2、高18.8厘米（图七九，2；图版一一，3）。

Ab型　1件。领较矮。

标本　市一中M77：1，泥质灰陶。折沿下仰，方唇，唇面一道凹槽，束颈，斜肩，肩部有折痕，上腹部弧形近直，下腹部内弧收，平底。口径11.6、腹径20、底径10.2、高20厘米（图七九，3；图版一一，4）。

B型　6件。斜腹。

Ba型　3件。溜肩，器形瘦长。分二式。

Ⅰ式　1件。溜肩，腹部较浅。

标本　市一中M267：5，泥质灰陶。折沿下仰，沿面弧，方唇，细束长颈，溜肩，斜腹，平底。口径10.4、腹径14.4、底径6.8、高19.2厘米（图七九，4）。

Ⅱ式　1件。肩部略抬起，腹部较深。

标本　市一中M40：7，泥质灰陶。厚平折沿，沿面下凹，方唇，唇面一道凹槽，细长束颈，溜肩，斜腹，平底。口径11、腹径14.6、底径7.6、高19.6厘米（图七九，5；图版一一，5）。

Ⅲ式　1件。溜肩圆鼓，腹斜收较甚。

标本　市一中M106：2，泥质灰陶。平折沿，沿面下凹，方唇，长颈，溜肩，斜弧腹，平底。肩部有细密不明显凹弦纹。口径11.2、腹径16.8、底径6.8、高20厘米（图七九，6）。

Bb型　3件。圆肩。分二式。

Ⅰ式　1件。广肩。

标本　市一中M168：1，泥质橙黄陶。折沿下仰，沿面弧，斜方唇，长颈微束，广圆肩，斜收腹，平底。口径11.4、附件19.2、底径8.8、高17.4厘米（图七九，7；彩版三，4）。

Ⅱ式　2件。圆肩变窄。

标本　市一中M188：1，泥质灰陶。敞口，圆唇，细束颈，圆肩，斜腹，平底。口径9.2、腹径19.2、底径9.6、高19.6厘米（图七九，8）。

C型　3件。弧腹。

标本　市一中M266：1，泥质灰陶。折沿下仰，沿面两道浅凹槽，长束颈，圆溜

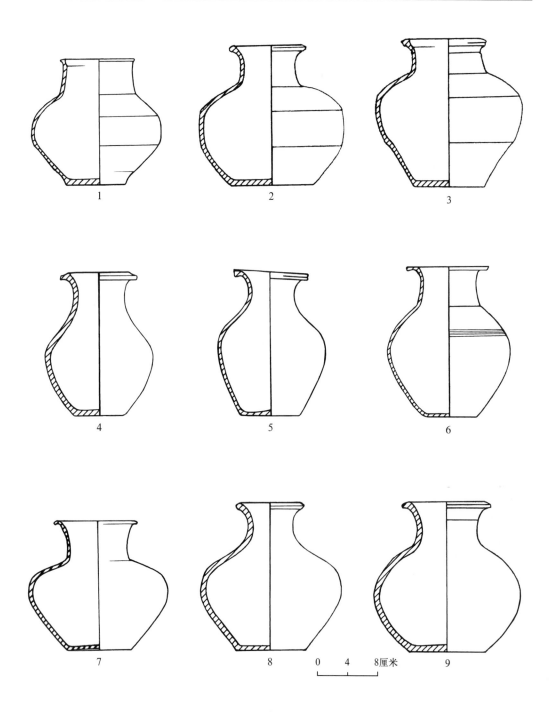

图七九　墓地出土无耳高领折沿陶罐

1、2.Aa型（M133：4、M47：2）　3.Ab型（M77：1）　4.BaI式（M267：5）　5.BaII式（M40：7）

6.BaIII式（M106：2）　7.BbI式（M168：1）　8.BbII式（M188：1）　9.C型（M266：1）

肩，弧腹，平底。口径12、腹径20、底径10.4、高20厘米（图七九，9；图版一二，1）。

12. 无耳矮领折沿罐

11件，出土于11座墓葬。矮领折沿，据肩腹特征分二型。

A型　10件。溜肩，斜腹，肩下一周刮削形成的凹槽。分二式。

Ⅰ式　7件。折沿较窄，一般较薄。

标本　市一中M7：1，夹细砂灰陶。折沿略下仰，沿面两道凹槽，方唇，短束颈，溜肩，肩下刮削形成一道凸棱，斜弧腹，平底。口径10.9、腹径21.6、底径10.6、高19.4厘米（图八〇，1；图版一二，2）。

标本　市一中M310：2，泥质灰陶。平折沿，沿面两道凹槽不明显，方圆唇，短束颈，溜肩，肩下刮削形成一道凸棱，斜腹，平底。口径10.8、腹径23.6、底径11.8、高

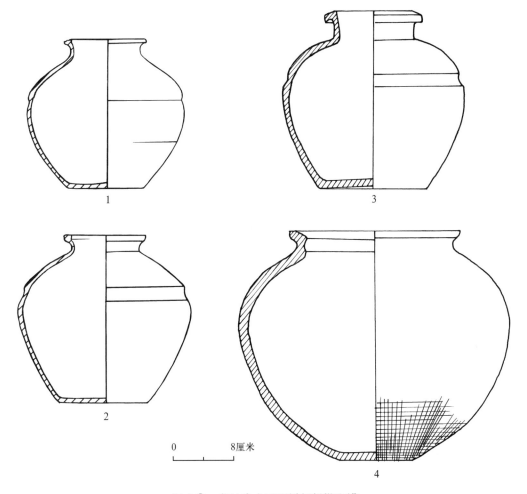

图八〇　墓地出土无耳矮领折沿陶罐

1、2.AⅠ式（M7：1、M310：2）　3.AⅡ式（M216：1）　4.B型（M195：12）

21.6厘米（图八〇，2）。

Ⅱ式　3件。折沿较宽较厚。

标本　市一中M216：1，夹细砂灰陶。器形厚重。厚折沿下仰，沿面两道凹槽，方唇，短束颈，圆肩，肩下刮削形成一道凸棱，斜腹，大平底。口径13.2、腹径24.4、底径14.8、高23.2厘米（图八〇，3；图版一二，3）。

B型　1件。弧腹。

标本　市一中M195：12，泥质灰陶。卷折沿，短束颈，溜肩，弧腹，小平底。下腹部饰横、竖交错划纹形成的方格。口径22、腹径36.5、底径9.6、高29.6厘米（图八〇，4；图版一二，4）。

13. 无耳矮直领无沿罐

19件，出土于17座墓葬，其中2座墓葬各出2件。依据矮领内侧特征分二型。

A型　10件。矮领内侧平或微弧鼓。据器形大小分二亚型。

Aa型　9件。器形大。分二式。

Ⅰ式　6件。圆肩，肩腹部一般有凹弦纹或附加堆纹。

标本　市一中M156：1，矮领，圆唇，圆肩，斜腹，平底。肩部及上腹部各一组每组两周宽凹弦纹。泥质灰陶。口径13.6、腹径25.6、底径11.4、高20厘米（图八一，1；彩版三，5）。

标本　市一中M240：1，器形大。矮领，圆唇，圆肩，斜腹微弧，平底微凹。肩部、肩腹相交处、上腹部各一周凸箍，箍面竖条纹间以斜方格纹。夹细砂灰陶。口径18.6、腹径38.4、底径21.4、高32.4厘米（图八一，2；图版一二，5）。

Ⅱ式　3件。耸肩。

标本　市一中M176：10，矮领，方唇，圆肩耸起，斜腹略弧，平底。肩部及上、下腹部各一周凹弦纹。泥质灰陶。口径14.4、腹径29.6、底径17.6、高25.6厘米（图八一，3）。

标本　市一中M260：1，矮领，圆唇，圆肩微耸，斜腹，平底内凹。肩部及上腹部各一周纹饰带，带面纹饰由竖条纹和斜方格纹相间构成。下腹部一周凹弦纹。夹细砂灰陶，表面磨光。口径18.8、腹径37.2、底径19.6、高28.8厘米（图八一，4；图版一二，6）。

Ab型　1件。器形极小。

标本　市一中M3：4，领极矮，圆唇，耸肩，斜腹，平底内凹。肩部一组两周、上腹部一周凹弦纹。夹细砂灰陶。口径6.2、腹径12、底径5.6、高8.8厘米（图八一，5）。

B型　9件。矮领内侧凹。

Ⅰ式　2件。圆肩。领内侧略凹。

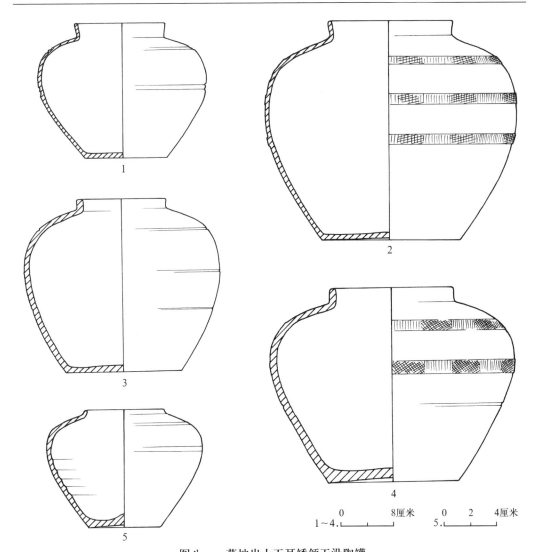

图八一　墓地出土无耳矮领无沿陶罐

1、2.AaⅠ式（M156：1、M240：1）　　3、4.AaⅡ式（M176：10、M260：1）　5.Ab型（M3：4）

标本　市一中M20：1，夹细砂灰陶。矮领稍斜，方唇，圆肩，斜腹，平底。肩部、肩腹相交处、上腹部各一组每组两周凹弦纹，下腹部一周凹弦纹。口径16、腹径33.6、底径18.4、高27.2厘米（图八二，1）。

Ⅱ式　2件。耸肩。领内侧略凹。

标本　市一中M215：10，夹细砂灰陶。矮领，方唇，唇内外侧均向外微凸起，圆肩耸起，斜腹，平底内凹。肩部刻一隶书"大"字，唇部三个"X"及一个"三"或"川"字。口径20、腹径34.4、底径18.4、高26厘米（图八二，2；图版一三，1）。

Ⅲ式　3件。溜肩。领内侧唇部外凸。

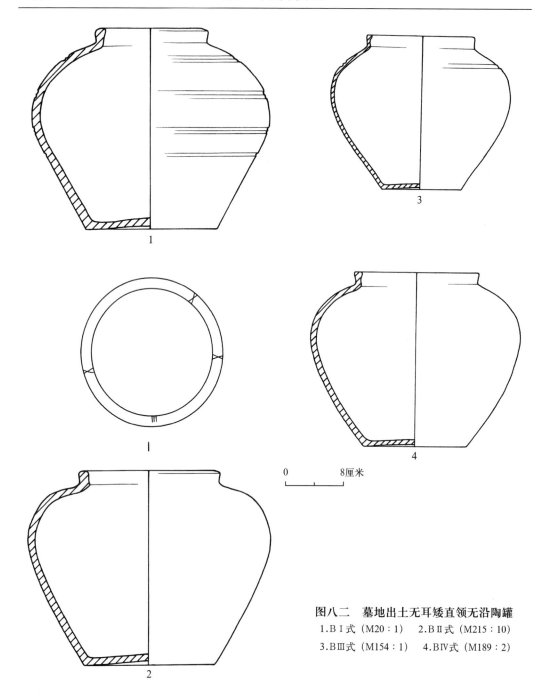

图八二　墓地出土无耳矮直领无沿陶罐
1.ＢⅠ式（M20：1）　　2.ＢⅡ式（M215：10）
3.ＢⅢ式（M154：1）　　4.ＢⅣ式（M189：2）

　　标本　市一中M154：1，泥质灰陶。矮领，方唇，唇内侧向外凸出，溜肩，斜腹，小平底。肩部一组两周凹弦纹。口径15.2，底径11.2，高20.8厘米（图八二，3）。

　　Ⅳ式　2件。圆肩。领内侧凹。

　　标本　市一中M189：2，泥质黄灰陶。矮领，领内侧弧凹，方唇，圆肩，斜腹略弧，平底微凹。口径17.6、腹径29.6、底径14.4、高23.6厘米（图八二，4；图版一三，2）。

14. 小罐

14件，出土于12座墓葬，其中2座墓葬各出2件。高度在12～15厘米之间。分二型。

A型　4件。弧腹。

Aa型　1件。敞口。

标本　市一中M223：1，泥质灰陶。敞口，尖唇，束颈，斜肩，斜腹，平底内凹。颈肩相交处、肩腹相交处各一组每组两周凹弦纹。口径8.4、腹径12.4、底径6.4、高12.4厘米（图八三，1）。

Ab型　3件。折沿。

标本　市一中M216：2，夹细砂灰陶。折沿略上仰，方唇，唇面凹，束颈，圆肩，弧腹，平底内凹。口径9.4、腹径13.2、底径6.8、高13厘米（图八三，2）。

B型　10件。斜腹。据颈肩特征分二亚型。

Ba型　3件。长束颈，溜肩。

标本　市一中M334：19，泥质灰陶。平折沿，沿面下凹，斜方唇，唇面一道凹槽，束颈，溜肩，斜腹，平底。颈肩相交处及上腹部各一组每组两周凹弦纹。口径9.6、底径6.8，高14厘米（图八三，3）。

Bb型　7件。短束颈或斜颈，圆肩。

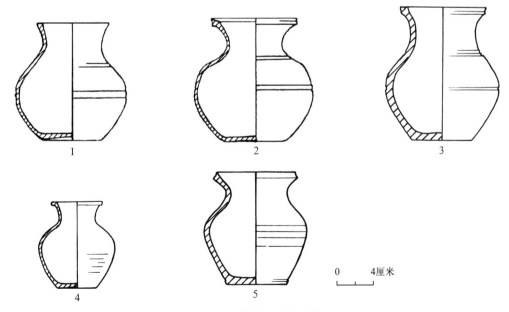

0　　　　4厘米

图八三　墓地出土陶小罐

1.Aa型（M223：1）　2.Ab型（M216：2）　3.Ba型（M334：19）　4、5.Bb型（M71：6、M188：4）

标本　市一中M71：6，泥质灰陶。平折沿，方唇，斜颈，圆肩，斜腹略弧，平底。口径8.8、腹径13.2、底径6.8、高14厘米（图八三，4）。

标本　市一中M188：4，泥质灰陶。敞口，尖唇，束颈，圆肩，斜腹，折曲状饼足底。腹部有宽凹带。口径9.4、腹径11.4、底径6.6、高11.8厘米（图八三，5）。

15. 模型罐

2件，出土于2座墓葬。器高不足6厘米。

标本　市一中M402：25，泥质红陶。敞口，尖唇，斜颈，圆肩，斜腹，平底。口径3.2、底径2.6，高5.3厘米（图八四，1）。

标本　市一中M430：1，泥质灰陶。矮领，厚方唇，圆肩，鼓腹，平底微凹，肩部一周宽凹带。口径4厘米、腹径8.4厘米、底径4.4厘米、高5.4厘米（图八四，2）。

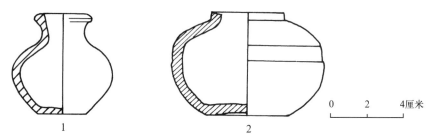

图八四　墓地出土陶模型罐
1、2.陶模型罐（M402：25、M430：1）

16. 硬陶罐

4件。出土于4座墓葬。分两型。

A型　3件。斜领。分二亚型。

Aa型　2件。无耳。分二式。

Ⅰ式　1件。领斜直，圆肩。

标本　市一中M24：4，灰胎，质硬。斜领，方唇，圆肩较广，斜弧壁深腹，平底内凹。通体拍印方格纹。口径12.6、腹径26.4、底径12.2、高25.6厘米（图八五，1；图版一三，3）。

Ⅱ式　1件。领斜弧，瘦肩微耸。

标本　市一中M25：33，灰胎质硬。器形瘦高。斜领壁弧，方唇，圆肩，深斜腹，平底内凹。除近底处外，通体施麻布纹。口径12.8、腹径21.2、底径11.2、高23.6厘米（图八五，2；彩版三，6）。

Ab型　1件。有双耳。

标本　市一中M124：8，灰胎质硬。器形较小。斜领，方唇，唇内侧凸起，耸肩，斜弧腹，平底内凹。肩部一对竖鼻耳。通体施麻布纹，肩弧折处压一周凹弦纹。口径

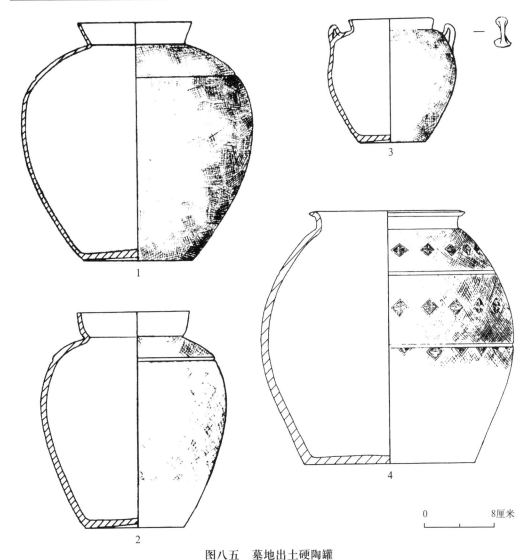

图八五　墓地出土硬陶罐

1.Aa I 式（M24：4）　2.Aa II 式（M25：33）　3.Ab型（M124：8）　4.B型（M3：3）

10、腹径15、底径7.8、高13.8厘米（图八五，3；图版一三，4）。

B型　1件。卷沿。

标本　市一中M3：3，橙黄胎质硬。卷沿，尖唇，短束颈，鼓腹，大平底。通体施麻布纹，上腹及中腹部各压一周凹弦纹，另压三周菱形纹，菱形内由直线和折线组成十字。口径17.8、腹径29.2、底径19.6、高27.6厘米（图八五，4；图版一三，5）。

17.奁

共37件，复原31件（8件器身）。出土于27座墓葬，其中6座墓葬各出土2件，2座墓葬各出土3件。均圆形，平底。一般有盖。分三式。

Ⅰ式　26件，其中4件失盖。盖身均大，盖与器身长度相近，盖身相合空隙小。

标本　市一中M3：5，泥质灰陶。器身圆唇，直筒腹，平底。器盖弧顶，直壁，方唇，盖顶两周凹弦纹，顶、腹相交处、上腹、下腹部各一周凹弦纹。盒盖口径23.2、高22.8厘米，盒体口径21.4、高20.8、通高26厘米（图八六，1）。

标本　市一中M406：12，夹细砂灰陶。器身圆唇，器腹略呈口小底大，下腹部两周凹弦纹，平底内凹。器盖弧顶，直壁，方唇，器表有较密集而不太清晰的凹弦纹。盖径20.4、高20厘米，盒体口径18.4、高19.2厘米，通高22.8厘米（图八六，2；图版一四，1）。

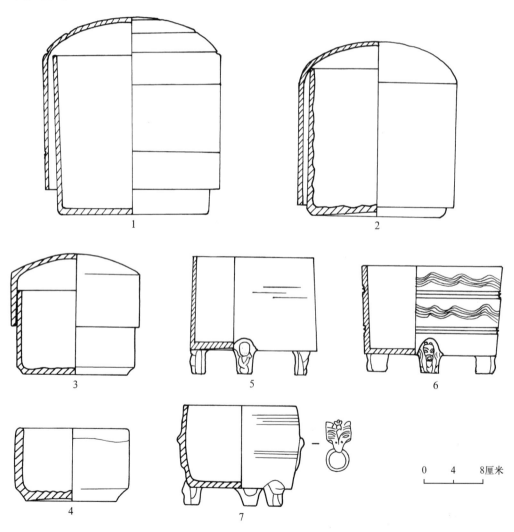

图八六　墓地出土陶奁、樽

1、2.Ⅰ式奁（M3：5、M406：12）　3.Ⅱ式奁（M256：16）　4.Ⅲ式奁（M384：6-2）

5、6.A型樽（M14：4、M150：6）　7.B型樽（M130：5）

Ⅱ式　2件。器形变小，盖短仅及器身中腹。

标本　市一中M256∶16，泥质红陶，仅在器盖直壁的上半部施青绿釉。器较矮小。器身圆唇，直壁，平底。器盖方唇，直壁，折顶隆起，盖口高度及于器身中腹部。盖径17、高9厘米，盒体口径15.2、高10.5、通高15.8厘米（图八六，3；图版一四，2）。

Ⅲ式　3件。均仅存器身。器形小。

标本　市一中M384∶6-2，泥质红胎，器表施绿釉。失盖。器形较矮，壁较厚。圆唇，直筒腹，平底微凹，底缘修削。口径15.2、底径12、高9.6厘米（图八六，4）。

18. 樽

3件。出土于3座墓葬。筒腹，平底有三足。据铺首有无分二型。

A型　2件。无铺首。

标本　市一中M14∶4，泥质灰陶。方唇，直筒腹略呈上小下大，平底，三低首踞熊足。腹部数周凹弦纹不清晰。口径17.2、高15.6厘米（图八六，5）。

标本　市一中M150∶6，泥质红胎，器表施绿釉。方唇，直筒腹略呈上大下小，平底，三兽形足不似熊形。器表上、下腹各一组三周凹弦纹，两组凹弦纹的上面是一周篦状线水波纹。口径18.8、高14.2厘米（图八六，6；彩版四，1）。

B型　1件。有铺首衔环。

标本　市一中M130∶5，泥质红胎，器表施棕釉。方唇，直筒腹，平底，三矮踞熊足。上腹近口处一组三周凹弦纹，中腹一组二周凹弦纹。腹部一对铺首模印衔环。口径15.6、高13.2厘米（图八六，7；彩版四，2）。

19. 方盒

共31件，复原27件（5件器盖，4件器身）。出土于24座墓葬，其中7座墓葬各出2件。长方体，盝顶盖，盖顶四角各有一乳钉。分四式。

Ⅰ式　9件（3件器盖）。盖顶较平或略弧起，器身底部四角有四乳钉状足，斜坡顶与四壁间有窄台。

标本　市一中M240∶7，泥质灰陶。长方体。器身方唇，直壁，平底，底部四角各有一个乳钉状小矮足。盖亦长方体，深腹，几乎将器身完全罩住，盝顶，斜坡顶底部微微折出，与四壁间形成一个极窄的台面，顶四角各有一小乳钉，顶面略隆起，顶低于四面斜坡顶端。盖长42、宽16.8、高14.4厘米，盒体长38.4、宽14、高13.6、通高18.6厘米（图八七，1；图版一五，1）。

Ⅱ式　5件。除盖顶隆起高于四面坡顶外，余与Ⅰ式相同。

标本　市一中M215∶6，泥质灰陶。盖长43.6、宽16、高15.2厘米，盒体长40、宽12.2、高14、通高18.8厘米（图八七，2；图版一五，2）。

Ⅲ式　7件（器身1件）。器身底部无足。斜坡顶与四壁间无窄台。盖顶隆起较高。

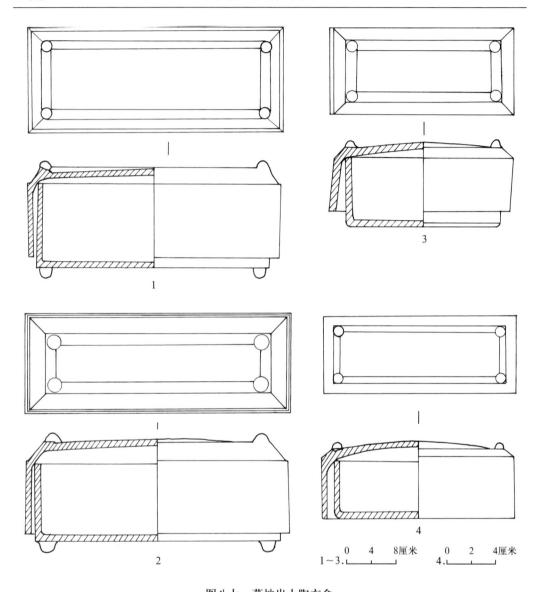

图八七　墓地出土陶方盒

1. Ⅰ式（M240∶7）　2. Ⅱ式（M215∶6）　3. Ⅲ式（M130∶6）　4. Ⅳ式（M256∶7）

标本　市一中M130∶6，器形略小。长方体。器身方唇，直壁，平底。盖亦长方体，深腹，几乎将器身完全罩住，盝顶四面坡，顶四角各有一小乳钉，顶面隆起，顶略高于四面斜坡顶端。夹细砂红胎，器盖表面施棕褐色釉。盖长29.6、宽14、高11.6厘米，盒体长27.2、宽11.6、高11.2、通高14厘米（图八七，3；彩版四，3）。

Ⅳ式　6件（器盖2件，器身2件）。盖顶隆起甚高，有的面积变小。盒身的边及底缘修削。

标本　市一中M256：7，器形略小。长方体。器身方唇，直壁，平底。盖亦长方体，深腹，将器身完全罩住，盝顶四面坡，顶四角各有一小乳钉，顶面隆起，顶高出四面斜坡顶端甚多。泥质红胎，器盖表面施黄褐釉，局部棕褐色。盒盖长31、宽12、高12厘米，灰陶长27、宽9、高9、通高12厘米（图八七，4；图版一五，3）。

M228出有Ⅰ式、Ⅱ式方盒器身，泥质灰陶。失盖。长方体。方唇，直壁，平底，底部四角各有一乳钉状小矮足。

20. 案

共11件，其中1件仅存4条腿。出土于8座墓葬，其中1座墓葬出2件，1座墓葬出3件。据平面形状分二型。

A型　1件。圆形。

标本　市一中M384：10，泥质红胎，案面施棕褐釉。圆形，边缘略凸起，平底，无足。案面中央为细密的螺旋纹，其外为一组篦齿状水波纹间以一组细密凹弦纹，共有四组；凸起的边缘上一组细凹弦纹。直径44、厚1.6厘米（图八八，1；图版一五，4）。

B型　9件。长方形，边缘有斜坡状边框。据足的有无分二亚型。

Ba型　2件。有足。

标本　市一中M150：7，泥质红胎，案面施釉已氧化。平底，四角有人面形足。案面有阴线刻成的纹饰：中央为一尾鱼纹，四周为水波纹。长53.2、宽39.2、厚2、通高10.8厘米（图八八，2；彩版四，4、5）。

标本　市一中M384：23，泥质红胎，案面施棕釉。平底，底部四角各有一半圆形凹槽以安足，足已失。长51.2、宽36.4、高3.2厘米（图八八，3）。

Bb型　7件。平底。无足。

标本　市一中M130：1，泥质红胎，案面施棕釉。长41.2、宽32.8、高2.2厘米（图八八，4）。

标本　市一中M342：11，泥质红胎，案面施釉已氧化。长51、宽35、高2.5厘米（图八八，5；图版一五，5）。

21. 熏炉

共5件，复原4件，出土于4座墓葬。据足底有无承盘分二型。

A型　3件。有盘。据柄部特征分二亚型。

Aa型　1件。柄部有箍。

标本　市一中M406：5，泥质红胎，器表施黄釉。子口承盖，鼓腹略浅，竹节状矮柄，底部有折沿浅盘。镂孔博山盖。口径7.8、盘径17.2、身高12.7、通高19.4厘米（图八九，1；彩版四，6）。

Ab型　2件。柄部无箍。

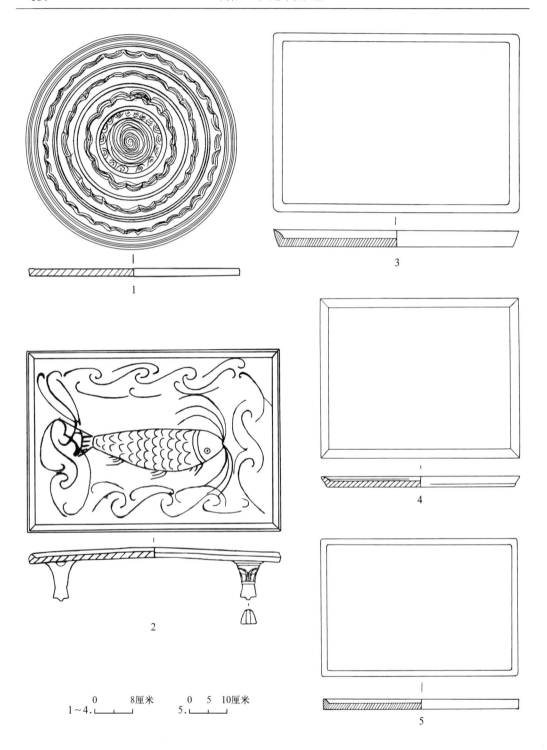

图八八　墓地出土陶案

1.A型（M384：10）　　2、3.Ba型（M150：7、M384：23）　　4、5.Bb型（M130：1、M342：11）

标本 市一中M256：22，泥质红胎，器表施棕釉，失盖。器腹与柄相通。子口承盖，圆唇，鼓腹较深，束短柄，底部有折沿盘较高。柄部无。口径8.5、盘径13、高10厘米（图八九，2；图版一三，6）。

标本 市一中M256：23，泥质红胎，器表施棕褐釉，柄下部无釉。颇有光泽。失盖。器腹与柄相通。子口承盖，圆唇，弧腹较深，高柄上细下粗，底部有折沿浅盘。口径11.4、盘径13.5、高14.6厘米（图八九，3；彩版四，7）。

B型 1件。无盘。

标本 市一中M21：5，泥质红胎，盘内壁施棕褐釉。直壁，方唇，浅盘，粗柄中空与盘相通，饼足。口径12、底径7.1、高10厘米（图八九，4；图版一五，6）。

M402出有熏炉残件，泥质黄陶，失盖。下部残。子口承盖，圆唇，弧腹较深，细柄。是否有釉不明。

图八九 墓地出土陶器

1.Aa型熏炉（M406：5） 2、3.Ab型熏炉（M256：22、M256：23） 4.B型熏炉（M21：5）

5.A型灯（M406：14） 6.B型灯（M39：4） 7.豆（M367：3）

22. 灯

共7件，复原3件。出土于6座墓葬。分二型。

A型　2件。豆形，细长柄。

标本　市一中M406：14，泥质红胎，器表施黄绿釉多氧化。直壁，圆唇，浅盘，盘内中心有小锥形钉，竹节状高柄，喇叭足，有座较高。口径12、底径9.4、高13.6厘米（图八九，5；彩版五，1）。

B型　1件。柄中空与盘通，粗柄。

标本　市一中M39：4，泥质红胎，上腹部施酱釉。敛口，扁鼓腹，斜高柄中空与盘相通，无足平底。口径5.4、腹径9.2、底径6.8、高14厘米（图八九，6）。

23. 豆

4件，仅复原1件，出土于2座墓葬中。

标本　市一中M367：3，泥质灰陶。口外敛内敞，斜弧腹，细柄，喇叭足。盘径11.8、底径8、高8.8厘米（图八九，7）。

24. 碗

共7件，复原4件。出土于5座墓葬，其中2座墓葬各出土2件。直口，圆唇，鼓腹，上腹近口处皆有一周宽凹弦纹。分三式。

Ⅰ式　1件。平底内凹。

标本　市一中M130：8，泥质红胎，器表施釉已氧化。微敞口，圆唇，鼓腹，平底内凹。上腹近口处有一周宽凹弦纹，宽弦纹下有细凹弦纹不完整。口径18.8、底径9.2、高8厘米（图九〇，1；图版一四，3）。

Ⅱ式　2件。极矮的饼足。

标本　市一中M199：13，泥质灰陶。带勺。微敞口，圆唇，鼓腹，矮饼足内凹。上腹近口处有一周宽凹弦纹。口径17.2、底径9.2、高7.2厘米（图九〇，2；图版一四，4）。

Ⅲ式　1件。极矮的圈足。

标本　市一中M342：10，泥质灰陶。直口，圆唇，鼓腹，极浅的圈足。上腹近口处有一周宽凹弦纹。口径16.8、底径10.6、高6.5厘米（图九〇，3）。

25. 钵

共14件，复原7件。出土于12座墓葬，其中2座墓葬各出2件。分三式。

Ⅰ式　1件。微敛口。

标本　市一中M168：2，夹细砂灰陶。微敛口，圆唇，弧腹，平底。器身外表满布宽凹带。口径15、底径7、高5.6厘米（图九〇，4）。

Ⅱ式　4件。敛口。

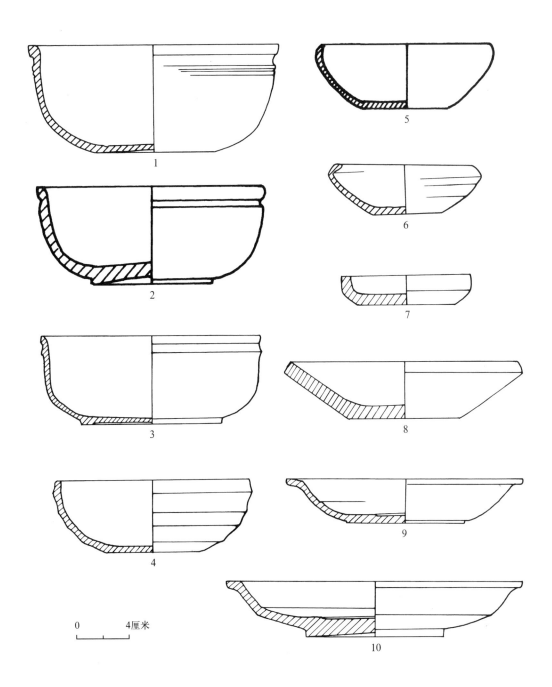

0　　4厘米

图九○　墓地出土陶器

1. I式碗（M130∶8）　　2. II式碗（M199∶13）　　3. III式碗（M342∶10）　　4. I式钵（M168∶2）　　5. II式钵（M96∶11）
6. III式钵（M49∶8）　　7. A型盘（M384∶12）　　8. B型盘（M39∶3）　　9. Ca型盘（M256∶48）　　10. Cb型盘（M150∶4）

标本　市一中M96：11，夹细砂黄灰陶。敛口，圆唇，斜腹，平底。口径12.8、底径5.4、高5厘米（图九〇，5）。

Ⅲ式　2件。敛口极甚，器形小，腹浅。

标本　M49：8，泥质灰陶。敛口，圆唇，浅弧腹，平底。口径9.6、底径5.2、高3.9厘米（图九〇，6）。

26. 盘

9件，出土于6座墓葬，其中3座墓葬各出2件。据口沿特征分三型。

A型　1件。直口。

标本　市一中M384：12，泥质红陶，器内壁施釉已氧化。直口，方唇，浅折腹，平底。口径9.8、底径7.5、高2.2厘米（图九〇，7；图版一四，5）。

B型　1件。敞口。

标本　市一中M39：3，泥质红胎，器内壁施棕釉。敞口，方唇，斜腹，平底。口径18、底径8.4、高4.2厘米（图九〇，8）。

C型　7件。折沿。据器底特征分二亚型。

Ca型　5件。弧腹，多平底。

标本　市一中M256：48，泥质红胎，器内壁施棕釉。器形较小。折沿，圆唇，浅弧腹，浅饼足。直径17.4、高3.3厘米（图九〇，9；图版一四，6）。

Cb型　2件。折腹，饼足。

标本　市一中M150：4，泥质红胎，器内壁施釉已氧化。器形较小。折沿，圆唇，折腹，饼足内凹。口径22.4、底径10.4、高4.2厘米（图九〇，10；图版一四，7）。

27. 杯

2件，仅复原1件，出土于2座墓葬中。

标本　市一中M112：5，泥质灰陶。斜直深腹，短柄，饼足。口径8.8、底径7.2、高13.4厘米（图九一，1）。

28. 耳杯

25件，出土于8座墓葬，其中3座墓葬各出土2件，1座墓葬出土3件，1座墓葬出土4件，1座墓葬出土10件。平面椭圆形，两长边有耳，弧腹，平底。据器耳及器口平面特征分二型。

A型　21件。大小不一。器耳与器口平，器耳部位看不出器壁。椭圆形，其长边亦为弧形。胎、耳多厚。椭圆形浅饼足。

标本　市一中M130：9，泥质红胎，器表施釉不明。长13.6、宽10.2、高3.6厘米（图九一，3；图版一六，1）。

标本　市一中M130：10，泥质红胎，器表施釉不明。长9.3、宽7.6、高3厘米（图

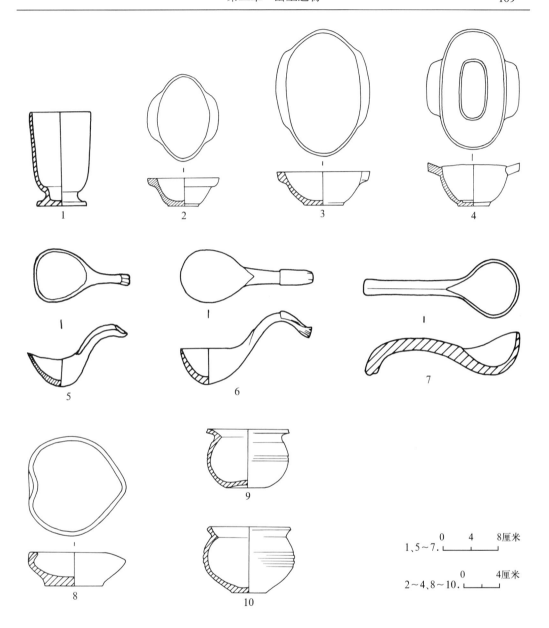

图九一　墓地出土陶器

1.杯（M112：5）　2、3.A型耳杯（M130：10、M130：9）　4.B型耳杯（M150：2）　5、6.Ⅰ式勺（M199：17、M150：1）
7.Ⅱ式勺（M256：50）　8.匜（M39：1）　9、10.模型洗（M27：2、M27：3）

九一，2）。

B型　4件。均较大。器耳略低于器口，器耳部分有器耳凸起。椭圆形，其长边为直线或近直。胎薄，器耳较厚。椭圆形浅饼足。

标本　市一中M150：2，长12.8、宽10.2、高4.6厘米（图九一，4；图版一六，2）。

29. 勺

共4件，出土于3座墓葬。分二式。

Ⅰ式　3件。曲短柄，塑成龙或鹅形。

标本　市一中M199：17，泥质灰陶。勺斗深，近圆形，曲短柄，侧面看呈鹅形。勺径长14、宽7.6、深4.8、把长6、通长14厘米（图九一，5；图版一六，3）。

标本　市一中M150：1，泥质红胎，器表施绿釉。勺斗深，椭圆形，曲短柄塑成龙形。勺斗宽8、深5.2、通长18.8厘米（图九一，6；彩版五，2）。

Ⅱ式　1件。曲长柄。

标本　市一中M256：50，泥质红胎，器表施棕釉。勺斗深，近圆形，曲长柄。勺径7.6、通长22.9厘米（图九一，7）。

30. 匜

1件。

标本　市一中M39：1，泥质灰陶。平面梨形，有短流，饼足。长10.6、底径6.2、高3.6厘米（图九一，8）。

31. 模型洗

3件。出土于1座墓葬。

标本　市一中M27：2，泥质灰陶。宽仰折沿，方唇，扁鼓腹，平底内凹。腹部两周凹弦纹。口径9、腹径8.8、底径4、高6.2厘米（图九一，9；图版一六，4）。

标本　市一中M27：3，泥质灰陶。宽仰折沿，方唇，扁鼓腹，下腹斜收，小平底。腹部三周凹弦纹。口径8、底径3.6、高7.2厘米（图九一，10）。

32. 器盖

共20件。根据盖面纹饰不同分二型。

A型　19件。博山盖。

B型　1件。四神器盖。

标本　市一中M213：1，泥质红胎红褐陶。与M381仓盖同。

33. 仓

共97件，复原78件。出土于44座墓葬，其中19座墓葬各出2件，13座墓葬各出3件，2座墓葬各出5件。小口，筒腹，平底。据足的有无分二型。

A型　54件。平底无足。据口部特征分二亚型。

Aa型　52件。无领。分六式。

Ⅰ式　17件。器下部无门或以阴线、长条形刻槽表示仓门，器形多较高。

标本　市一中M10：2，泥质灰陶。敛口，圆唇，折肩，深腹微鼓，平底微。从上至下接近等距共有四周凹弦纹。近底处有两条纵长方形镂孔以象征仓门。盖径8.4、盖高

5.6厘米、器口径7.8、底径12.4、盖高32、通高37.8厘米（图九二，1；图版一六，5）。

标本　市一中M20：3，夹细砂灰陶。敛口，圆唇，折肩，深直筒腹，平底。从上至下接近等距共有四周凹弦纹但不太清晰。近底处阴线刻出的方形以象征仓门。博山盖，折沿，隆顶，盖面三周纹饰，最下一周有荷戟武士、射箭武士及各种动物，第二层为树木间以人物、动物，第三层为树木，盖顶中央蟾蜍钮。盖口径9.4、高6厘米，仓口径7.2、底径13.4、高30.8厘米，通高36.4厘米（图九二，2）。

标本　市一中M71：1，夹细砂灰陶。敛口，方唇，折肩，直筒腹，平底。从上至下有四周凹弦纹。博山盖，折沿，隆顶，盖面有纹饰四层，多模糊不清。最下一层各种动物及骑士，有人骑象、人骑马、骆驼及其它动物，第二、三层为动物与人物，第四层树，盖顶中央蟾蜍钮。盖径13.4、高8厘米，仓口径9、底径13.4、高28.4厘米，通高36厘米（图九二，3）。

Ⅱ式　10件。器下部有阴线仓门及凸起的门栓。

标本　市一中M48：1，夹细砂灰陶。敛口，圆唇，折肩，深直筒腹，平底。从上至下接近等距共有五周凹弦纹。近底处有阴线刻出的长方形仓门，门上及两侧各一个突出的门栓，中间穿插销。口径8.8、底径15.2、高31.6厘米（图九二，4；图版一六，6）。

Ⅲ式　19件。器下部有圆孔以表示仓门，器形比较矮。

标本　市一中M199：1，泥质灰陶。敛口，圆唇，折肩，直腹，平底。器身有若干道凹弦纹但不清晰。近底处有圆孔。博山盖，盖面纹饰模糊。盖径9.6、高5.6厘米，仓口径6.2、底径11.2、高23.6厘米，通高29.2厘米（图九二，5；图版一六，7）。

标本　市一中M428：2，夹细砂灰陶。敛口，圆唇，折肩，直筒腹，平底。腹部两周凹弦纹。近底处有圆孔。博山盖，折沿，隆顶，有纹饰四层，多模糊不清。折沿处一周菱形纹，盖面最下一层各种动物及骑士，第二层为动物与人物，第三层树，盖顶中央钮应为卧兽不清晰。盖径8.8、高5.6厘米，仓口径7.2、底径12.8、高26.4厘米，通高32厘米（图九二，6）。

Ⅳ式　2件。腹稍斜，底部一圆孔。

标本　市一中M260：2，夹细砂灰陶。敛口，圆唇，折肩，腹略斜直，平底。上、下腹各一周凹弦纹。近底处有圆孔。博山盖，折沿，隆顶，盖面三周纹饰，模糊不清，应为动物及人物，盖钮圆形，其上装饰模糊不明。盖径9.4、高6.8厘米，仓口径6.8、肩径12.8、底径10、高21.6厘米，通高28.4厘米（图九二，7；图版一六，8）。

Ⅴ式　3件。腹斜度大，底部二圆孔。

标本　市一中M195：1，泥质红胎，器表施棕褐釉。敛口，圆唇，折肩，肩面弧，斜腹，平底。上中下腹各一周凹弦纹，近底处有圆孔。博山盖，微折沿，隆顶，折沿处一周菱形纹，盖面三层简化的纹饰模糊不清，其底层为水波或云纹，第二、三层只有

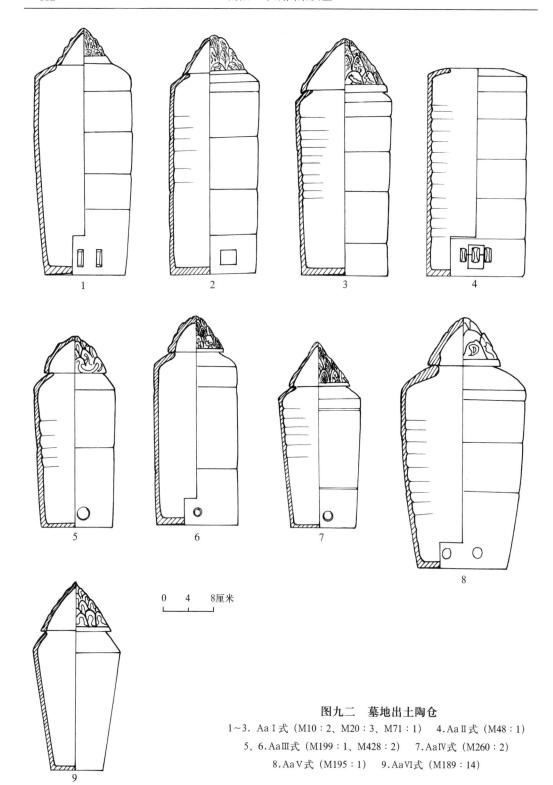

0　　4　　8厘米

图九二　墓地出土陶仓

1~3. AaⅠ式（M10：2、M20：3、M71：1）　4. AaⅡ式（M48：1）

5、6. AaⅢ式（M199：1、M428：2）　7. AaⅣ式（M260：2）

8. AaⅤ式（M195：1）　9. AaⅥ式（M189：14）

原来的山及树形无其它，尖顶。仓口径7、底径12.5、通高37.5厘米（图九二，8；图版一七，1）。

VI式　1件。腹斜度大，底部无仓门象征，口变大。

标本　市一中M189：14，泥质红胎，器表施棕褐釉。敛口，圆唇，折肩，斜腹，平底。博山盖，微折沿，隆顶，折沿处一周菱形纹，盖面三层简化的纹饰模糊不清，其底层为水波或云纹，第二、三层只有山及树形，尖顶。盖径11、高7.6厘米，仓口径9.6、肩径13.6、底径8.2、高21.2厘米，通高26.8厘米（图九二，9；图版一七，2）。

Ab型　2件。有矮领。

标本　市一中M73：4，夹细砂灰陶。敛口，有矮领，圆唇，圆肩微有折棱，弧腹，平底。腹部等距五周凹弦纹，最下一周不显。近底处有圆孔。博山盖，微折沿，隆顶，盖面纹饰四周，皆简化为半浮雕的半圆形。盖径10、高6.4厘米，仓口径7、底径13.2、高22厘米，通高27.6厘米（图九三，1）。

B型　24件。器底有三足，近底处有圆孔以象征仓门。分四式。

I式　7件。蹄足，折肩，直筒腹。

标本　市一中M406：1，泥质红胎，器表施褐釉。小口，矮领，圆折肩，直筒腹，平底，三蹄形矮足。腹部四周凹弦纹。近底部有圆孔以象征仓门。博山盖，折沿，隆顶，有纹饰四周，多模糊不清。第一层各种动物及骑士，第二层动物、人物，第三、四层不清晰，盖顶中央圆钮。盖径11.2、高7.2厘米，仓口径8、肩径18.4、底径16、高30.8厘米，通高38厘米（图九三，2；彩版五，3）。

II式　14件。熊足，折肩，直筒腹。

标本　市一中M124：1，泥质红胎，器表施釉氧化。矮领，圆折肩，直筒腹，平底，三蹲熊足。上腹及中腹部各有一周凹弦纹。近底部有两条阴线表示仓门，门上及两侧各一门栓，有插销。博山盖，盖面三周纹饰，底层为应为动物及人物，第二层树木与人物，第三层树木。盖径11.4、高8.8、口径7.2、底径16、高34.4，通高42厘米（图九三，3；图版一七，3）。

标本　市一中M124：2，泥质红胎，器表施釉氧化。矮领，圆折肩，直筒腹，平底，三蹲熊足。近底部有圆孔以象征仓门。上腹及中腹部各有一周凹弦纹。博山盖，盖面三周纹饰，底层为动物及人物，第二层树木与人物，第三层树木，盖钮圆形。盖径11.8、高8.8厘米，仓口径7.6、底径16、高32.8厘米，通高44厘米（图九三，4）。

标本　市一中M243：3，泥质红胎，器表施釉氧化，盖棕褐釉。敛口，圆唇，折肩，直腹略斜收，平底，三足既非素面蹄足，亦非熊形，细节不辨。近底部有圆孔以象征仓门。上腹及中腹部各有一周凹弦纹。博山盖，折沿，隆顶，折沿处一周不相连的菱形纹，盖面三层纹饰，其底层山峦，山峦前为水波或云纹，第二、三层只有山峦而无其

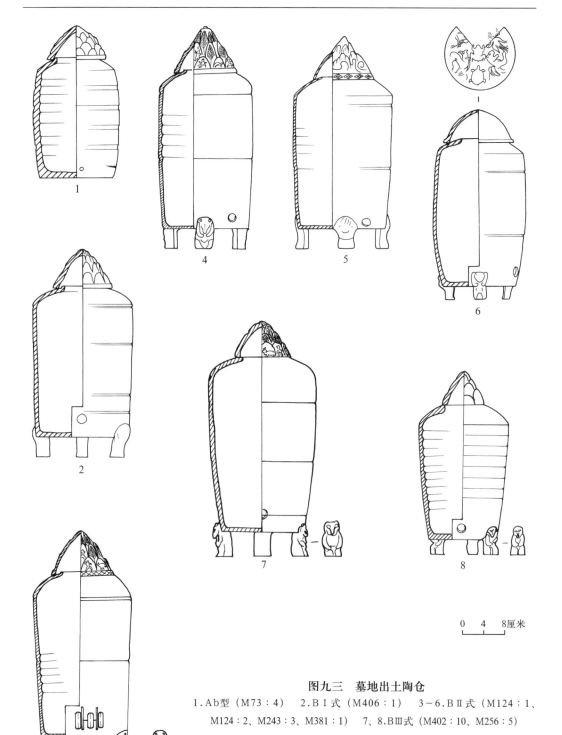

图九三　墓地出土陶仓

1.Ab型（M73：4）　2.BⅠ式（M406：1）　3~6.BⅡ式（M124：1、
M124：2、M243：3、M381：1）　7、8.BⅢ式（M402：10、M256：5）

它，山峦有如水墨画的细节。尖顶。盖径11、高7.6厘米，口径8、肩径18.4、底径14.4、高31.6厘米，通高38.4厘米（图九三，5）。

标本 市一中M381：1，夹细砂灰陶。敛口，圆唇，折肩，弧腹，平底，三踞熊足内敛。近底部有圆孔以象征仓门。上下腹部各有一周凹弦纹。博山盖，折沿，隆顶，盖面饰青龙、白虎、朱雀、玄武四神，盖顶蟾蜍。盖径12.8、高6厘米，口径7、肩径16、底径13、高29.4厘米，通高34.4厘米（图九三，6；图版一七，4）。

III式 3件。熊足，斜腹。

标本 市一中M402：10，泥质红胎，器表施棕釉。敛口，圆唇，圆肩，斜腹，平底，三踞熊足。近底部有圆孔。上中下腹各一周凹弦纹。博山盖，微折沿，隆顶，盖面纹饰三周模糊不清，可辨为人物、动物，顶残。盖径11、高6.5厘米，口径8、肩径20、底径16、高36.5厘米，通高43厘米（图九三，7；图版一七，5）。

标本 市一中M256：5，泥质红胎，器表施釉已氧化。敛口，圆唇，折肩，斜腹，平底，三踞熊足。近底部有圆孔。腹部有较密集的轮修形成的细弦纹。博山盖，盖面三周纹饰简单草率模糊不清。盖径9厘米，仓口径8、底径12.2、高27厘米，通高32厘米（图九三，8；图版一七，6）。

34. 灶

29件，复原25件。有两座墓葬仅出有盆或甑。出土于29座墓葬。长方体，灶面二火眼或三火眼，火门一端有挡墙。据后端有无挡墙分二型。

A型 16件。前后有挡墙。分三式。

I式 8件。三火眼。

标本 市一中M334：11，泥质灰陶。三火眼中间大两端小，一端有弧顶火门，火门一端灶面有弧形挡墙，相对一端有长方形挡墙。前挡墙正面饰模印双阙，两侧各有树一株，弧顶边缘饰连弧纹。后挡墙靠里一面正中模印烟囱，烟囱上饰树一株，烟囱两侧各一建筑，建筑内各一人手持一棍状物，面朝烟囱。长40、宽16.4、高20.8厘米。钵，口径7.6、高4厘米。附模型釜1盆2。釜敛口，折腹，小平底。盆一折沿，斜弧腹，小平底。盆一作敞口，圆唇，斜腹，平底极小几近尖底。皆泥质灰陶（图九四，1；图版一七，7）。

标本 市一中M367：8，泥质红胎，器表施黄绿釉，多已氧化。形态与M334：11相同。前挡墙正面饰模印建筑，建筑内拱手端坐一人。后挡墙靠里一面正中模印烟囱，烟囱两侧各一单阙。长37厘米、宽14.8、高20.4厘米。附模型釜、盆各1。釜敛口，折腹，小平底。盆折沿，斜弧腹，小平底。皆泥质红胎，表面施釉已氧化（图九四，2）。

II式 5件。两火眼，釜灶分离。

　　标本　市一中M215：5，夹细砂灰陶。二火眼同大，一端有弧顶火门，火门一端灶面有弧形挡墙，相对一端有长方形挡墙。灶面两侧边缘各一条阴线。前挡墙正面左面模印建筑，右面模印一踞坐人像。后挡墙靠里一面正中模印烟囱，烟囱左侧模印一勺一圆形容器，右侧一树一壶状器皿。长32.4、宽14.8、高19.2厘米。附模型釜、甑、盆各1。釜，敛口，折腹，小平底。甑折沿，斜弧腹，小平底。盆敞子母口，斜腹，平底。皆夹细砂灰陶（图九四，3；图版一七，8）。

　　标本　市一中M231：5，泥质灰陶。形制同M215：5，灶面两侧无阴线。前挡墙正面饰模印建筑，建筑内拱手端坐一人。后挡墙靠里一面正中模印烟囱，烟囱两侧各一单阙。长32.4、宽15.2、高20厘米。附模型釜、甑各1。釜，敛口，折腹，小平底。甑折沿，斜弧腹，小平底（图九四，4；图版一八，1）。

　　标本　市一中M442：6，夹细砂灰陶。形制同M215：5。前挡墙正面模印两对坐人物，人物中间置一物。后挡墙靠里一面正中模印烟囱，烟囱左侧模印一各一单阙。长36.4、宽15.6、高19.7厘米。附模型釜1甑1盆2。釜，敛口，折腹，小平底。甑、一盆折沿，斜弧腹，小平底，腹饰弦纹。一盆敞子母口，斜腹，平底。皆夹细砂灰陶（图九五，1）。

　　III式　3件。两火眼，釜灶连体。

　　标本　市一中M21：3，泥质红胎，器表施棕褐釉。长方体，灶面二火眼，二釜与火眼连体，长方形火门，火门下端不及于灶底。灶面前后两端皆有长方形挡墙，挡墙窄于灶体，后端挡墙中间模印烟囱。灶面模印鱼、帚、勺等物品，但较模糊。长24.8、宽13.2、高11.6厘米（图九五，2；图版一八，2）。

　　B型　8件。后端无挡墙，灶面二火眼。二眼同大。分三式。

　　I式　4件。无烟囱，灶素面。

　　标本　市一中M171：7，泥质灰陶。一端有弧顶火门，火门一端灶面有挡墙残。长32.2、宽14.8、高12.8厘米。有模型釜2，敛口，折腹，小平底。皆夹细砂灰陶（图九五，3）。

　　标本　市一中M332：9，泥质灰陶。一端有弧顶火门，火门一端灶面有弧形挡墙。挡墙正面饰模印一伞，伞下端坐二人，两侧各拴狗一条，狗作扑腾咆哮状。长34.8、宽14.4、高18.4厘米。附模型釜甑各1。釜，敛口，折腹，小平底。甑，折沿，斜腹，平底，腹饰多圈凹弦纹。皆泥质灰陶（图九五，4；图版一八，3）。

　　II式　3件。有烟囱，灶面两侧边缘饰阴线。挡墙纹饰有变化。

　　标本　市一中M260：7，夹细砂灰陶。一端有弧顶火门，火门一端灶面有弧形挡墙，另一端灶面有小孔，应为插烟囱之用。灶面两侧及无挡墙一端的边缘各一条阴线。挡墙正面模印两对坐人物，人物中间置一物。长29.6、宽12.4、高17.6厘米。附模

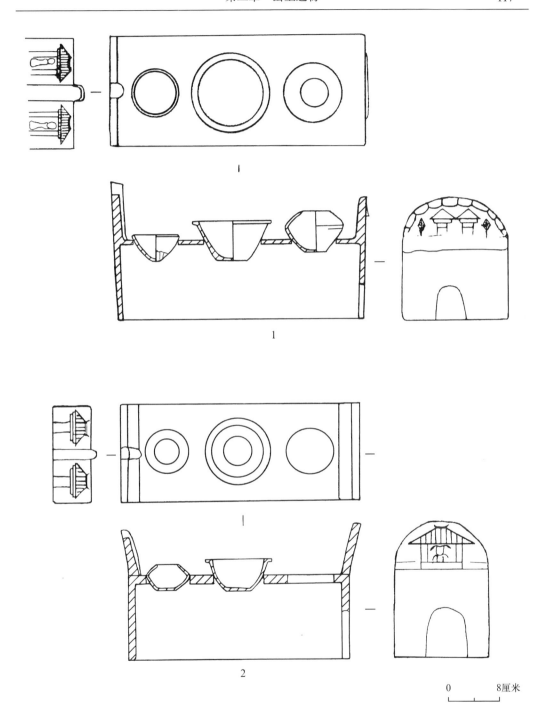

图九四　墓地出土陶灶（一）
1、2. A I 式灶（M334：11、M367：8）

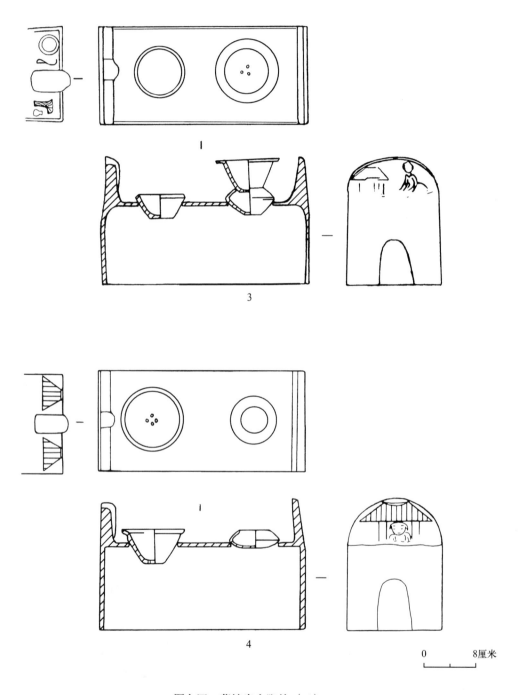

图九四　墓地出土陶灶（二）
3、4.AⅡ式灶（M215：5、M231：5）

图九五　墓地出土陶灶

1.AⅡ式（M442：6）　2.AⅢ式（M21：3）　3、4.BⅠ式（M171：7、M332：9）

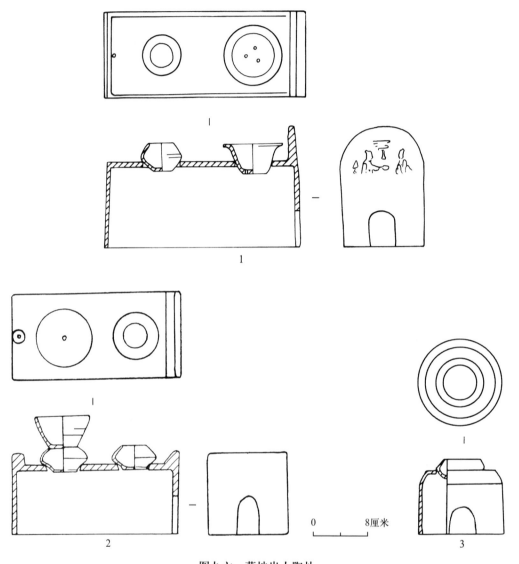

图九六　墓地出土陶灶

1.BⅡ式（M260∶7）　2.BⅢ式（M157∶1）　3.异型灶（M189∶4）

型釜甑各1。釜，敛口，折腹，小平底。甑，折沿，斜腹，小平底。皆夹细砂灰陶（图九六，1；图版一八，4）。

　　Ⅲ式　1件。有烟囱，前端挡墙变矮小

　　标本　市一中M157∶1，夹细砂灰陶。一端有弧顶火门，火门一端灶面有极矮的长方形挡墙，另一端灶面有模印小烟囱。长25.4、宽12.4、高12厘米。附模型釜2盆1。釜，敛口，折腹，小平底。盆敞口，斜腹，小平底。一釜泥质灰陶表面灰黑色，其余皆泥质黄灰陶（图九六，2；图版一八，5）。

异型

标本　市一中M189：4，由一瓮身改成，将瓮身倒扣，瓮底中部掏一圆洞成为火眼，再于下部掏一个半圆形缺口为火门。直径10.4、底径12.8、高9.2厘米。有折腹小釜。泥质红陶（图九六，3；图版一八，6）。

35. 井

26件，其中带汲水瓶的12件。出土于25座墓葬，其中一座出土2件。据井架有无分二型。

A型　25件。无井架。圆形，折沿，多斜腹，平底。据有无颈分二亚型。

Aa型　24件。无颈。分四式。

Ⅰ式　8件。折沿上仰，唇下沿下垂极长，外侧看为极厚的方唇，下腹部微微折出，斜腹外张。

标本　市一中M6：2，夹细砂灰陶。伴出Ba型汲水瓶。平底内凹。通体有纹饰，纹饰的基本单位为鱼、蛙、同心圆、逗点、菱纹。沿面纹饰以两鱼夹一逗点为一组，每组间以两个同心圆纹相隔，两侧各一周戳点纹组成的斜线。唇面为一周逗点、鱼纹和同心圆纹相间排列，组合无规律，上下各一周戳点纹组成的斜线。腹部以五根直线为一组，交叉构成菱形纹；各菱纹相接的顶角饰四个同心圆纹，不相接的顶角饰品字排列的三个同心圆纹；每个菱形纹中填一逗点、一鱼纹。口径18.8、底径18.4、高16.4厘米（图九七，1；彩版五，4）。

标本　市一中M40：8，夹细砂灰陶。平底。口径16.4、底径17.6、高13.6厘米（图九七，2）。

Ⅱ式　12件。折沿，唇下沿下垂程度减弱，从外侧看唇变薄，仍少数为厚平沿。下腹部一道凹弦纹，斜腹外张。

标本　市一中M66：8，夹细砂灰陶。伴出Ba型汲水瓶。折沿略上仰，方唇，唇下沿下垂，斜腹微弧外张，平底。下腹部一周凹弦纹。口径18.8、底径18.4、高16.4厘米（图九七，3；图版一九，1）。

标本　市一中M199：14，夹细砂灰陶。折沿略上仰，方唇，唇下沿下垂，斜腹外张，近底处内弧收，平底内凹。腹中部一周凹弦纹。口径14.2、底径13、高12.4厘米（图九七，4）。

标本　市一中M294：7，泥质灰陶。伴出Ba型汲水瓶。厚平折沿，方唇，斜腹略弧外张，平底。腹部一周凹弦纹。口径17.2、底径14.8、高13.6厘米（图九七，5）。

Ⅲ式　2件。唇略垂或不垂较薄，弧腹。

标本　市一中M256：6，泥质红胎，器表施棕釉。折沿上仰，方唇，唇下沿下垂，弧腹，平底。腹部一周凹弦纹。口径14.2、底径11.2、高13.3厘米（图九七，6；图版

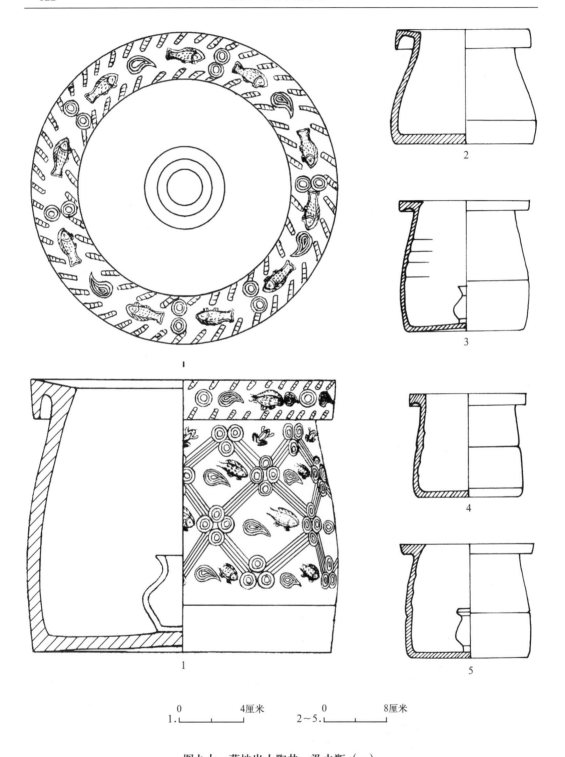

0　　　　4厘米
1.

0　　　　8厘米
2~5.

图九七　墓地出土陶井、汲水瓶（一）

1、2.AaⅠ式（M6：2、M40：8）　3、4.AaⅡ式（M66：8、M199：14）　5.AaⅡ式井＋Ba型汲水瓶（M294：7、7-1）

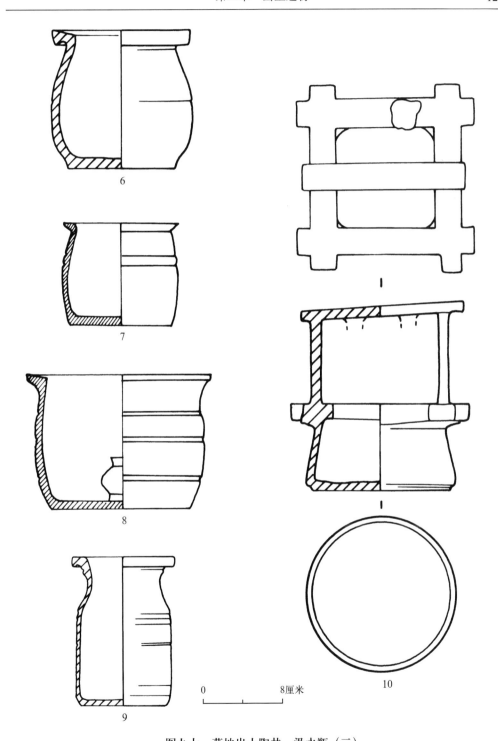

0   8厘米

图九七 墓地出土陶井、汲水瓶（二）

6.AaⅢ式井（M256：6）　7.AaⅣ式（M39：9）　8.AaⅣ式井＋A型汲水瓶（M73：3、3-1）

9.Ab型（M384：5）　10.B型（M256：13）

一九，2）。

Ⅳ式　2件。薄沿，矮鼓腹。

标本　市一中M39：9，泥质红胎，器表施棕釉。平折沿，圆唇，矮鼓腹，平底。上腹部一组两周凹弦纹。口径11.6、底径11、高10厘米（图九七，7；图版一九，3）。

标本　市一中M73：3，夹细砂灰陶。伴出A型汲水瓶。折沿略仰，方唇，弧腹，平底。腹部三周凹弦纹。口径19、底径13.8、高13.2厘米。汲水瓶口径2.8、腹径4.4、底径2、高4.4厘米（图九七，8）。

Ab型　1件。有束颈。

标本　市一中M384：5，泥质红胎，器表施黄绿色釉。器形瘦长。平卷沿，方唇，束颈，溜斜肩，深直腹，平底，底缘修削。肩腹相交处一组两周凹弦纹，上、下腹部各一周凹弦纹。口径12.4、底径8.8、高14.6厘米（图九七，9；彩版五，6）。

B型　1件。有井架。

标本　市一中M256：13，泥质红胎，井栏、井架表面施黄绿色釉。方井栏，浅斜腹，平底，底缘修削。井栏上有两根扁长方形井架，井架上架一根扁长方体横梁。口径15.6、底径14.5、高8、通高17.5厘米（图九七，10；图版一九，4）。

附汲水瓶：

15件，其中3件未见井。形态基本相似，多敞口，束颈，扁鼓腹，小平底。M406及M243所出为红胎施黄釉外，其余均为夹细砂灰陶。根据器底形态分二型。

A型　2件。假圈足。

标本　市一中M73：3-1，泥质灰陶。斜颈，扁鼓腹，假圈足。口径2.8、腹径4.4、底径2、高4.4厘米（图九七，8）。

B型　13件。平底。根据口部特征分二亚型。

Ba型　11件。敞口。

标本　市一中M294：7-1，夹细砂灰陶。敞口，圆唇，束颈，扁鼓腹，平底。口径3、腹径4.4、底径1.6、高5.2厘米（图九七，5）。

标本　市一中M406：6-1，泥质红胎，器表施黄釉。敞口，圆唇，长束颈，斜肩，斜腹，平底。口径4、腹径5.6、底径1.6、高6厘米。

Bb型　2件。盘口。

标本　市一中M243：5-1，泥质红胎，器表施黄釉已氧化。盘口，束长颈，鼓腹，平底。口径3、腹径4.4、底径2.5、高5厘米。

36. 猪圈

26件，复原24件，另有陶猪4件。出土于26座墓葬。据建筑结构形态不同分为三型。

A型　21件。猪圈两个后角各有一四面坡顶建筑。皆长方体，四面有墙封闭，前面有门，门上有平板檐，门两侧有斜坡道通向后面的建筑。平底，底部多有圆形或椭圆形洞，一至三个不等。出土时圈内多有猪，一般为一头，少数有三头。分二亚型。

Aa型　13件。单个长方形门。分二式。

Ⅰ式　11件。后墙角四面坡建筑较矮。

标本　市一中M215：1，泥质灰陶。底部有三个呈倒品字排列的圆洞，四面坡顶有瓦桄七道。圈内有猪一头。长30、宽25.2、高18.4厘米（图九八，1；图版一九，5）。

标本　市一中M442：1，夹细砂灰陶。底部两个后墙角处各有一个圆洞，四面坡顶有瓦桄七道。圈内有猪一头。长27.8、宽34、高19.4厘米，猪体长11.6、高6.2厘米（图九八，2）。

Ⅱ式　2件。后墙角的四面坡顶建筑变得瘦高。

标本　市一中M195：6，泥质红胎，器表施棕釉。底部两侧墙处各有一个长条形槽，四面坡顶有瓦桄九道。圈内有猪一头。长22、宽21.5、高22.5厘米（图九八，3；彩版五，5）。

Ab型　8件。三个长方形门。分二式。

Ⅰ式　7件。后墙角四面坡建筑较矮。

标本　市一中M124：4，泥质红胎，器表施棕釉。平底无孔，四面坡顶有瓦桄五道。圈内有猪一头。长34、宽26.4、高20.4厘米（图九九，1）。

标本　市一中M240：8，泥质灰陶。平底，底部有三个呈倒品字排列的圆洞，四面坡顶有瓦桄七道。圈内有猪一头。长28.8、宽22.8、高18厘米（图九九，2；图版一九，6）。

Ⅱ式　1件。后墙角的四面坡顶建筑变得瘦高。

标本　市一中M402：9，泥质红胎，器表施釉已氧化。底部两侧墙处各有一个弧形洞，四面坡建筑较瘦高，坡顶有瓦桄八道。圈内有猪一头。长31厘米、宽35.2厘米、高28.8厘米（图九九，3；图版二〇，1）。

B型　1件。猪圈只有一个后角有四面坡顶建筑。

标本　市一中M73：2，泥质灰陶。四面墙封闭，前面一长方形门，门无檐，左侧有斜坡道通向左后角的四面坡顶建筑，平底，底部中间一圆洞。圈内有猪一头。长23.2、宽20、高20.4厘米（图九九，4；图版二〇，2）。

C型　1件。长方形建筑，前半部分敞开，三面有两面坡顶墙封闭；前墙右侧有长方形门，左侧墙有长条形栅栏。后半部分有两面坡顶建筑，建筑三面封闭，前面敞开，左侧为猪圈，右侧为厕所。屋顶中央开气窗。厕所地面铺砖，用一道半堵矮墙分为前后两个部分，后面有厕位。厕所地砖及隔墙均有菱形纹装饰。

标本　市一中M58：1，圈内有猪一头。长32、宽26、高27.6厘米（图一〇〇；图版

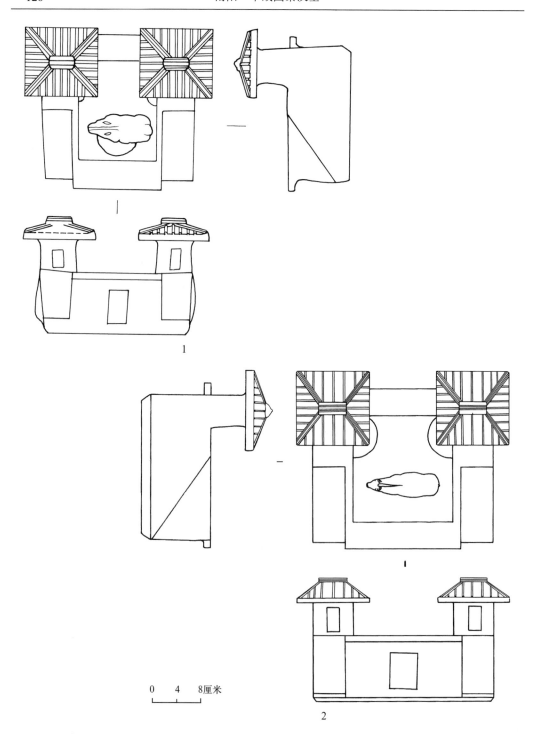

图九八　墓地出土陶猪圈（一）

1、2. AaⅠ式（M215∶1、M442∶1）

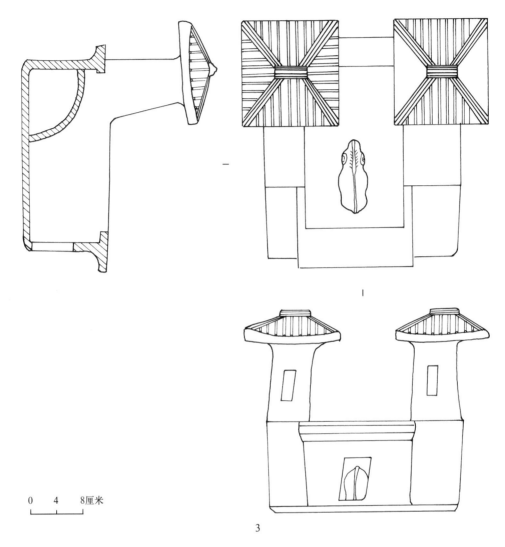

0　　4　　8厘米

3

图九八　墓地出土陶猪圈（二）

3.Aa Ⅱ式（M195：6）

二○，3）。

另M177、M189、M251、M384出有陶猪，均泥质红胎，釉氧化。

37.磨

42件，复原34件。出土于41座墓葬，其中一座出土2件。由磨盘、下扇、上扇三部分组成，有的有三足或四足。磨身均为圆形，盘有方、圆之分。盘一般敞口，斜壁，平底。下扇直壁，弧顶，有的顶面有戳点纹，有的顶部中央有脐。上扇方唇，底面内凹，以与下扇的弧顶配合；顶面有圆槽，圆槽中间一道横梁，圆槽底部横梁两侧有的各有一磨眼；磨上扇边缘有卧兽耳，兽作卧姿，头偏向左侧，张嘴咬住磨扇边缘。据磨盘形状

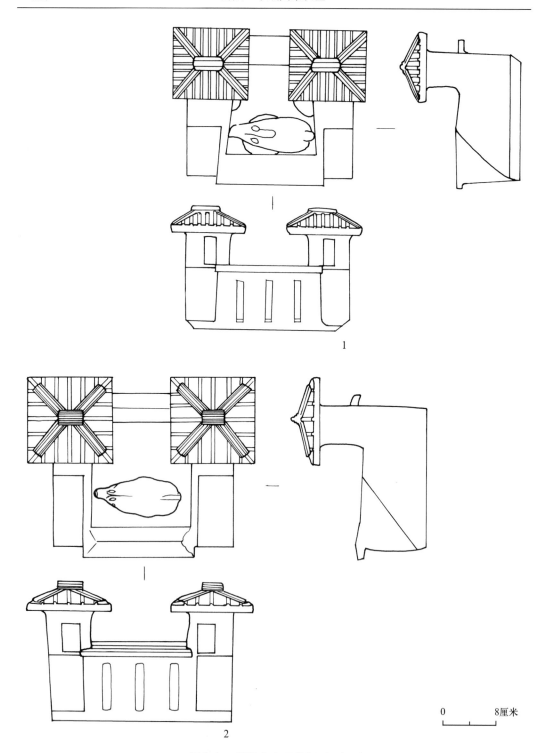

0　　　　8厘米

图九九　墓地出土陶猪圈（一）

1、2.AbⅠ式（M124∶4、M240∶8）

0 ┣━━━━┫ 8厘米

3

4

图九九　墓地出土陶猪圈（二）
3. AbⅡ式（M402∶9）　4.B型（M73∶2）

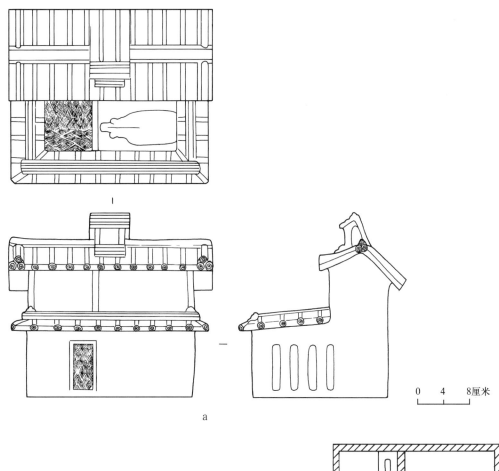

a

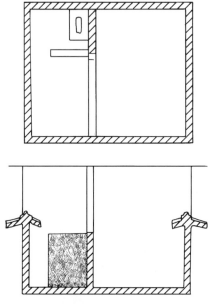

b

图一〇〇　墓地出土陶猪圈

C型（M58：1）　a.俯视、侧视图　b.剖面图

分二型。

A型　29件。圆盘。分二亚型。

Aa型　20件。无足。分三式。

Ⅰ式　15件。磨盘深浅不一，下扇一般高出磨盘二分之一。

标本　市一中M294：3，夹细砂灰陶。盘较深，下扇略高，弧顶有脐，器身一周凹弦纹。上扇圆槽底横梁两侧各一磨眼，表面满布小戳点纹。盘径20.2、高4厘米，磨径11.2、高8.8厘米，通高10.8厘米（图一〇一，1；图版二〇，4）。

标本　市一中M332：8，夹细砂灰陶。盘较深，磨下扇略矮，器身一周凹弦纹，弧顶无脐。上扇无磨眼，表面满布戳点纹。盘径19.2、高3厘米，磨径11.2、高8.8厘米，通高10.4厘米（图一〇一，2）。

Ⅱ式　4件。盘较深，磨身高度降低。

标本　市一中M73：7，夹细砂灰陶，表面黄灰色。失上扇。盘深。磨下扇矮，弧顶无脐。盘径19.2、磨径10、通高8.4厘米（图一〇一，3；图版二〇，5）。

标本　市一中M213：3，泥质橙黄胎，器表施釉已氧化。失上扇。盘较深，磨下扇矮，顶平无脐。盘径17、磨径9、通高4.4厘米（图一〇一，4）。

Ⅲ式　1件。盘浅，磨身极低。

标本　市一中M256：25，泥质红胎，器表施棕釉。磨浅盘。磨下扇极低，弧顶无脐。磨上扇薄，圆槽底横梁两侧各有一磨眼，表面满布凸点纹。磨径10.4、盘径16、盘高1.6、通高6厘米（图一〇一，5；图版二〇，6）。

Ab型　9件。三足。分二式。

Ⅰ式　8件。下扇高，三蹄足或熊足。

标本　市一中M299：9，夹细砂灰陶。浅盘，三踞熊足略内敛。磨下扇高，弧顶中央有脐。器身上部一周凹弦纹。上扇圆槽底横梁两侧各一磨眼，表面及内壁满布小戳点纹。盘径20.8、磨径10、通高17.8厘米（图一〇一，6）。

标本　市一中M406：11，泥质红胎，器表施黄釉。盘较浅，三蹄足内敛。磨下扇高，弧顶无脐，顶面有凹点组成的由中心向边缘放射的线条。腹上部一周凹弦纹，凹弦纹以上有凹点组成的斜线。磨上扇圆槽底横梁两侧各一磨眼，表面满布小戳点纹。盘径20.4、盘高3.6、磨径11.2、通高16.4厘米（图一〇一，7；彩版六，1）。

Ⅱ式　1件。深盘，下扇矮，三踞熊足。

标本　市一中M402：2，泥质红胎，器表施釉已氧化，但磨扇器表保存棕褐色釉。深盘仰折沿，三踞熊足。磨下扇较矮，弧顶，器身上部一周凹弦纹。上扇无磨眼，表面满布小戳点纹。盘径22.6、磨径10.2、通高13.2厘米（图一〇一，8）。

B型　3件。方盘。分二式。

图一〇一　墓地出土陶磨

1、2.AaⅠ式（M294：3、M332：8）　　3、4.AaⅡ式（M73：7、M213：3）　　5.AaⅢ式（M256：25）

6、7.AbⅠ式（M299：9、M406：11）　　8.AbⅡ式（M402：2）　　9.BⅠ式（M118：9）　　10.BⅡ式（M21：6）

Ⅰ式　1件。四熊足。

标本　市一中M118：9，夹细砂黄灰陶。磨盘折沿略深，四踞熊足。磨下扇瘦高，弧顶中央有脐，顶面有短线组成的放射线。器身上部一周凹弦纹局部不显，弦纹之上两周戳点纹。上扇圆槽底横梁两侧各一磨眼，表面满布小戳点纹。盘边长20.8、盘连足高8、磨径10.8、通高19厘米（图一〇一，9；图版二一，1）。

Ⅱ式　2件。四折曲状足。

标本　市一中M21：6，泥质红胎，器表施棕褐釉。磨上扇已失。方座，四折曲足，磨下扇矮，斜壁，平顶，顶中央凸起一个小乳钉，顶面有菊花状饰。盘边长5.8、盘径12.4、高8厘米（图一〇一，10；图版二一，2）。

38. 碓

3件。出土于3座墓葬。长方形，四面有栏杆。

标本　市一中M402：17，泥质红胎，器表施釉已氧化。长方体，四面拱桥形足，两侧有弧形栏杆。杵刷柄状，一端有杵头。长15.8、宽9、高7.4厘米，杵长23.4厘米（图一〇二；彩版六，2）。

39. 模型狗

11件。出土于5座墓葬，其中2座各出1件，2座各出2件，1座出土5件。极小，蜷曲状。

标本　市一中M69：12，泥质红陶。蜷卧状，头伏于身上。长3.2、高2.5厘米（图一〇三，1；图版二一，5）。

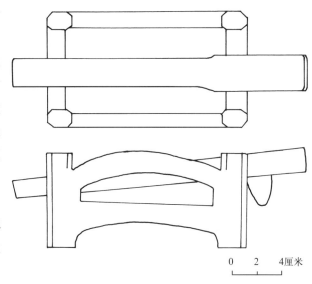

图一〇二　墓地出土陶碓（M402：17）

标本　M50：7，泥质红陶。卧姿，昂首。长3.5、高2.6厘米（图一〇三，2；图版二一，6）。

40. 狗

30件，复原25件。出土于28座墓葬，其中两座各出2件。据身体姿态分二型。

A型　22件。卧姿。据头部姿态分三亚型。

Aa型　12件。扬脖，侧首，嘴或张或闭。头皆朝向其身躯的左侧。分三式。

Ⅰ式　9件。个体较小，短脖。高15～18厘米。皆四肢弯曲，身躯葡伏于地，脖颈伸直，头转向身体左侧，向左前方平视。盘尾，嘴张或闭。

1、2.原大　　3~6.　0　4　8厘米

图一〇三　墓地出土陶狗

1、2.模型狗（M69：12、M50：7）　3、4.AaⅠ式狗（M176：14、M406：3）　5、6.AaⅡ式狗（M66：6、M91：6）

标本　市一中M176：14，夹细砂灰陶。嘴闭。长28.4、高16.8厘米（图一〇三，3；图版二一，3）。

标本　市一中M406：3，泥质红胎，器表施釉已氧化。嘴微张。体长31.2、高16.2厘米（图一〇三，4；图版二一，4）。

Ⅱ式　2件。个体大，长脖。

标本　市一中M66：6，夹细砂灰陶。嘴大张呈"O"形。长36、高35.6厘米（图一〇三，5；图版二二，1）。

标本　市一中M91：6，夹细砂灰陶。嘴大张呈"O"形。长36.8、高32厘米（图一〇三，6）。

Ⅲ式　1件。个体大，长脖。细节刻画细致并略带夸张。

标本　市一中M195：13，泥质红胎，器表施棕釉，局部氧化。嘴大张，唇上两边各阴刻三根胡须，脸颊两边各三根胡须。长38、高42厘米（图一〇四，1；图版二二，2）。

Ab型　9件。夹细砂灰陶。扬脖，侧首，嘴或张或闭。头皆朝向身躯右侧。个体较小。

标本　市一中M58：2，嘴大张。长30、宽17厘米（图一〇四，2）。

标本　市一中M195：9，泥质红胎，器表施釉已氧化。嘴闭。长26、高16.5厘米（图一〇四，3；图版二二，3）。

Ac型　1件。头伏于地。

标本　市一中M21：7，高6.4、残长17.6厘米（图一〇四，4；图版二一，7）。

B型　3件。立姿。站立姿态，昂首向前。分二式。

Ⅰ式　1件。无颈圈。

标本　市一中M256：4，泥质红胎，器表施棕釉。立姿，昂首前视，张嘴而吠，阴线各刻两根胡须，两耳尖前卷，尾上卷于背。体长32.8、高31.2厘米（图一〇四，5；图版二二，4）。

Ⅱ式　2件。有颈圈。

标本　市一中M256：8，泥质红胎，器表施酱釉。立姿，仰首向天，张嘴而吠，宽槽各两条以代表两根胡须，两圆耳，尾上卷于背。有颈圈及腹圈，两圈合于背上有环。体长24、高28厘米（图一〇四，6；图版二二，5）。

41. 鸡

44件，复原39件。出土于26座墓葬，其中10座墓葬出土1件，14座墓葬出土2件，2座墓葬出土3件。但出土一件的墓葬均经扰动，不能反映实际情况。据足部特征分二型。

A型　37件。腹下矮座。据座的形态分三亚型。

1
2
3
4
5
6

0   4   8厘米

图一〇四   墓地出土陶狗

1.AaⅢ式（M195：13）   2、3.Ab型（M58：2、M195：9）   4.Ac型（M21：7）
5.BⅠ式（M256：4）   6.BⅡ式（M256：8）

Aa型　5件。腹下有大矮座，矮座前后有缺口。

标本　市一中M14：2，泥质红陶，器表似涂银粉。高8.6、长11.2厘米（图一〇五，1；图版二二，6）。

Ab型　5件。腹下有大矮座。

标本　市一中M381：4，夹细砂灰陶。长9.6厘米、高7.2厘米（图一〇五，2；图版二三，1）。

Ac型　27件。腹下座较小，圆形或方形。

Ⅰ式　15件。座多方形或扁方形较矮。尾羽多微翘。

标本　市一中M243：12，泥质红胎施棕釉。长8.6、高8厘米（图一〇五，3）。

标本　市一中M264：2，泥质灰陶。长10、高8.6厘米（图一〇五，4）。

标本　市一中M381：3，夹细砂灰陶。长11厘米、高9.6厘米（图一〇五，5；图版二三，2）。

Ⅱ式　10件。座圆形较高，尾羽翘，鸡身显短。

标本　市一中M325：7，泥质红胎棕釉。长13.4、高10厘米（图一〇五，6）。

标本　市一中M402：6，泥质红胎棕釉。座变圆。长9.2、高9.4厘米（图一〇五，7）。

Ⅲ式　2件。座圆形多极高，尾羽高翘，鸡身显短。

标本　市一中M21：4，泥质红胎棕釉。高9.6、长8.8厘米（图一〇五，8）。

标本　市一中M384：18，泥质红胎酱釉。长9.9、高9.2厘米（图一〇五，9；彩版六，3）。

B型　2件。站姿，有分立双足。

标本　市一中M406：15，泥质红胎，器表施釉已氧化。长颈，尾羽平，简化分立的双足。长10厘米、高8.8厘米（图一〇五，10；图版二三，3）。

42.鸭

13件，复原12件。出土于7座墓葬，其中4座墓葬出土1件，3座墓葬出土2件，1座墓葬出土3件。出土一件的墓葬均经扰动。据足部特征分二型。

A型　10件。腹下有座。据座的形态分二亚型。

Aa型　1件。低圆矮座。

标本　市一中M130：28，泥质红褐陶。低圆空足。长11.2、高7.2厘米（图一〇六，1）。

Ab型　9件。扁方形座较高。

标本　市一中M243：10，泥质红胎，器表施棕釉。扁实足较高。长10、高8.4厘米（图一〇六，2；彩版六，4）。

B型　2件。腹下有双足。

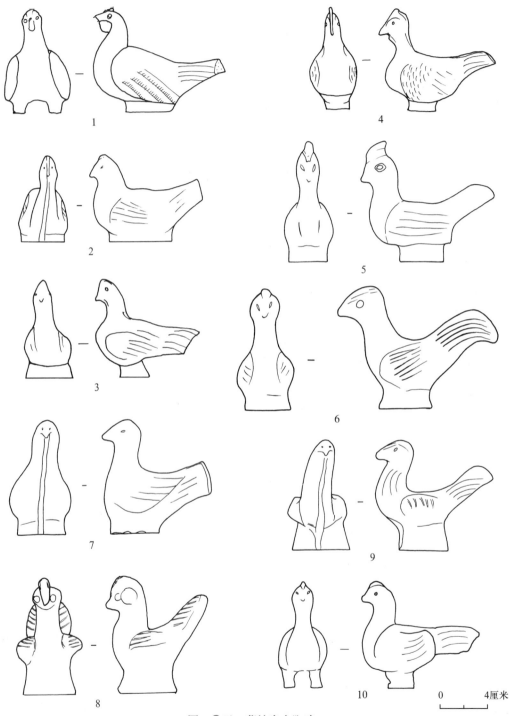

图一〇五　墓地出土陶鸡

1.Aa型（M14：2）　2.Ab型（M381：4）　3～5.AcⅠ式（M243：12、M264：2、M381：3）

6、7.AcⅡ式（M325：7、M402：6）　8、9.AcⅢ式（M21：4、M384：18）　10.B型（M406：15）

0　　　　　8厘米

图一〇六　墓地出土陶动物

1.Aa型鸭（M130∶28）　　2.Ab型鸭（M243∶10）　　3.B型鸭（M406∶18）　　4、5.马（M384∶19、M384∶16）

6.牛（M384∶20）　　7.兕（M256∶15）　　8.镇墓兽（M256∶1）

标本　市一中M406：18，泥质红胎，器表施釉已氧化。长13.2、高11.4厘米（图一〇六，3；图版二三，4）。

43. 马

3件。出土于2座墓葬，复原2件。

标本　市一中M384：19，泥质红胎，器表施棕釉，头、颈部微闪绿。头部有辔头。体长11.2、高15.2厘米（图一〇六，4；图版二三，5）。

标本　市一中M384：16，泥质红胎，器表施棕釉。无腿，只塑造了上半身，嘴阔大而较短，颈上鬃毛，身前两侧各有一弯角。体长25.6、高11.4厘米（图一〇六，5；图版二三，6）。

44. 牛

1件。

标本　市一中M384：20，泥质红胎，器表施棕釉。四蹄足，双眼圆瞪，抬首前视，一对弯角。体长33.6、高26.4厘米（图一〇六，6；图版二三，7）。

45. 兕

1件。

标本　市一中M256：15，泥质红胎，器表施棕釉。作低头张嘴状，双耳紧贴颈部，头顶有角残，前身两侧有翼。体长30、高20.5厘米（图一〇六，7；彩版六，5）。

46. 镇墓兽

1件。

标本　市一中M256：1，泥质红胎，器表施棕褐釉。作蹲踞状，嘴圆张，吐舌，双耳高耸，顶上有角。高14厘米（图一〇六，8；图版二四，1）。

47. 人俑

17件。出土于5座墓葬，其中1座墓葬出土1件，1座墓葬出土2件，1座墓葬出土3件，1座墓葬出土5件，1座墓葬出土6件。据身体姿势分三型。

A型　6件。立姿。据手部动作分四亚型。

Aa型　3件。徒手。

标本　市一中M384：13，泥质红胎，器表施棕釉。头带巾帻，于脑后纠结。右衽，袍服掩足。右手垂于身侧，左手前臂抬起。高18厘米（图一〇七，1；彩版七，1）。

Ab型　1件。扶楯。

标本　市一中M256：20，泥质红胎，器表施棕釉。立姿，独髻，右衽，双手扶楯站立。高20厘米（图一〇七，2；彩版七，2）。

Ac型　1件。提物。

标本　市一中M256：19，泥质红胎，头及前胸施暗绿釉，其余棕黄釉。立姿。戴

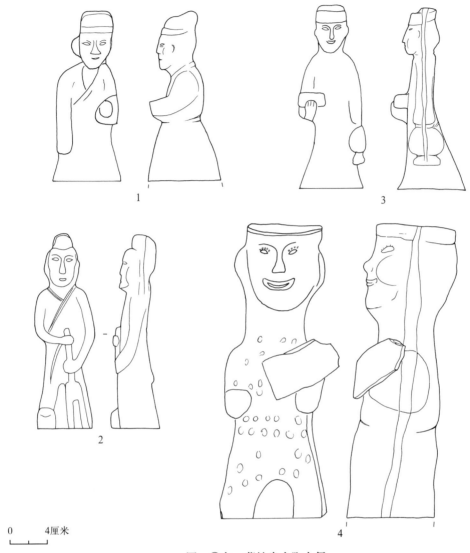

0　　　4厘米

图一〇七　墓地出土陶人俑

1.Aa型（M384：13）　2.Ab型（M256：20）　3.Ac型（M256：19）　4.Ad型（M384：2）

帻，袍服掩足，右手托盒，左手提篮。高19厘米（图一〇七，3；彩版七，3）。

　　Ad型　1件。持盾。

　　标本　市一中M384：2，泥质红胎，器表施青绿釉。头顶束巾，面像粗犷，大鼻，大嘴，高骨。全身披甲，左手持盾。高43.8厘米（图一〇七，4；彩版七，4）。

　　B型　6件。踞坐。

　　标本　市一中M256：11，泥质红胎，器表施棕釉。踞坐。戴帻，右衽，双前臂作前举状，但只表现出一小截。高15厘米（图一〇八，1；彩版七，5）。

0　　　　　4厘米

图一〇八　墓地出土陶人俑

1～3.B型（M256：11、12、13）　4、5.C型（M256：21、M39：5）　6.俑头（M8：9）

标本　市一中M256：12，泥质红胎，器表施棕釉。双前臂残。踞坐。戴帻，右袵，腹部衣带结清晰。高14.2厘米（图一〇八，2；彩版七，6）。

标本　市一中M189：13，泥质红胎，器表施棕釉已氧化。踞坐。戴帻，右袵，双手垂于膝前。高15.6厘米（图一〇八，3）。

C型　5件。杂技俑。

标本　市一中M256：21，泥质红胎，器表棕褐釉。杂技俑。腿下肢残。双手抚腹，作后仰状。极其写意，细节比较简略，面部仅以三个凹坑表示双眼及嘴，整个躯干部分只有形状，没有细节。残高10.3厘米（图一〇八，4；彩版七，7）。

标本　市一中M39：5，泥质红胎棕釉。头顶高而尖，整个头部的造型呈菱形。双手上举，双足跳起。为支撑整个人俑，将其身躯延长为柱状。高19.6厘米（图一〇八，5；彩版七，8）。

48. 俑头

1件。

标本　市一中M8：9，泥质灰陶。头梳双髻，眉眼已模糊，高鼻隆准，人中深峻，双唇紧闭，两颊丰满。颈部中空。泥质红褐陶。器表残存涂白，可能原有彩绘。高6.8厘米（图一〇八，6；图版二四，2）。

49. 车轮

43件，复原19件。其中7座墓葬出土单轮，18座墓葬出土双轮。扁条圆圈形，内侧有孔安辐条，辐条皆朽无存。分三型。

A型　3件，1对，另一件单轮。轮圈一面平，一面外侧修削。

标本　市一中M413：4。泥质灰陶。外径23.2、内径20、宽1.8、厚1厘米（图一〇九，1）。

B型　9件，共4对，另1件单轮。轮圈两面外侧修削。

标本　市一中M210：4，双轮。泥质灰陶。内侧凿有19个安装辐条的孔。轮外径26、内径22.8、宽2.2、厚1.2厘米（图一〇九，2）。

C型　7件，共3对，另1件单轮。轮圈两面内外侧修削，截面成六边形。

标本　市一中M225：7，泥质灰陶。内侧凿有15个安装辐条的孔。外径27.5、内径24.3、宽1.7、厚1.3厘米（图一〇九，3）。

标本　市一中M432：5，泥质灰陶。外径27.4、内径23.4、宽1.6、厚1.3厘米（图一〇九，4）。

50. 泡钉

45件。圆饼形，一面弧鼓，一面平或内凹。据有无纹饰分二型。

A型　3件。素面无纹。

标本　市一中M317：1，泥质灰陶。圆形，正面弧鼓，背平。素面无纹。直径4.9、

图一〇九　墓地出土陶器

1.A型车轮（M413：4）　2.B型车轮（M210：4）　3、4.C型车轮（M225：7、M432：5）

5.A型泡钉（M317：1）　6~9.B型泡钉（M25：26、M256：30、M256：32、M384：3）

高1.4厘米（图一〇九，5；图版二四，3）。

B型　42件。有模印纹饰。

标本　市一中M25：26，泥质红胎，器表施棕釉。圆形，正面弧鼓，背凹。正面有模印纹饰，以"丫"字形将泡面分为三个区域，各区域内为圆点。直径6、高1.8厘米（图一〇九，6；彩版六，6）。

标本　市一中M256：30，泥质红胎，器表施褐釉。圆形，正面弧鼓。背凹，正面模印云蛇纹。直径6.8，高2.4厘米（图一〇九，7；彩版六，7）。

标本　市一中M256：32，同上。直径6、高2厘米（图一〇九，8）。

标本　市一中M384：3，圆形，正面弧鼓，背凹。正面有模印纹饰，正中一个圆圈，泡面四个圆点分为四个区域，每个区域内为一个半圆，半圆内一个圆点。泥质红胎，器表施棕褐釉。直径6，高2.6厘米（图一〇九，9；彩版六，8）。

51. 建筑

M384出有建筑残件。泥质红胎棕釉。可见有两个"∧"形架、四个模型瓦当及一些长条状构件等。

52. 瓦当

2件，均残。

标本　市一中M25：32，泥质灰陶。中央扁圆钮，钮外侧及瓦当边缘一周凸弦纹，钮与凸弦纹间以四组双竖线将当面分为四区，每区一单线卷云纹，云纹两侧各一凸点。直径12.8厘米（图一一〇，1）。

53. 盖弓帽

7件。空心圆筒形，一端有圆饼，鼓腰。

标本　市一中M36：11，筒身有圆孔。高4.4厘米（图一一〇，2）。

54. 陶钱

307枚。

无字钱　195枚。包括两类：

一类为陶片磨成的近圆形陶饼。一中M35出土4枚。

标本　市一中M35：4，泥质灰陶。无孔。直径2.55、厚0.7厘米（图一一〇，3）。

一类为陶泥烧制而成，火候低。共191枚，出自4座墓葬中。

标本　市一中M176：15-1，直径2.6、厚1.4厘米（图一一〇，4）。

五铢钱　42枚。泥质灰陶。圆形，圆孔。模印阴文"五铢"二字。大者直径2.7、厚1.1厘米，小者直径2.3、厚0.8厘米。

标本　市一中M317：3，16枚。泥质灰陶。圆形，圆孔，圆饼形，皆阴文模印"五铢"二字，直径2.4、厚0.6厘米（图一一〇，5；图版二四，4）。

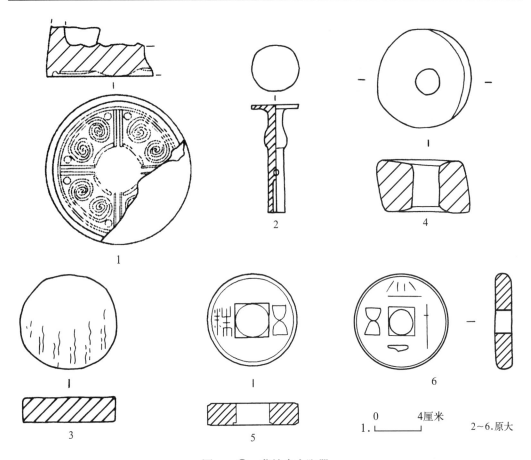

图一一〇　墓地出土陶器

1.瓦当（M25：32）　2.盖弓帽（M36：11）　3~6.陶钱（M35：4、M176：15-1、M317：3、M212：1-1）

大泉五十　70枚。圆形，圆孔，圆饼形，皆阴文两面模印"大泉五十"。

标本　市一中M212：1-1，直径2.6、厚0.6厘米（图一一〇，6；图版二四，5）。

二　高温釉陶器

共4件。仅有壶一类器形。据器形大小分二型。

A型　2件。器形大。

标本　市一中M299：2，子口承盖，圆唇高，长斜束颈，圆鼓腹略扁，折曲状矮圈足。肩部一对铺首模印衔环，一对横鼻耳。颈上部一周凹弦纹、颈肩相交处、腹部各一组三~四周凹弦纹，足上两道凹弦纹。泥质灰胎坚硬致密，鼓腹以上施绿釉。口径14、腹径30.8、底径20、高39.2厘米（图一一一，1；彩版八，1）。

B型　2件。器形小。

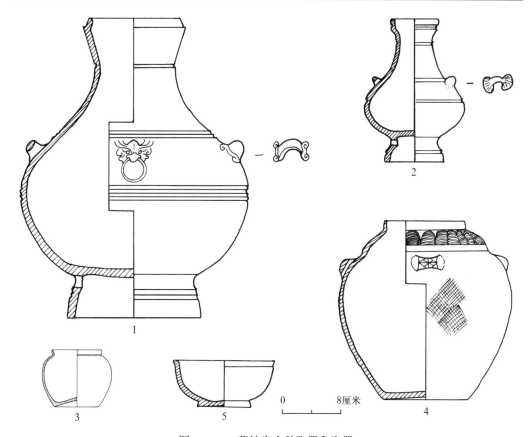

图一一一 墓地出土釉陶器和瓷器

1. A型釉陶壶（M299：2）　2. B型釉陶壶（M299：14）　3、4. 瓷罐（M11：1、M25：34）　5. 瓷碗（M189：5）

标本　市一中M299：14，直口，口下部两周凹弦纹，细颈斜长，颈上部一周凹弦纹，扁鼓腹，折曲状高圈足。颈肩相交处及腹部各一周凹弦纹，圈足中部一周凹弦纹。灰胎，器表施绿釉已基本氧化。口径6.4、腹径13.6、底径8、高18.8厘米（图一一一，2；彩版八，2）。

三　瓷　器

3件。包括罐、碗等。

1. 罐

2件。

标本　市一中M11：1，灰胎施青釉。器形小。矮领，圆肩，斜弧腹，平底内凹。口径7、腹径9.6、底径5.7、高7.4厘米（图一一一，3；彩版八，3）。

标本　市一中M25：34，灰胎施青釉。肩以上如覆盘状，直领，圆唇，叠肩，弧

腹，平底微凹。肩部下段四个横鼻耳，肩部上段篦状连弧纹，器身饰麻布纹。口径
10.8、腹径23.6、底径12.4、高23.2厘米（图一一一，4；彩版八，4）。

2. 碗

1件。

标本　市一中M189：5，灰白胎，青釉微闪绿。微敞口，鼓腹，饼足。近口部一
周凹弦纹。此碗在用于随葬之前即有一处破损，并有原始的粘接痕迹。口径13.6、底径
7.2、高6厘米（图一一一，5；图版二四，6）。

四　铜　器

共401件。包括鼎、钫、鍪、盂、卮、觚形杯、钵、盆、釜、勺、熏、灯、带钩、
刷、印、璜、戒指、铃、环、錾、器耳、器钮、柿蒂叶饰、扣、泡钉、釦器、车马器、
削、刀、戈镈、镞、弩机、圆形铜片、铜铺首、铜簪、铜镜等器类，另有钱币1039枚
（文字可辨者）。

1. 鼎

22件。均子口承盖，盖饰三钮，浅鼓腹，多圜底，极少数平底。方附耳，蹄足，素
面无纹。分二型。

A型　13件。器腹有凸箍。分二式。

Ⅰ式　5件。器形较大，胎体略显厚重，腹部一周凸箍。盖方唇内折，弧顶，盖面
饰三钮。器身子口内折较长，浅鼓腹，圜底近平，三蹄足，足根宽扁。

标本　市一中M293：1，盖钮作圆柱体半环，环顶凸起如帽。大平底，蹄足，截面
略呈圆形。口径20.8、高17.6、通高21.6厘米（图一一二，1；彩版八，5）。

标本　市一中M222：2，盖钮作宽扁体半环，环顶一乳钉。足根微隆，足内侧平。
口径26.4、高20、通高20.4厘米（图一一二，2；图版二五，1）。

标本　市一中M204：3，盖钮作变形鸟首形，子口内折略短。蹄足较高，截面呈八
棱形，足根饰蹲熊。口径21.2、高20.8、通高22厘米（图一一二，3；图版二五，2）。

Ⅱ式　8件。器形小，胎体仍多较厚重，腹部一周凸箍，蹄足较瘦，多圆柱体。盖
皆方唇内折，弧顶，盖面饰一钮。子口内折较长，浅鼓腹，腹部一周凸棱，圜底，底部
大多有一条很突出的范线流铜。蹄足较瘦，多圆柱体。

标本　市一中M114：3，盖钮作扁体近圆形，环顶一乳钉。蹄足足根显粗大，截面
半圆形。口径15.2、高15.2、通高16.8厘米（图一一二，4；图版二五，3）。

标本　市一中M351：5，胎体厚重。底部无流铜。盖钮作宽扁体半环，环顶一乳
钉。足显粗大，足根扁平，截面半圆形。口径17.2、高16、通高16.4厘米（图一一二，

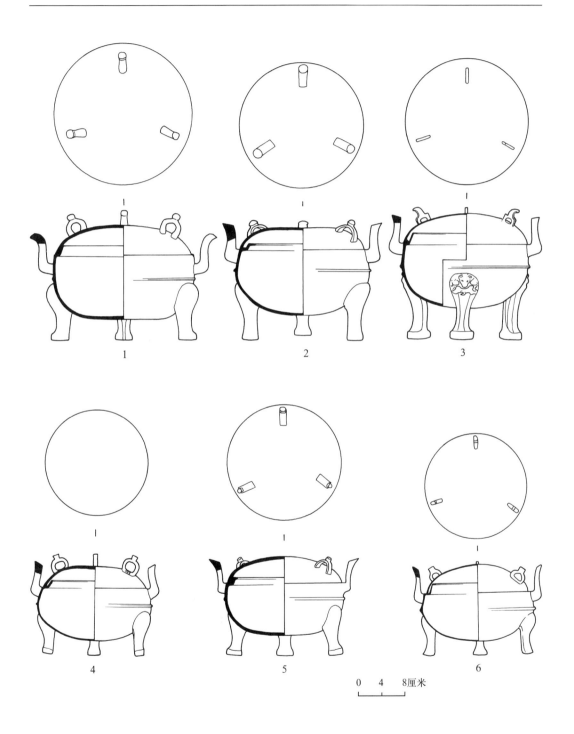

0　　4　　8厘米

图一一二　墓地出土铜鼎

1~3.AⅠ式鼎（M293：1、M222：2、M204：3）　　4~6.AⅡ式鼎（M114：3、M351：5、M403：3）

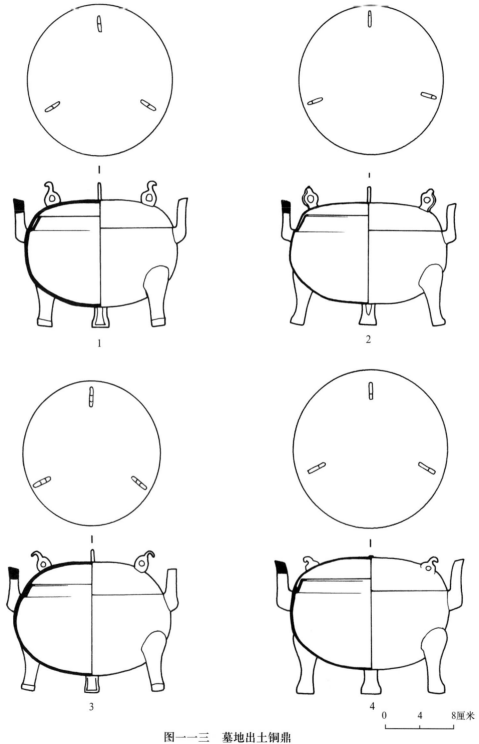

图一一三　墓地出土铜鼎

1～4.B型鼎（M16：3、M64：2、M116：3、M292：3）

0　　4　　8厘米

5；彩版八，6）。

标本 市一中M403：3，胎体轻薄。盖钮扁椭圆形，环顶一乳钉。子口内折较短。足瘦，足根隆起，截面近圆形，内侧削平。口径15.2、高15.2、通高15.6厘米（图一一二，6；图版二五，4）。

B型 9件。腹部无凸箍。器形小，胎体轻薄。盖弧顶，方唇一般不内折，盖钮皆作扁体简化鸟形。子口一般不内折，或内折极短，浅鼓腹无凸棱，圜底，蹄足细而扁，内侧内凹，截面近月芽形，足根扁平。

标本 市一中M16：3，盖弧顶近平。子口略内折。口径15.2、高14.4、通高16.4厘米（图一一三，1；图版二五，5）。

标本 市一中M64：2，盖平顶，盖钮作扁体环形，环顶凸起如帽。子口微内折。口径14.4、高14、通高16厘米（图一一三，2；图版二五，6）。

标本 市一中M116：3，子口略内折。口径15.2、高14、通高16厘米（图一一三，3；彩版八，7）。

标本 市一中M292：3，盖顶平。子口略内折。口径16、高15.2、通高15.6厘米（图一一三，4；图版二六，1）。

2.钫

19件。方体，盖皆作盝顶形，盖面四钮位于四面或四角。腹部一对铺首衔环，方足。分三式。

Ⅰ式 2件。器形高大，较厚重。矮领，方唇，短颈，鼓腹，最大径在腹中部，高足外撇，铺首及衔环均大，环圆柱本。盝顶盖，舌长而直，坡度较缓，盖四面坡上各饰一扁体圆顶塔形钮。铺首圆眼，布满圆点状饰。

标本 市一中M293：5，口长9.2、腹径21.6、短径14、高38.4、通高43.2厘米（图一一四，1；彩版九，1）。

Ⅱ式 5件。器形高大，多较厚重，足多略变矮，铺首衔环仍大，环多圆柱体，无点状装饰，眼椭圆形。盖舌较短而内斜，盝顶盖，坡度较大，盖面四钮多为扁体简化鸟形，位于四面坡上或四脊上。矮领，方唇，短颈，鼓腹，最大径在腹中部，足较高外撇。

标本 市一中M292：2，高足。扁体简化鸟形钮大，位于四面坡上。口长12.8、腹长22、底长14.4、高18.8、通高46.4厘米（图一一四，3）。

标本 市一中M204：1，盖舌较长。扁体简化鸟形钮较小位于四脊上。环椭圆体。口宽10.8、高36、通高42.4厘米（图一一四，2；图版二六，2）。

标本 市一中M351：4，高领，圆顶塔形钮位于四面坡。口长12.4、腹长23.2、底长12.8、高36.4、通高42厘米（图一一四，4；彩版九，2）。

Ⅲ式 12件。器形变小，胎体较轻薄。盝顶盖，盖舌短而内斜，坡度较大，盖面四

0　4　8厘米

图一一四　墓地出土铜钫
1. I 式（M293∶5）
2～4. II 式（M204∶1、M292∶2、M351∶4）

钮扁体简化鸟形小，极薄，位于四脊或四面坡上。矮领方唇，短颈，鼓腹，最大径多近下部，多矮足外撇，铺首衔环变小，环多为圆柱体。

标本　市一中M116：1，盖钮位于四脊。最大径近腹中部。口径9.2、腹径16.8、11.2、高28.6、通高32.4厘米（图一一五，1；图版二六，3）。

标本　市一中M278：1，高领，高足，盖钮较大位于四面坡上，衔环较大，椭圆体。口径10.4、腹径16.4、底径10.4、高28.8、通高34厘米（图一一五，2）。

标本　市一中M306：3，盖钮位于四脊。最大径近腹中部。口径9.6、腹径18、底径11.2、高29.6、通高33.6厘米（图一一五，3；图版二六，4）。

3. 鍪

2件。敞口，折肩，扁鼓腹，圆底近平。腹、底均有烟炱痕，是实用器。分二式。

Ⅰ式　1件。肩部双环耳，一大一小。

标本　市一中M110：2，卷折沿上仰，尖圆唇，斜颈呈上小下大喇叭状，折肩，扁鼓腹，圆底近平，一对环耳，一大一小。其中大环耳上饰绳索纹。肩下相交处一周细凸弦纹，比范线要凸出且整齐。口径17.2、腹径19.4、高14.4厘米（图一一五，4；图版二七，1）。

Ⅱ式　1件。器形小，小耳，带柄，柄上附环。

标本　市一中M208：3，敞口，圆唇，斜颈上小下大，折肩，扁鼓腹，圆底近平。肩部一侧小环耳，相对另一侧有长方形中空柄，柄上端附一小环耳。肩下部一周凸棱。口径10、腹径13.6、高11、把长3.6厘米（图一一五，5；图版二七，2）。

4. 盉

2件。矮领，方唇，圆肩，弧鼓腹，圆底，三小蹄足。有兽首流。与流相对一侧的领部有一小方形圆穿耳，耳、流之间有扁体曲柄，柄空心可装木柄。

标本　市一中M64：4，口径9.2、高11.2、通长26厘米（图一一六，1；图版二七，3）。

标本　市一中M403：7，口径9.2、高10、通长18.4厘米（图一一六，2；图版二七，4）。

5. 卮

1件。

标本　市一中M306：5，器形较小，筒形，平底，底部三小扁足，器腹有圆形小鋬。口沿及近底处各一周S形蟠螭纹，器腹为几何形蟠螭纹。高21.5、口径15.4厘米（图一一六，3；彩版九，3）。

6. 瓠形杯

1件。

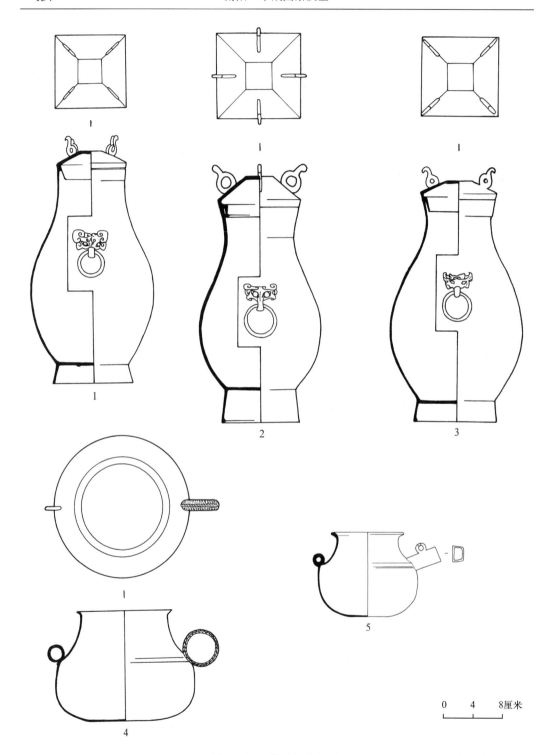

图一一五　墓地出土铜器

1~3.Ⅲ式钫（M116：1、M278：1、M306：3）　4.Ⅰ式鍪（M110：2）　5.Ⅱ式鍪（M208：3）

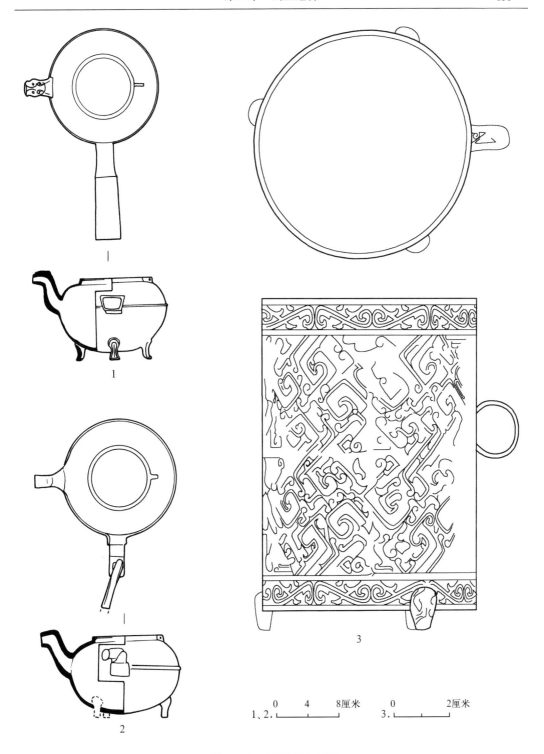

图一一六 墓地出土铜器
1、2.盉（M64：4、M403：7） 3.厄（M306：5）

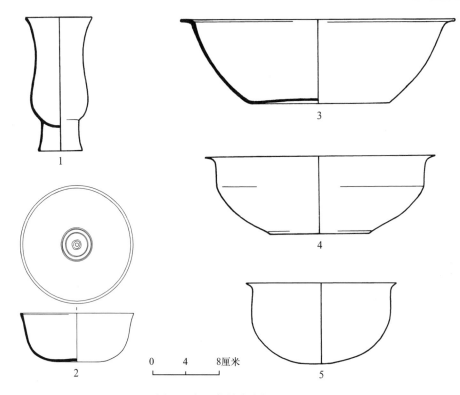

图一一七　墓地出土铜器

1.觚形杯（M35:3）　2.钵（M130:19）　3.A型盆（M412:5）　4.B型盆（M411:5）　5.釜（M411:12）

标本　市一中M35:3，敞口，圆唇，深垂腹，高圈足下端略外撇。素面。口径8.4、底径6、高16厘米（图一一七，1；彩版九，5）。

7.钵

1件。

标本　市一中M130:19，敞口，圆唇，斜腹下部弧收，平底内凹。内底有同心圆纹。口径14.2、底径6、高5.8厘米（图一一七，2；彩版九，4）。

8.盆

3件。折沿，折腹或弧腹。据腹部特征分二型。

A型　2件。斜弧腹。器身较厚。

标本　市一中M412:5，平折沿，方唇，斜弧腹，平底内凹。口径33.6、底径16.8、高10厘米（图一一七，3；图版二七，5）。

B型　1件。折腹。

标本　市一中M411:5，仰折沿，折腹，浅饼形假圈足。胎体极轻薄易碎。口径28、底径12、高9.2厘米（图一一七，4；图版二七，6）。

9. 釜

2件。器形较小。鼓腹。器身极薄。

标本　市一中M411：12，残损较厉害。窄折沿略仰，鼓腹，平底。口径18.4、高9.6厘米（图一一七，5）。

10. 勺

16件。勺斗平面呈椭圆形，较浅。均勺柄形状结构的不同分三型。

A型　6件。勺柄尾端粗，首端（接勺斗）细，后段有銎中空可纳柄。据勺柄长度分二亚型。

Aa型　2件。长銎。

标本　市一中M64：3，勺斗已残失。勺柄后端圆形，前端六棱形，与斗相接处近扁平。残长31.2厘米（图一一八，1）。

标本　市一中M380：9，尾端圆形，首端近扁平。圆銎一端已残。残长20厘米（图一一八，2；图版二八，1）。

Ab型　4件。短銎。

标本　市一中M16：5，勺斗长径19.6、短径7、勺柄长8，通长14.4厘米（图一一八，3）。

标本　市一中M110：3，勺斗呈委角长方形，短銎前端为半圆柱体与勺斗相接。勺斗长径10.8、短径5.6、勺柄长12，通长16厘米（图一一八，4；彩版一〇，1）。

B型　7件。扁条形勺柄。

Ba型　6件。勺柄截面扁椭圆形，尾端有圆环。

标本　市一中M403：5，勺斗长径9.2、短径5.6、深2，勺柄长24.8，通长30.4厘米（图一一八，5；图版二八，2）。

标本　一中M293：4，柄中部有箍，首端与勺斗相接一段截面三角形。勺斗长径9.2厘米、短径6.4厘米，勺柄长21.6厘米，通长26.8厘米（图一一八，6）。

标本　市一中M351：9，勺柄截面近圆形，尾端龙首形衔环。勺斗长径10、短径6.4、深2.4，勺柄长20.4，通长29.2厘米（图一一八，7；彩版一〇，2）。

Bb型　1件。勺柄截面半圆形。

标本　市一中M204：5，勺斗径9.2、勺深2.4，勺柄长18、通长20.8厘米（图一一九，1）。

C型　3件。瓦状长柄，状如今之饭勺。

标本　市一中M412：8，体形较大。勺尾端有铺首，鼻部残，原来可能有衔环。长33.2厘米（图一一九，2；图版二八，4）。

标本　市一中M114：5，斗近圆形。长24.4厘米（图一一九，3；彩版一〇，3）。

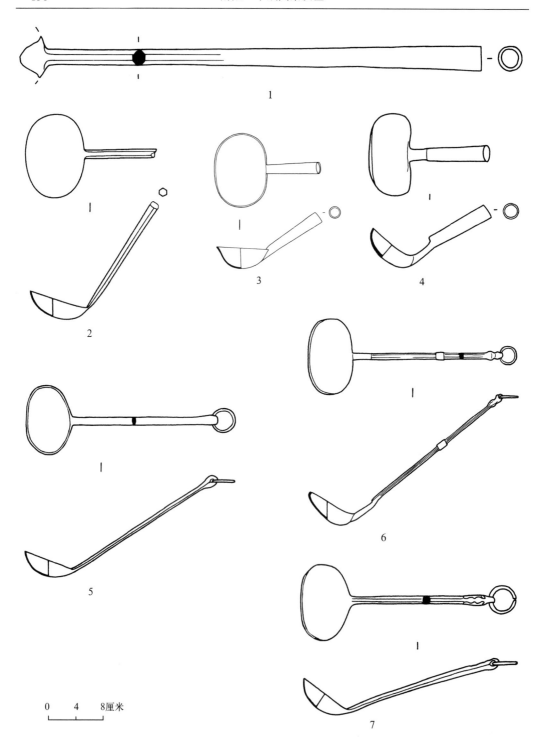

图一一八　墓地出土铜勺

1、2.Aa型（M64∶3、M380∶9）　3、4.Ab型（M16∶5、M110∶3）　5~7.Ba型（M403∶5、M293∶4、M351∶9）

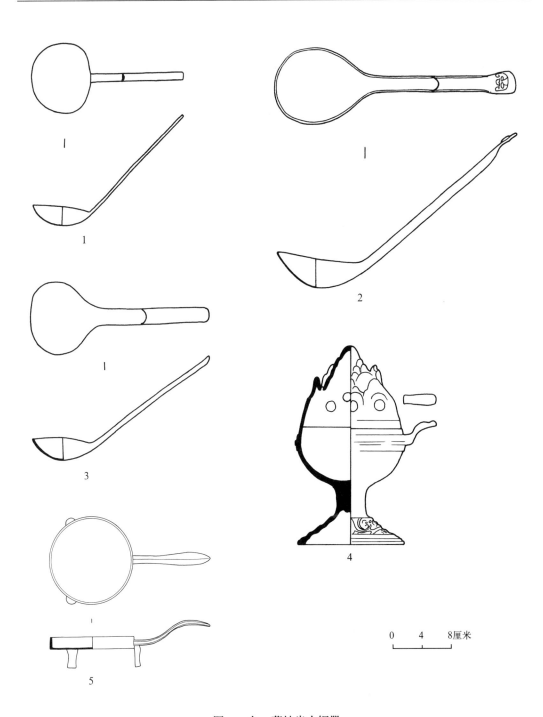

图一一九　墓地出土铜器

1.Bb型勺（M204：5）　　2、3.C型勺（M412：8、M114：5）　　4.熏（M410：1）　　5.灯（M299：1）

11. 熏

1件。豆形。

标本　市一中M410：1，胎体厚重，形体较小。博山盖，盖面有圆形及不规则形镂孔。子口方唇，浅鼓腹，细短柄，喇叭足略高，有短宽扁把手。腹部一周宽凸带，喇叭足面堆塑三龙纹。口径14厘米、足径14.8厘米、高15.6厘米、通高26厘米。把长4.5厘米（图一一九，4；彩版九，6）。

12. 灯

2件，其中1件残。

标本　市一中M299：1，浅盘，直壁，平底。三小蹄足，有舌状长把手。盘心残，是否有乳钉不明。口径22.8、高8厘米，把长21.4、通长44.2厘米（图一一九，5；图版二八，3）。

13. 带钩

共25件。分五型。

A型　8件。雁或鹅形。

标本　市一中M225：5，长颈后卷，头部宽扁，类蛇。长3厘米（图一二〇，1；图版二八，5）。

标本　市一中M311：1，雁形。长颈后卷，长喙。长3.25厘米（图一二〇，2）。

标本　市一中M72：10，长3.7厘米（图一二〇，3；图版二八，6）。

B型　11件。琵琶形。据器形长短及扣钉位置分二亚型。

Ba型　9件。扣钉位于尾端。器形较短。

标本　市一中M223：6，长5.1厘米（图一二〇，4）。

标本　市一中M432：9，长4.8厘米（图一二〇，5；图版二八，7）。

Bb型　2件。扣钉靠近中央，器形长大。

标本　市一中M118：10，器形宽扁。长10.4厘米（图一二〇，6；图版二八，8）。

C型　4件。器形瘦长多呈圆棒形，钩尾呈龙首形。

标本　市一中M377：4，器形瘦长略扁。长10.5厘米（图一二一，2）。

标本　市一中M49：5，器形瘦长圆棒形。钩面中部三条错金纹。长17.3厘米（图一二一，1；彩版一〇，5）。

标本　市一中M50：5，器形较小，瘦长圆棒形。长8.2厘米（图一二一，3）。

D型　1件。龟形。龟颈伸长后仰，背饰甲壳纹饰。扣钉位于龟腹下，扣面有双龙吞珠纹。

标本　市一中M53：12，残长2.8厘米（图一二一，4；彩版一〇，7、8）。

E型　1件。铺首形。

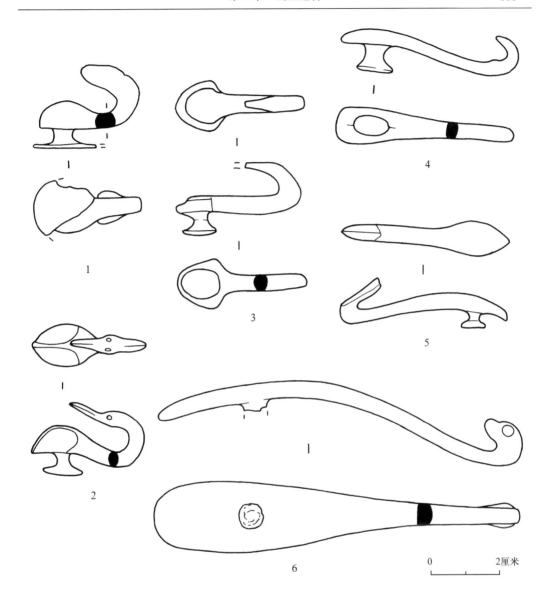

图一二〇　墓地出土铜带钩

1~3.A型（M225：5、M311：1、M72：10）　　4、5.Ba型（M223：6、M432：9）　　6.Bb型（M118：10）

标本　市一中M64：5，铺首形，细长鼻。钩首略残。残长4.8厘米（图一二一，5；彩版一〇，4）。

14.刷

共15件。复原14件，据柄特征分二型。

A型　4件。前端有圆斗，圆斗连接空銎以纳柄。

标本　市一中M7：7，刷斗口径1、高1.2厘米，长2.8厘米（图一二二，1）。

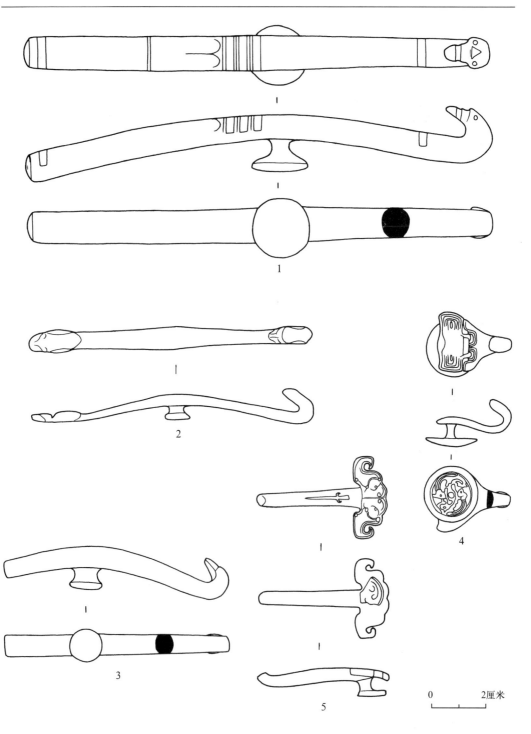

图一二一　墓地出土铜带钩
1~3.C型（M49∶5、M377∶4、M50∶5）　4.D型（M53∶12）　5.E型（M64∶5）

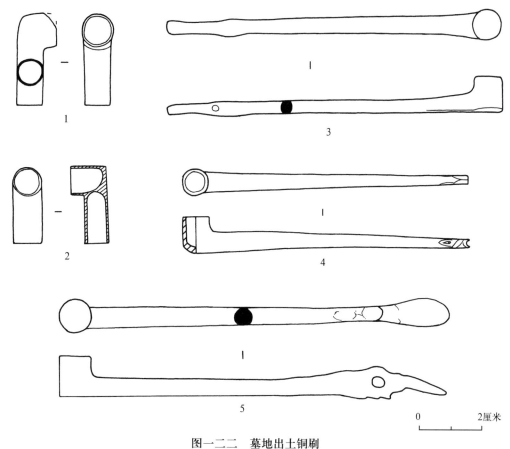

图一二二　墓地出土铜刷

1、2.A型（M7∶7、M223∶9）　　3~5.B型（M219∶5、M411∶14、M73∶12）

标本　市一中M223∶9，刷斗口径0.9、高1.1，长2.4厘米（图一二二，2；图版二九，1）。

B型　10件。前端有圆斗，圆斗连接长柄，长柄中空，前粗后细。

标本　市一中M219∶5，完整。柄端扁平，有穿孔。刷斗口径0.9、高1.1，长10.6厘米（图一二二，3）。

标本　市一中M73∶12，柄端舌状，有穿孔。刷斗直径1，高1.2，长12.2厘米（图一二二，5；彩版一〇，6）。

标本　市一中M411∶14，柄尖残断于穿孔处。有鎏金。残长9.1厘米（图一二二，4）。

15. 印章

5件。据形态不同分三型。

A型　扁体四方形，两面铸印文。其中两侧有对穿长方形孔以穿绶。

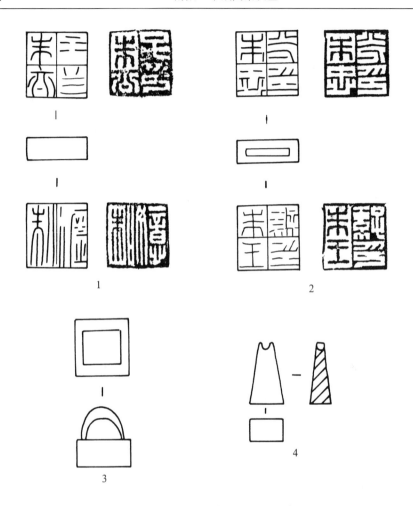

图一二三　墓地出土铜印章

1、2.A型（M432∶10、M225∶2）　3.B型（M322∶9）　4.C型（M378∶6）（皆原大）

　　标本　市一中M432∶10，一面印文为"朱公子印"四字，其中"朱"字阳文，"公子印"三字阴文。一面印文为"朱如意"三字，其中"朱"字阳文，"如意"二字阴文。长宽各1.75、厚0.6厘米（图一二三，1；彩版一一，1、2）。

　　标本　市一中M225∶2，一面印文为"朱忠光印"四字，其中"朱"字阳文，"忠光印"三字阴文。一面印文为"朱王孙印"四字，其中"朱王"二字阳文，"孙印"二字阴文。长宽各1.75、厚0.55厘米（图一二三，2；彩版一一，3、4）。

　　B型　扁体四方形，背有瓦钮。

　　标本　市一中M322∶9，长宽均1.6、厚0.7、连钮高1.5厘米。无印文（图一二三，3；图版二九，2）。

　　C型　扁四棱截锥体。印文位于底面，顶端有穿孔，穿孔处均残损。印文皆锈蚀不清。

标本　市一中M378：6，残高1.65、底面长0.9、宽0.6厘米（图一二三，4；图版二九，3）。

16. 璜

2件。均残。桥形，桥顶有孔，背面有廓。

标本　市一中M262：10，残长6.8、宽3.4厘米（图一二四，1）。

17. 戒指

1件。

标本　市一中M176：21，1枚。圆形。圈体一半圆柱形，一半宽扁形，宽扁形一段中间有孔。外径2、内径1.6厘米（图一二四，2）。

18. 铃

共13枚。据整体形状分三型。

A型　8枚。钟镈形。分二亚型。

Aa型　6枚。钟形。器形较扁，斜边，弧铣。

标本　市一中M367：15，器体截面橄榄形。顶端有环，铃内有舌。器表两面饰四行乳钉纹，外侧两行各四乳钉，内侧两行各三乳钉。口部长3.8、宽2.4、通高3.8厘米（图一二四，3；图版二九，4）。

Ab型　2枚。镈形。上端略窄，下端略宽，平口。

标本　市一中M223：10，宽1.1、高2.4厘米（图一二四，4；图版二九，5）。

B型　4枚。圆球形。

标本　市一中M89：3，圆球体，中空，一面有槽，另一面有环钮。直径1.5、通高1.7厘米（图一二四，5；图版二九，6）。

C型　1枚。扁长方体。

标本　市一中M130：31，中部一道纵向折棱，顶端有环钮。宽2.2、长4.8厘米（图一二四，6；图版二九，7）。

19. 环

6件。据形状分二型。

A型　5件。圆形，环圈圆柱体。

标本　市一中M324：3，外径2.7、内径1.6厘米（图一二四，7）。

B型　1件。椭圆形拉环。

标本　市一中M256：9，椭圆形，长边一侧有扁方形插销。环长径4.8、短径4、通长5.8厘米（图一二四，8；图版二九，8）。

20. 錾

共3件。圆形。由一个薄壁短管加一个长舌组成，另有与铜器相连的铜片。

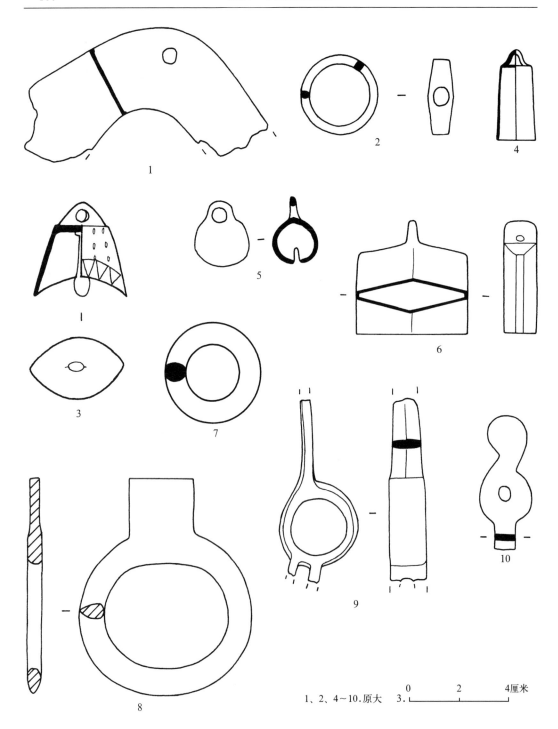

图一二四　墓地出土铜器

1.璜（M262∶10）　2.戒指（M176∶21）　3.Aa型铃（M367∶15）　4.Ab型铃（M223∶10）　5.B型铃（M89∶3）
6.C型铃（M130∶31）　7.A型环（M324∶3）　8.B型环（M256∶9）　9.錾（M130∶24）　10.器钮饰（M208∶12）

标本　市一中M130：24，宽3、宽0.9、高3厘米（图一二四，9）。

21. 器耳

2件。缺环形。由一个长方形薄铜片弯曲成不封闭的短管，薄铜片的两端垂直折起，折出的部位各有一个圆孔，圆孔内加上插销可以控制环径的大小及松紧度。

标本　市一中M296：5。

22. 器钮饰

共8件。"S"形，底端有长方形插销。

标本　市一中M208：12，长3.5、厚0.15厘米（图一二四，10）。

23. 柿蒂叶饰

多残破，完整或能确认个体者共29件。均为中央一个半球形泡钉，泡钉四周四片叶

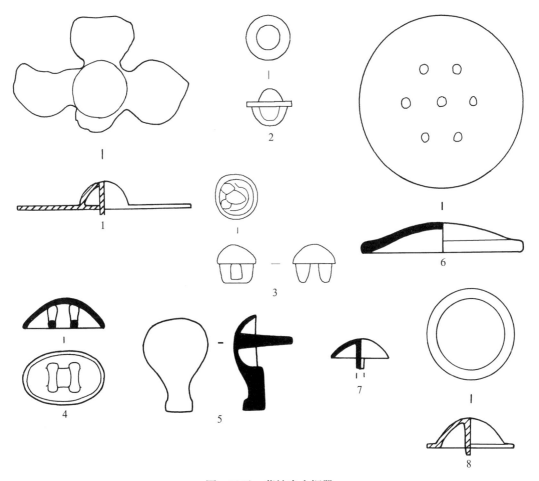

图一二五　墓地出土铜器

1.柿蒂叶饰（M411：20-1）　2.Aa型扣（M406：30）　3.Ab型扣（M138：5）　4.B型扣（M223：8）

5.A型泡钉（M208：8）　6.B型泡钉（M176：17）　7.Ca型泡钉（M223：15）　8.Cb型泡钉（M256：56）（皆原大）

状饰。多鎏金。

标本　市一中M411：20-1，鎏金。宽4.8、连钉高1.1厘米（图一二五，1）。

24. 扣

共14件。分两型。

A型　13件。半球形。分二亚型。

Aa型　2件。单半环扣鼻。

标本　市一中M406：30，直径1.25、高1厘米（图一二五，2）。

Ab型　11件。双长方形扣鼻。

标本　市一中M138：5，4枚。鎏金。直径1.2、高1厘米（图一二五，3）。

B型　1件。椭圆形，双半环扣鼻。

标本　市一中M223：8，长2.3、宽1.4、高0.8厘米（图一二五，4）。

25. 泡钉

共57件。分三型。

A型　16件。蹄足形，足根中空，有长钉。

标本　市一中M208：8，高2.5、足径1.8厘米（图一二五，5）。

B型　4件。器形大，圆形，边缘折出，弧顶，无钉。

标本　市一中M176：17，泡面有凹点装饰。鎏金。直径4.5、厚0.8厘米（图一二五，6；彩版一一，7）。

C型　37件。半球形。分二亚型。

Ca型　30件。半球形。

标本　市一中M223：15，鎏金。帽径1.6、连钉残高0.8厘米（图一二五，7）。

Cb型　7件。边缘折出如盔形。

标本　市一中M256：56。帽径2.2、高1厘米（图一二五，8）。

26. 铜釦器

1件。

标本　市一中M56：10，鎏金铜釦器，口沿呈"凵"形。长10.3、宽0.4厘米。

27. 车马器

45件。包括有当卢、衔镳、车軎、管、盖弓帽等。

（1）当卢

1件。

标本　市一中M406：25，有镂空纹饰，似双手捧一举手曲足人形。背面两个半环钮。长10.7、最宽3厘米（图一二六，1；图版二九，9）。

（2）衔镳

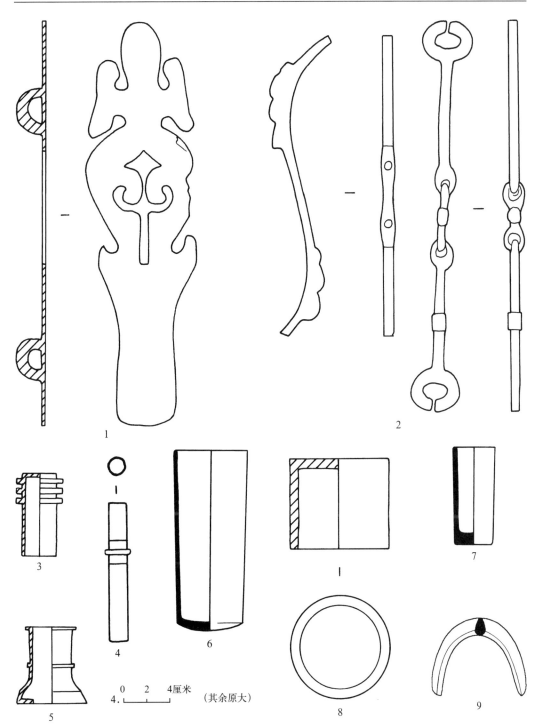

图一二六　墓地出土铜车马器

1.当卢（M406：25）　2.衔镳（M406：23）　3、4.A型车軎（M123：13-1、M217：7）　5.B型车軎（M406：21）

6、7.A型铜冒（M1：11、12）　8.B型铜冒（M442：19）　9.辖（M56：8）

5件。

标本　市一中M406：23，完整，有衔有镳。衔长7.9、镳长10.3厘米（图一二六，2；图版二九，10）。

（3）车軎

共10件。管状，一端封闭。分两型。

A型　8件。直筒状，有箍。

标本　市一中M123：13-1，短管形，尾端有箍三道。鎏金。长2.2、直径0.95厘米（图一二六，3）。

标本　市一中M217：7，长管形，中间有箍。内有朽木。长11.4、直径1.6厘米（图一二六，4）。

B型　2件。尾端圆饼形，有箍。

标本　市一中M406：21，长2、尾径1.95厘米（图一二六，5）。

（4）铜冒

4件。分二型。

A型　3件。长筒形。

标本　市一中M1：11，口径2、长4.8厘米（图一二六，6）。

标本　市一中M1：12，口径1.2、长2.6厘米（图一二六，7）。

B型　1件。短筒形。

标本　市一中M442：19，粗而短。长2.4、口径2.7厘米（图一二六，8）。

（5）辖

3件。

标本　市一中M56：8，"U"字形，中间略粗，两端略细。长2.6厘米（图一二六，9）。

（6）盖弓帽

残破者甚多，完整者共37件。圆柱体或截锥体，中空，有的柱体有钩，有的没有。分两型。

A型　9件。圆头截锥体。分二亚型。

Aa型　8件。帽体有钩

标本　市一中M406：27，长2.6厘米（图一二七，1）。

Ab型　1件。帽体无钩。

标本　市一中M223：11，长2厘米（图一二七，2）。

B型　完整者27枚。圆饼头圆柱形，中部鼓起。皆鎏金。

标本　市一中M138：3-1，12枚。圆柱形，中部鼓起，有分叉，顶端收束，头圆饼

图一二七　墓地出土铜器

1.Aa型盖弓帽（M406：27）　2.Ab型盖弓帽（M223：11）　3.B型盖弓帽（M138：3-1）　4.削（M61：3）

5.刀（M402：12）　6.戈鐏（M351：2）　7.A型镞（M407：1）　8.B型镞（M18：10）

9.弩机（M256：53）　10.铜铺首（M98：1）

形。鎏金。帽径1、残长2.4厘米（图一二七，3）。

28. 削

1件。

标本 市一中M61：3，单面刃，刃薄背厚，刀身较柄略宽，柄、身通背，刃较柄略凸出。刀身一面平，一面呈弧形凹面。剑首作椭圆形。长29、刀身宽4.6、环径4.6厘米（图一二七，4；彩版一一，6）。

29. 刀

2件。

标本 市一中M402：12，单面刃，椭圆环首。刀尖斜，薄刃厚背，刀身较柄略宽，柄、身通背，刃较柄略凸出。刀身两面有很宽的凹血槽。长72厘米（图一二七，5；彩版一一，5）。

30. 戈鐏

1件。

标本 市一中M351：2，截面近椭圆，一端略窄，一端略宽。中空。器表饰同心圆雷纹。长16.4厘米（图一二七，6；彩版一一，9）。

31. 镞

共12枚。分两型。

A型 1枚。有双翼。

标本 市一中M407：1，有双翼，短铤。长4.9、翼宽1.9厘米（图一二七，7）。

B型 11枚。三棱形。

标本 市一中M18：10，共11枚。箭头三棱形，有长镟以纳杆。长7.2厘米（图一二七，8；彩版一一，8）。

32. 弩机

6件。多仅存机郭。

标本 市一中M256：53，部件完整，清晰。机郭后端略残，悬刀、望山、弩牙、钩心俱全，并保存有机键一枚。残长5.3厘米（图一二七，9；彩版一一，10）。

33. 铜铺首

1件。

标本 市一中M98：1，背有一插钉。宽3.5，高3.1厘米（图一二七，10）

34. 簪子

2件，均残。

标本 市一中M98：2，仅存簪首部分。首细尾粗，尾端有一细长茎。残长8.9厘米。

五　铜　镜

68面，均为圆形，有钮。其中一面锈蚀不辨，其余据镜背纹饰分为十五类。

1. 弦纹镜

1件。双弦钮。细凸弦纹。

标本　市一中M351：1，双弦钮。钮外有两周细凸弦纹。直径13.5厘米，缘厚0.18厘米（图一二八，1）。

2. 连弧纹镜

2件。连弧为凹面宽带。

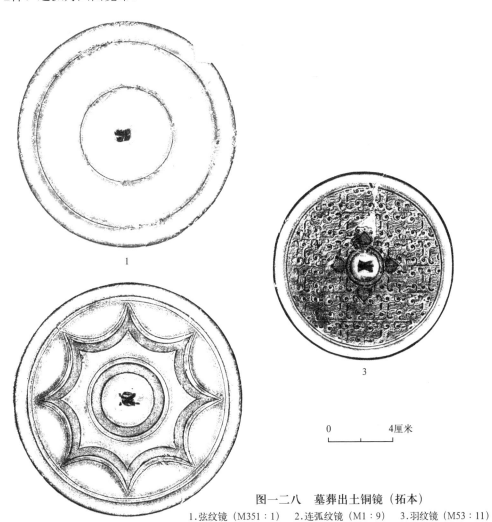

0 ————————— 4厘米

图一二八　墓葬出土铜镜（拓本）

1.弦纹镜（M351：1）　2.连弧纹镜（M1：9）　3.羽纹镜（M53：11）

　　标本　市一中M1：9，三弦钮，中弦低，侧弦高。圆钮座，座外一周凹面圈带及一周细凸弦纹圈带，其外有凹面宽条带围成的八内向连弧圈及内向连弧纹一周。素卷缘。直径14.05厘米，缘厚0.25厘米（图一二八，2；彩版一二，1）。

3. 羽纹镜

2件。四叶羽纹镜。

　　标本　市一中M53：11，三弦钮，圆钮座。由钮座向外伸出四桃形叶。主纹为平铺的羽状纹。素卷缘。直径11.15厘米，缘厚0.35厘米（图一二八，3）。

4. 四山纹镜

3件。均弦钮、方座，以羽纹为地，其上饰四山纹，山纹间饰有花叶。

　　标本　市一中M36：6，钮残，方钮座，外围凹面带方格。在方格各边向外伸出一叶纹。镜背纹饰由地纹与主纹组合而成。地纹为羽状纹。主纹为四个左倾的山字纹，山字粗短。山字之底边斜对方格的四角。四山字之间，各有一从边缘往内伸的叶纹。素卷

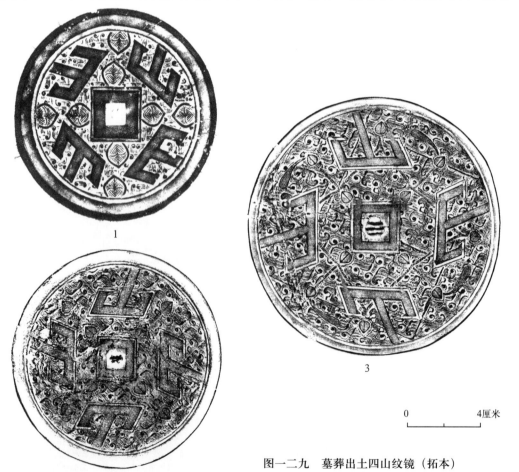

图一二九　墓葬出土四山纹镜（拓本）

1.四山镜（M36：6）　2.四山镜（M207：11）　3.四山镜（M210：1）

缘。直径11.25厘米，缘厚0.5厘米（图一二九，1；彩版一二，2）。

标本　市一中M207：11，三弦钮，方钮座，外围凹面带方格，纹饰由地纹与主纹组合而成。地纹为羽状纹。在地纹之上，于凹面方格的四角向外伸出四组连贯式的花瓣，每组二瓣，它们将镜背分为四区，每区置一山字，山字右倾，字形瘦长，山字之底边与方格边平行。全镜共八个花瓣。素卷缘。直径11.6厘米，缘厚0.4厘米（图一二九，2；图版三〇，1）。

标本　市一中M210：1，三弦钮，方钮座，外围凹面带方格。纹饰由地纹与主纹组合而成。地纹为羽状纹。在地纹之上，于凹面方格的四角，向外伸出四组连贯式的花瓣，每组二瓣，花瓣之顶端，伸出一棒槌状的长叶纹。花瓣、长叶纹将镜背分为四区，每区内有一左倾的山字，山字瘦长，在各山字之右胁，还有一片花瓣纹与长叶纹相对。花瓣之间连以绚纹。全镜共十二花瓣、四长叶。素卷缘。直径13.8厘米，缘厚0.32厘米（图一二九，3；图版三〇，2）。

5. 龙纹镜

1件。四龙纹。个体明确，细节清楚。

标本　市一中M219：1，三弦钮，圆钮座。外围两周凹面形环带，纹饰由地纹与主纹组合而成。地纹为圆涡纹及三角雷纹组合成的细密的云雷纹。在地纹之上，于钮座外圈伸出四扁叶。在叶间有四龙分离配列。龙的身躯较短，腹部和尾部的线条弯卷成块状，椭圆眼，头上有角，张嘴露齿，双足弯曲，居身躯两侧，从腹部左右侧，各向外伸出末端向内弯卷的花枝状线条，象征龙的双翼。四龙以钮为中心两两对称。从四龙的姿态看，似作空中翱翔之状。内向十六连弧纹缘。直径19.1厘米，缘厚0.3厘米（图一三〇；彩版一二，3）。

6. 凤鸟纹镜

5件。

A型　2件。菱纹凤鸟镜

标本　市一中M22：11，双弦钮，方钮座。外围以凹面形方格，纹饰由地纹与主纹组合而成。地纹为双线勾连雷纹，双线内有一排圆点纹。勾连雷纹间填以圆涡纹及三角纹。在地纹之上与凹面方格四边相对位置各有一折叠式菱形纹，将镜背纹饰分为四区，每区内于凹面方格四隅立四凤。凤斑目，勾喙，短冠，长颈，双翼舒展，长尾上翘，尾部分叉。凤身和双翅有阴线圆涡纹和涡纹。素卷缘。直径10.3厘米，缘厚0.2厘米（图一三一，1；彩版一二，4）。

标本　市一中M133：5，双弦钮，方钮座。外围以凹面形方格，纹饰由地纹与主纹组合而成。地纹为菱形格内的圆涡纹与碎点纹。在地纹之上，在方格四隅各立一形态相同的凤纹。凤仰颈回首，勾喙，长冠，双翼舒卷，左翼分叉，长尾上翘，尾端有

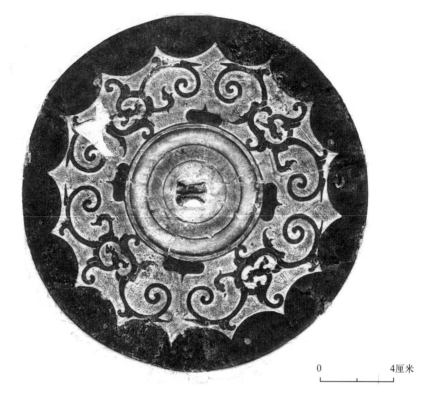

图一三〇　墓葬出土龙纹镜（拓本）
（M219：1）

1　　　　　　　　　　　　　　2

图一三一　凤鸟纹镜（拓本）
1、2.A型菱纹凤鸟纹镜（M22：11、M133：5）

歧枝分叉。与钮座各边中部相对的边缘处各有一折叠式菱形纹，其上站立四鸟，立鸟振翅垂尾。凤与鸟的配置使画面十分和谐。素卷缘。直径11.2厘米，缘厚0.2厘米（图一三一，2；图版三〇，3）。

B型　2件。四乳凤鸟镜

Ba型　1件。四乳对凤镜

标本　市一中M96：13，钮残，圆钮座。座外一周凹面圈带纹。纹饰由地纹与主纹组合的纹饰带，地纹为圆涡纹，主纹为四乳与双凤纹。凤张嘴作回首状，头上有冠，双翼舒卷。素卷边。直径10.4厘米，缘厚10.16厘米（图一三二，1；图版三〇，4）。

Bb型　1件。四乳八凤镜

标本　市一中M322：7，半球钮，圆钮座。钮座外一周细弦纹圈带，两周短斜线纹之间为主纹，主纹为四乳间有二鸟相对，图形简单，仅表现出鸟的轮廓，有冠，翘尾。宽素平缘。直径8.45厘米，缘厚0.5厘米（图一三二，2；图版三〇，5）。

C型　1件。变形四叶禽鸟镜。

标本　市一中M49：4，半球钮，圆钮座。座外委角四方形接宝珠形四叶纹，委角内各一铭，合为"长宜高官"。四叶间图案化的对凤纹，对凤头上方各有一铭，合为

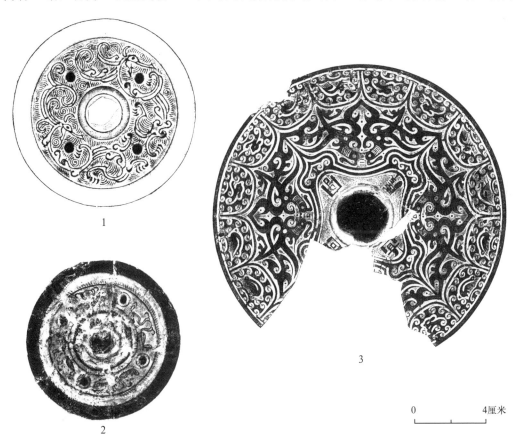

图一三二　凤鸟纹镜（拓本）

1.Ba型四乳对凤纹镜（M96：13）　2.Bb型四乳八凤纹镜（M322：7）　3.C型变形四叶禽鸟纹镜（M49：4）

"□至三公"。其外十六连弧纹内有奇禽异兽。素平缘。直径16.1厘米，缘厚0.42厘米（图一三二，3；图版三〇，6）。

7. 兽纹镜

3件。分二型。

A型　2件。兽纹镜。

Ⅰ式　1件。兽纹逼真。

标本　市一中M436：6，三弦钮，圆钮座。外围一周凹面形环带。纹饰由地纹与主纹组合而成。地纹为羽状纹。在地纹之上有四怪兽绕钮作同向排列。四兽分两组，一组头部似熊，作回首反顾状。另一组头部似狐，张口露齿，吐出弯卷的长舌，头部斜对镜钮，它们同向排列。四怪兽姿态相同，身躯与尾部呈S形卷曲，一后肢践于凹面形环带上，一前肢与一后肢踏在镜之边缘上，另一前肢攀握前面怪兽之长尾。素卷缘。直径15.7厘米，缘厚0.52厘米（图一三三，1；彩版一二，5）。

Ⅱ式　1件。简化的变形兽纹镜。

标本　市一中M168：3，三弦钮。钮外一周凹面形圈带。之外有四个图案化的变形兽纹同向排列，兽张嘴咬住前一兽尾，作匍匐状。素卷边。直径18.7厘米，缘厚0.4厘米（图一三三，2；图版三二，1）。

B型　1件。四乳兽纹镜。

标本　市一中M371：1，三弦钮，凹面形圆钮座。钮座外有一凹面形圈带，圈带上均匀叠压着四枚带圆座乳钉纹，乳钉围以桃形四花瓣，构成一朵盛开的花瓣纹。由此四乳钉将镜背分为四区，每区有一猴一兽纹，猴位于凹面圈带外侧，兽位于凹面圈带内侧。四猴为侧视，头右视，额宽大，大长鼻，两侧小眼，回首作奔跑状，四兽为俯视状，其中三兽呈C字形，一兽尾部则卷曲成环状。主纹下有云雷纹为地纹。匕缘。直径14.25厘米，缘厚0.6厘米（图一三三，3；图版三一，1）。

8. 蟠螭纹镜

7件。分为四型。

A型　1件。单线蟠螭纹镜。

标本　市一中M224：9，三弦钮，圆钮座，座外围以凹面形环带和弦纹圈带。纹饰由地纹与主纹组合而成。地纹为细密的云雷纹，在地纹之上，有四个相互缠绕的蟠螭，蟠螭头靠钮座外圈，张嘴，兽目。身躯勾连缠绕，一足伸至镜外缘的弦纹带上。宽素卷缘。直径16.75厘米，缘厚0.4厘米（图一三四，1；彩版一二，6）。

B型　2件。单线菱纹蟠螭纹镜，蟠螭纹的部分躯干呈菱形。

标本　市一中M41：8，三弦钮，圆钮座，座外等距离同向环绕三条兽，兽回首，头顶上有弯卷的长角，四肢作奔逐状，尾端勾卷，三兽外围有凹面形带。纹饰由地纹与

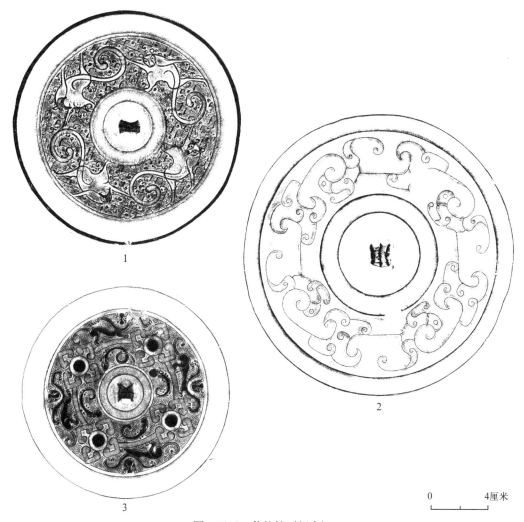

0　　　　　　4厘米

图一三三　兽纹镜（拓本）

1.AⅠ式兽纹镜（M436：6）　　2.AⅡ式变形兽纹镜（M168：3）　　3.B型四乳兽纹镜（M371：1）

主纹组合而成，地纹为不清晰的云雷纹。主纹为四蟠螭纹，浅浮雕。蟠螭头近镜缘处，引颈扬首，张嘴露齿，口吐长舌，头上有多歧枝冠，身躯勾连交错，一肢向后曲折作对菱形。素卷缘。直径23.5厘米，缘厚0.65厘米（图一三四，2；图版三一，2）。

C型　3件。四叶纹蟠螭纹镜。

Ⅰ式　2件。主纹单线。

标本　市一中M27：6，三弦纹，圆钮座，座外一周凹面形圈带，其外两周弦纹及短斜线纹间有由地纹与主纹组合而成的纹饰带。地纹为不大清晰的云雷纹。在地纹之上，于钮作外圈伸出四叶，将镜背分为四区，每区配一蟠螭纹，蟠螭张嘴、大眼，头对钮座，体躯弯卷，一足踏在钮座外的弦纹圈带上，从螭的腹部向两侧各伸出一向内

1

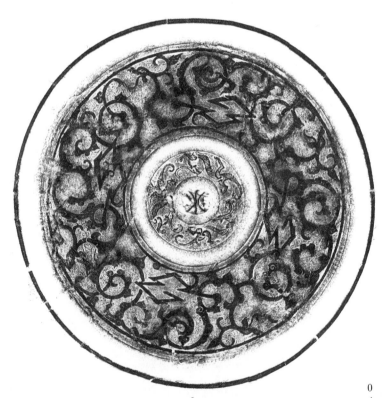

2

0 ⊢⊣ 4厘米

图一三四 蟠螭纹镜（拓本）

1.A型单线蟠螭纹镜（M224：9） 2.B型单线菱形纹蟠螭纹镜（M41：8）

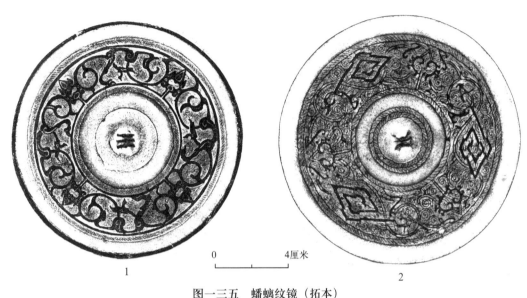

0　　　　　4厘米

1　　　　　　　　　　　　　2

图一三五　蟠螭纹镜（拓本）

1、ＣⅠ式四叶纹蟠螭纹镜（M27：6）　2.D型四叶菱纹蟠螭纹镜（M410：2）

弯卷的枝条，互相对称。素卷缘。直径12.55厘米，缘厚0.3厘米（图一三五，1；彩版一三，1）。

Ⅱ式　1件。主纹双线。

标本　市一中M8：8，残。

D型　1件。三叶菱纹蟠螭纹镜。蟠螭身躯简化为菱纹。双线。

标本　市一中M410：2，三弦纹钮，座外两周短斜线纹及一周凹面圈带，其外两周短斜线间为主题纹饰带。纹饰带由地纹与主纹组合而成。地纹为圆涡纹。在地纹之上，于钮座外伸出三叶，将镜背纹饰分为三区，每区配一蟠螭纹。蟠螭头近镜缘处，作回首状，张嘴，头顶有角，一足踏于钮外斜线纹圈带上，一足踏于镜缘斜线纹带上。身躯如弯卷柔长的枝条，腹中部一折叠菱形纹所叠压。主纹皆双线。素卷边。直径13.3厘米，缘厚0.3厘米（图一三五，2；图版三二，2）。

9.螭凤纹镜

2件。

标本　市一中M295：3，三弦钮，圆钮座，座外云雷纹圈带、淘纹及凹面形圈带各一周。其外两周弦纹间有由地纹与主纹组合而成的纹饰带。地纹为圆涡纹与三角雷纹组成的云雷纹，纹饰不太清晰。在地纹之上的三组对菱形纹中各有一相同的螭龙纹，龙的躯体与尾巴呈S形蜷曲，与菱形之侧栏杆相交叠，龙头俯视镜之外缘，张嘴露齿，肢爪伸张，在三组菱形纹之间配三凤纹，长冠上勾，嘴衔卷尾，作回首反顾状。一足伫立于钮座外圈上，身体两侧有展开并上卷的双翅，与相邻的菱形纹相勾连。主纹多双线。素

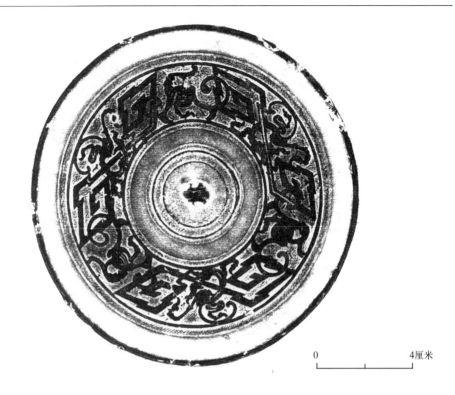

0　　　　　　　　4厘米

图一三六　螭凤纹镜（M295：3拓本）

宽卷缘。直径13.85厘米，缘厚0.35厘米（图一三六；彩版一三，2）。

10. 草叶纹镜

共10件。有方格铭文带。

Ⅰ式　3件。单层草叶纹镜。

标本　市一中M249：3，半球钮，圆钮座。钮座外两个凹面形双线方格，其间按顺时针方向均佈八字铭文"见日之光，天下大明"。外方格四内角各有一桃形花苞，外方格四外角各向外伸出一双叶花枝纹，将镜背纹饰分为四区，每区中心各一乳钉，乳钉上方一桃形花苞，两侧各一对称单层草叶纹。内向十六连弧纹缘。直径11.5厘米，缘厚0.3厘米（图一三七，1；图版三一，3）。

标本　市一中M308：9，三弦钮。钮外凹面形双线方格和一细线大方格，其间按顺时针方向均佈八字铭文"见日之光，天下大明"。外方格四外角各向外伸出一苞双叶花枝纹，将镜背纹饰分为四区，每区中心各一乳钉，乳钉上方一桃形花苞，两侧各一株单层草叶纹。内向十六连弧纹缘。直径10.4厘米，缘厚0.16厘米（图一三七，2）。

标本　市一中M417：12，半球钮，四叶纹钮座。钮座外一细线小方格和凹面形双线大方格，其间按顺时针方向均佈八字铭文"见日之光，天下大明"。内方格外角各有

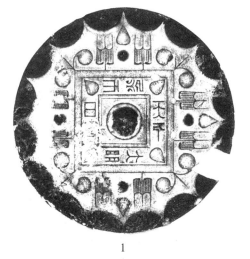

1

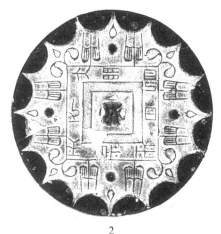

2

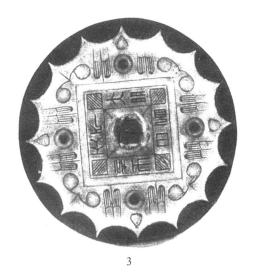

3

图一三七　草叶纹镜（拓本）

1~3. Ⅰ式单层草叶纹镜（M249∶3、M308∶9、M417∶12）

一单细线小方格，方格内有对称斜线纹。外方格四外角伸出一株双叶花枝纹，将镜背纹
饰分为四区，每区中心各一乳钉，乳钉上方一桃形花苞，两侧各一对称单层草叶纹。内
向十六连弧纹缘。面径11.45厘米，缘厚0.45厘米（图一三七，3；图版三一，4）。

Ⅱ式　5件。双层草叶纹镜。

标本　市一中M23∶3，半球钮，四叶纹钮座。钮座外两个凹面形双线方格，其
间按顺时针方向布列铭文"长贵富，乐毋事，日有憙，宜酒食"。方格四外角各向外
伸出一苞双叶花枝纹，将镜背纹饰分为四区，每区中心各一乳钉，乳钉上方一桃形花
苞，两侧各一株二叠草叶纹。内向十六连弧纹缘。直径13.3厘米，缘厚0.3厘米（图
一三八，1；图版三二，3）。

标本　市一中M27∶5，半球钮，四叶纹钮座。钮座外两个凹面形双线方格，其外
方格四内角各有两个对称的三角形重回组成，每边二字，字间有界格，铭文为"见日之

0 ├────┤ 4厘米

图一三八　草叶纹镜（拓本）

1～3.Ⅱ式双层草叶纹镜（M23：3、M27：5、M225：9）
4.Ⅲ式规矩草叶纹镜（M413：1）

光，长毋相忘"。方格四外角各向外伸出一苞双叶花枝纹，将镜背纹饰分为四区，每区中心各一乳钉，乳钉上方一桃形花苞，两侧各一株二叠草叶纹。内向十六连弧纹缘。直径13.55厘米，缘厚0.28厘米（图一三八，2；彩版一三，3）。

标本　市一中M225：9，连峰钮，圆钮座。钮座外两个凹面形双线方格，由钮座向外方格四内角各伸出一单层草叶纹。两方格之间按顺时针方向布列铭文"见日之光，君毋相忘"。外方格四外角伸出一苞双叶花枝纹。将镜背纹饰分为四区，每区中心各一乳钉，乳钉上方一心形花苞，两侧各一株二叠式草叶纹。内向十六连弧纹缘。直径13.8厘米，缘厚0.4厘米（图一三八，3；图版三三，1）。

Ⅲ式　1件。规矩草叶纹。

标本　市一中M413：1，伏兽钮。钮外一周凹面形双线方格，方格四角外各一枚带圆座乳钉纹，方格四边中点处向外伸出一个双线T形纹，与镜缘处伸出的双线L形纹相对，方格四角夹乳钉与镜缘处伸出的双线V形纹相对。T形纹与乳钉纹之间各间一字，八字顺时针连续为"见日之光，长毋相忘"。博局纹将镜背纹饰分成四方八区，每区一株二叠草叶纹。T形顶部有三连峰，V纹中有一苞双叶花枝纹，L纹内有变形草叶纹。内向十六连弧纹缘。直径15.9厘米，缘厚0.3厘米（图一三八，4；彩版一四，1）。

11. 花叶纹镜

3件。

A型　1件。方格铭文花叶纹镜。

标本　市一中M338：1，圆钮，四叶纹钮座。外围凹面形双线方框，方框内边和四边中心向外各有铭文"…乐□勿相忘，…者…"。方框四角外均伸出一苞双叶花枝纹，将镜背纹饰分为四区，每区各一带座一苞双叶花枝纹。内向十六连弧纹缘。直径13.8厘米，缘厚0.35厘米（图一三九，1；图版三一，5）。

B型　2件。变形叶纹镜。

Ba型　1件。变形叶纹镜。

标本　市一中M395：3，三弦钮，圆钮座。外围凹面形圈带及绚纹各一周。纹饰由地纹与主纹组合而成，地纹为涡纹，在钮外有凹面宽带围成的四大扁叶形纹饰。素卷边。直径16.4厘米，缘厚0.3厘米（图一三九，2；图版三一，6）。

Bb型　1件。四乳变形四叶纹镜。

标本　市一中M217：1，半球钮，连弧钮坐。由钮座向外伸出四变形叶纹，叶纹间各一乳钉，乳钉外侧一组五条短线。其外一周凸弦纹。内向十六连弧纹缘。直径7.05厘米，缘厚0.52厘米（图一三九，3；图版三四，1）。

12. 星云纹镜

11件。均连峰钮，连弧纹缘，以四乳将镜背纹饰分为四区，各区内填以多少不等的

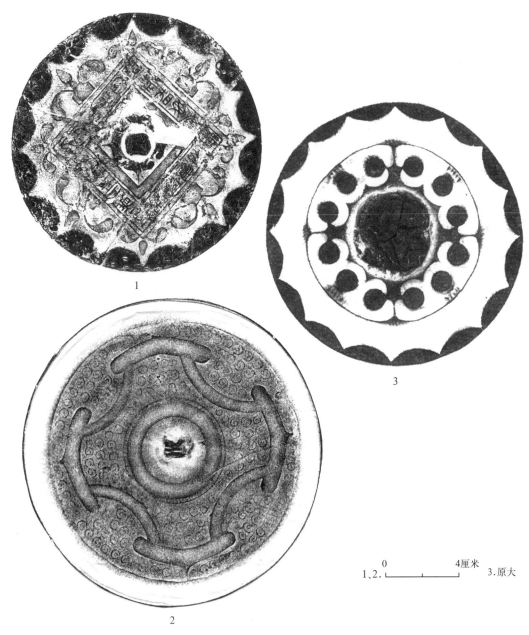

图一三九　花叶纹镜（拓本）

1.A型（M338：1）　　2.Ba型（M395：3）　　3.Bb型（M217：1）

乳钉纹。分二型。

A型　7件。四乳钉带圆座，各区内的乳钉纹及其连线还依稀可见蟠螭纹的痕迹。

标本　市一中M220：2，连峰钮，星云座由八枚乳与曲线相连构成，座外一周短斜线纹圈带。之外一周凸弦纹和一周凹面形圈带之间为主纹，四枚带圆座乳钉间的乳

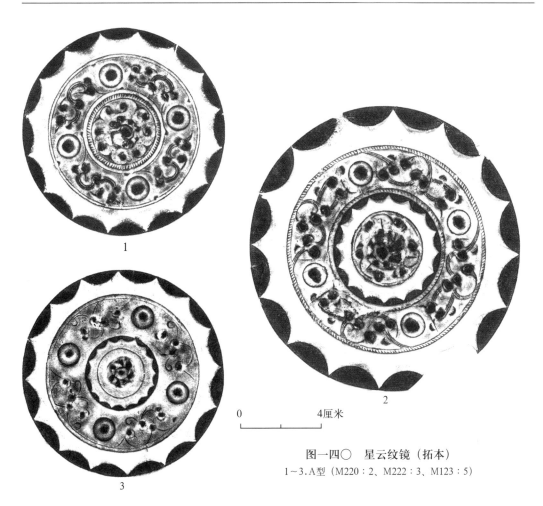

图一四〇　星云纹镜（拓本）
1~3.A型（M220：2、M222：3、M123：5）

钉纹及连线基本构成蟠螭纹形态。内向十六连弧纹缘。直径10厘米，缘厚0.4厘米（图一四〇，1；图版三四，2）。

标本　市一中M222：3，连峰钮，星云钮座由六枚乳、三月牙纹与曲线相连，座外一周凸弦纹和一周内向十六连弧纹，之外两周短斜线圈带纹之间为主纹，四枚带圆座乳钉间各有七枚小乳和三月牙纹，每乳由长短弧线相连接，隐约构成蟠螭纹形。内向十六连弧纹缘。直径13.6厘米，缘厚0.55厘米（图一四〇，2；彩版一三，4）。

标本　市一中M123：5，连峰钮，圆钮座。座外一周内向十六连弧纹和一周凹面形圈带纹之间为主纹，四枚带圆座乳钉间各有四枚小乳，每枚小乳由长短不同的弧线相连接组成。内向十六连弧纹缘。直径9.95厘米，缘厚0.3厘米（图一四〇，3；图版三四，3）。

B型　4件。四乳钉带并蒂四叶座，各区内乳钉纹及其连线已不见蟠螭纹痕迹。

标本　市一中M 411：13，连峰钮。钮外四组短弧线纹与月牙纹相间环列，之外有一周凸弦纹圈带和一周内向十六连弧纹带，其外两周短斜线纹圈带之间为主纹，四枚并

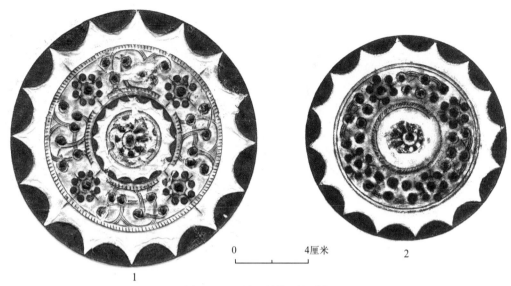

0　　　　　　　4厘米

图一四一　星云纹镜（拓本）
1、2.B型（M411：13、M414：1）

蒂四叶座的大乳将其分为四区，每区内各有六枚较小的乳，每乳由长短不同的弧线相连接。在外圈短斜线纹圈带上，有四条短直线与四枚并蒂四叶座的大乳相对。内向十六连弧纹缘。直径13.35厘米，缘厚0.5厘米（图一四一，1；彩版一三，5）。

标本　市一中M414：1，连峰钮，圆钮座，座外一周短斜线纹。之外一周凸弦纹和一周凹面形圈带纹之间为主纹，四枚并蒂四叶座的大乳将其分为四区，每区内各有六枚较小的乳，每乳由长短不同的弧线相连接。内向十六连弧纹缘。直径11.05厘米，缘厚0.47厘米（图一四一，2；图版三四，4）。

13.蟠螭纹镜

6件。

A型　2件。蟠螭纹镜。

标本　市一中M214：1，三弦纹钮，圆钮座，座外一周凹面形圈带。纹饰由地纹与主纹组成，地纹为斜线纹及人字纹，主纹是四个反S形螭纹，其外为内向十六连弧纹带。素卷缘。直径7.8厘米，缘厚0.1厘米（图一四二，2；图版三四，5）。

B型　2件。草叶蟠螭纹镜。

标本　市一中M288：2，三弦纹钮，伏螭钮座，外围两周绳纹圈带，其外一周铭文带，铭文篆体为"大乐未央，长相思□毋相忘"，以一鱼纹结句。圆周外伸出均匀对称的四株三叠式花瓣纹，将纹饰分为四区，每区置一组蟠螭纹，四组蟠螭隔叶两两相对。螭头小圆眼，居中近镜缘处，两肢伸张，身躯蟠旋纠结，曲线流转，细腻繁缛，主纹多双线，局部三线。窄高卷缘。直径11.95厘米，缘厚0.5厘米（图一四二，1；图版

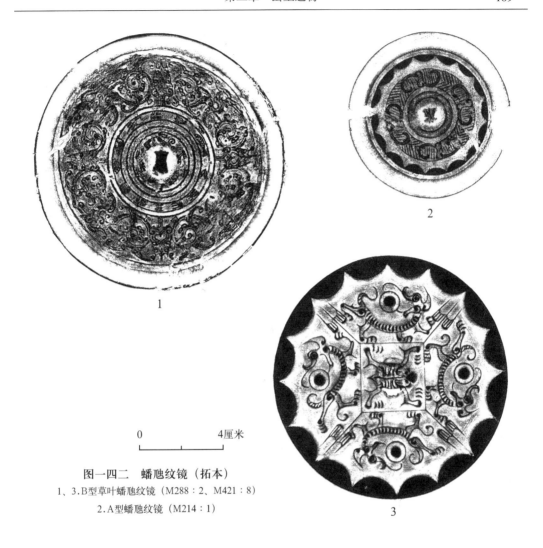

0   4厘米

图一四二　蟠虺纹镜（拓本）

1、3.B型草叶蟠虺纹镜（M288：2，M421：8）

2.A型蟠虺纹镜（M214：1）

三四，6）。

标本　市一中M421：8，伏兽钮。钮外一细线方格，方格四角外各一单层草叶纹，将镜背纹饰分为四区，每区各饰虺龙及一带圆座乳钉，虺作回头状，顶有角，张口露齿。内向十六连弧纹缘。直径11.25厘米，缘厚0.2厘米（图一四二，3；彩版一三，6）。

C型　2件。四乳蟠虺纹镜。

Ca型　1件。虺具龙形。

标本　市一中M221：11，连峰钮。钮外一周细弦纹圈带上叠压八个小乳钉纹，其外一周内向十六连弧纹。其外一周短斜线纹和细弦纹之间为主纹区，主纹饰带以四个带圆座乳钉分为四区，每区内有一蟠虺纹，虺纹作匍匐状，身躯呈S形，头朝向乳钉，圆眼，张嘴露齿。蟠身饰有多枚小乳钉。内向十六连弧纹缘。直径14.05厘米，缘厚0.65厘

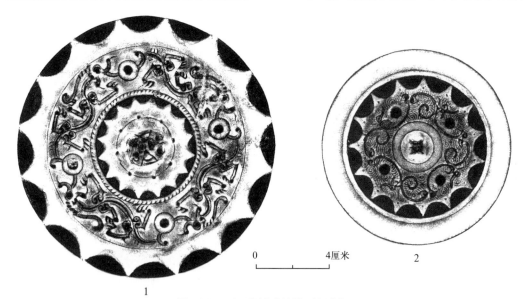

0　　　　　　　4厘米

1

2

图一四三　四乳蟠虺纹镜（拓本）

1.Ca型龙形蟠虺纹镜（M221：11）　2.Cb型S形蟠虺纹镜（M266：2）

米（图一四三，1；彩版一四，2）。

Cb型　1件。虺龙身躯呈S形。

标本　市一中M266：2，三弦纹钮，圆钮座，座外一圈凹面带。纹饰由地纹与主纹组成，地纹为涡纹，主纹为四条虺纹，虺纹中有一乳钉。虺纹由两个C形弧线连成反S形，虺首位于中部，作回首张嘴吞珠状。其外为内向十五连弧纹带，连弧间饰小圆点纹。素卷缘。直径10.4厘米，缘厚0.33厘米（图一四三，2；图版三五，1）。

14. 铭文镜

9件。

A型　1件。日光镜。

标本　市一中M52：5，半球钮，圆钮座。钮座外缘伸出四组斜竖线间有短斜直线，之外一周内向八连弧纹圈带。其外两周短斜线纹间有铭文带，铭文为"见日之光，天下大明"，每字之间以□形或e形符号相隔，素平缘凸起。直径7.03厘米，缘厚0.12厘米（图一四四，1；图版三五，2）。

B型　8件。昭明镜

Ⅰ式　4件。长字随意。

标本　市一中M223：5，半球钮，圆钮座。钮座外缘四组（每组三线）短竖线条，外一周凸弦纹圈带和一周内向八连弧纹间饰有短竖线纹和卷云纹相间环列。之外两周短斜线纹间有铭文带，铭文为"内清质以昭明，光之象夫日月，心忽杨，雍塞不泄"。宽素平缘。直径9.05厘米，缘厚0.3厘米（图一四四，2；图版三三，2）。

图一四四　铭文镜（拓本，皆原大）
1. A型日光镜（M52：5）
2、3. B I 式昭明镜（M223：5、M399：9）

标本　市一中M399：9，半球钮，圆钮座。钮座外缘有七条短竖线条，外一周凸弦纹圈带和一周内向八连弧纹，间饰有短弧线纹和月牙纹各四相间环列，之外两周短斜线纹间有铭文带，铭文为"内而清而以而昭而明，光而象而日月"，铭文首尾间以短横线相隔。窄素缘。直径7.32厘米，缘厚0.23厘米（图一四四，3；图版三五，3）。

Ⅱ式　4件。扁字规矩。

标本　市一中M61：1，半球钮，圆钮座。钮座外缘有四组短直线纹（每组三线），间有短斜直线纹，其外一周凸弦纹圈带和内向八连弧纹，间有变形山字纹、短直线纹。之外两周短斜线纹间有铭文带，铭文为"内而青而以昭明光而象夫而日之月兮而心而日而不泄"。 宽素平缘。直径10.86厘米，缘厚0.5厘米（图一四五，1；图版三五，4）。

标本　市一中M399：6，半球钮，并蒂十二连珠纹座，座外有凸弦纹圈带及内向八连弧纹，其间饰以短弧线纹、月牙纹、三角纹相间环列，月牙纹与单短弧线相对，之外两周短斜线纹间有铭文带，铭文为"内而清而以昭明，光而象夫日之月，心忽而忠，然雍塞而不泄"。素宽缘。面径13.1厘米，缘厚0.55厘米（图一四五，2；图版三五，5）。

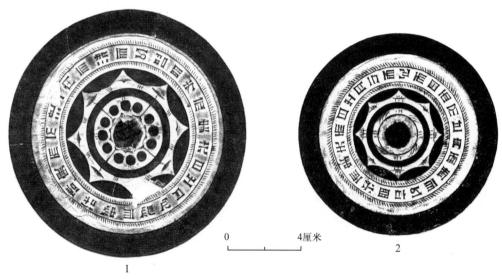

0　　　　　　4厘米

图一四五　昭明镜（拓本）
1、2.BⅡ式（M61：1、M399：6）

15.博局四神纹镜

2件。

标本　市一中M73：10，半球钮，圆钮座。座外双线凹面大方格内四角饰四花苞叶纹，方格外以博局纹将镜背纹饰分为四方八极，各区内分别为青龙、羽人、朱雀、鸟、白虎、兽、蛇、龟。并各有一枚圆座乳钉。空白处填饰卷云纹。其外一周短

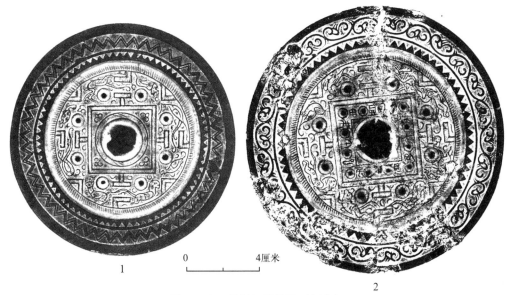

图一四六　博局四神纹镜（拓本）

1.博局四神纹镜（M73∶10）　　2.博局四神纹镜（M332∶16）

斜线纹圈带。宽平缘上饰锯齿纹和双线波折纹。直径12.35厘米，缘厚0.45厘米（图一四六，1；图版三三，3）。

标本　市一中M332∶16，半球钮，圆钮座。座外双线方格内有十二地支铭，铭文间有带座乳钉相隔。方格外博局纹将镜背纹饰分为四方八区，分别配置四神等纹饰，青龙、白虎、朱雀、玄武各位于亥、巳、申、寅一方，占一区，其他的四区是：青龙配瑞兽、白虎配禽鸟、朱雀配羽人、玄武配瑞兽。其外一周短斜线纹。宽平缘上饰三角锯齿及缠枝叶纹。直径14.3厘米，缘厚0.5厘米（图一四六，2；图版三五，6）。

六　铜　钱

南阳一中汉代墓地出土的铜钱包括半两钱、五铢钱和新莽时期所铸大泉五十、货泉、布泉、大布黄千等，共约1400余枚，其中有文字可辨者1041枚。

1.半两钱

字形可辨者共487枚。分六式。

Ⅰ式　7枚。钱形不规整，有铸口痕迹。文字笔划隐起，中央高四周低。"半两"二字的两横短，"两"字中间"人"字一竖长。（以下标本器号前"市一中"三字均省略）

标本　M177∶7-3，直径2.7厘米（图一四七，1）。

标本　M177∶7-29，直径2.8厘米（图一四七，2）。

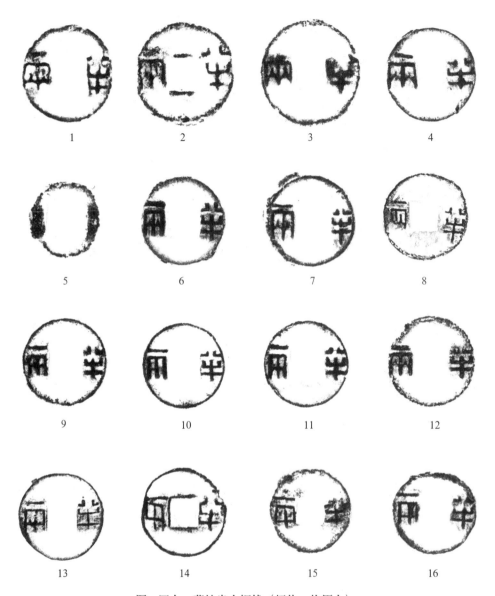

图一四七　墓地出土铜钱（拓片，均原大）

1~3.半两钱 I 式（M177：7-3、7-29、7-37）　4.半两钱 II 式（M177：7-30）　5.半两钱Ⅲ式（M177：7-6）

6~8.半两钱Ⅳ式（M177：7-15、7-31、3-2）　9~12.半两钱Ⅴ式（M177：7-13、7-16、7-25、M225：3-2）

13~16.半两钱Ⅵ式（M177：7-5、7-9、7-21、M210：3-1）

　　标本　M177：7-37，直径2.8厘米（图一四七，3）。

　　Ⅱ式　31枚。钱形多较规整，少量仍有铸口痕迹。文字笔划清晰，字形较宽大。"半两"二字的两横变长。

　　标本　M177：7-30，直径2.5厘米（图一四七，4）。

III式　5枚。榆荚半两。

标本　M177：7-6，直径1.9厘米（图一四七，5）。

IV式　68枚。钱形规整，字形较长大，结构松散。"两"字中间多连山式，少量有一竖或为一字。直径一般2.3厘米，少数2.4厘米。

标本　M177：7-15，直径2.4厘米（图一四七，6）。

标本　M177：7-31，直径2.4厘米（图一四七，7）。

标本　M377：3-2，直径2.3厘米（图一四七，8）。

V式　363枚。"半"字显扁方，"两"字或方或狭长。

标本　M177：7-13，直径2.3厘米（图一四七，9）。

标本　M177：7-16，直径2.2厘米（图一四七，10）。

标本　M177：7-25，直径2.3厘米（图一四七，11）。

标本　M225：3-2，直径2.35厘米（图一四七，12）。

VI式　13枚。字形往往不正，"两"字中间为一横，有的一横上加一竖。

标本　M177：7-5，直径2.3厘米（图一四七，13）。

标本　M177：7-9，直径2.3厘米（图一四七，14）。

标本　M177：7-21，直径2.3厘米（图一四七，15）。

标本　M210：3-1，直径2.3厘米（图一四七，16）。

2. 西汉五铢钱

字形可辨者共282枚。据钱形完整情况分二型。

甲类　268枚。钱形完整。据"五"字宽窄不同分二亚型。

A型　75枚。"五"字较窄。据"五"字中间交笔形态分二亚型。

Aa型　68枚。"五"字交笔弧曲。

I式　6枚。五字交笔弧曲，与两横相交略敛。上下两横略出头。

标本　市一中M207：13-3，直径2.45厘米（图一四八，1）。

II式　17枚。五字极窄，中间交笔弯曲，上下两横出头甚多。

标本　M176：27-7，穿上一横。直径2.5厘米（图一四八，2）。

标本　M253：2-2，直径2.5厘米（图一四八，3）。

III式　13枚。五字中间两笔与上下两横相交呈垂直状。

标本　M322：8-8，穿上一横。直径厘米（图一四八，4）。

标本　M322：8-6，穿上一横。直径厘米（图一四八，5）。

Ab型　7枚。五字交笔略曲，与上下两横相交处略外放，上下两横略出头。

标本　M207：13-1，穿上一横。直径2.45厘米（图一四八，6）。

B型　192枚。"五"字略宽。据"五"字交笔形态分三亚型。

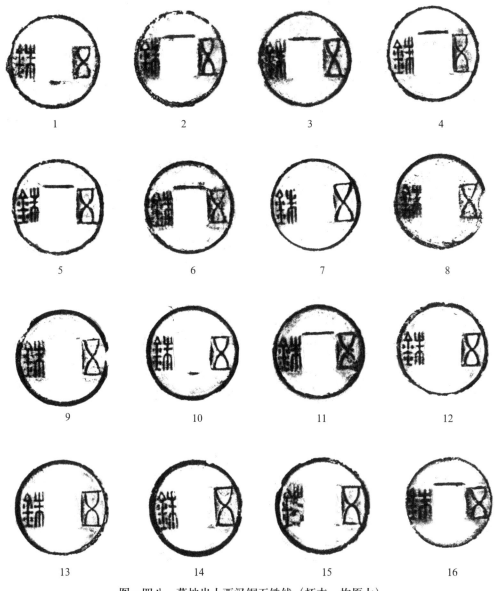

图一四八　墓地出土西汉铜五铢钱（拓本，均原大）

甲类五铢钱：1.AaⅠ式（M207：13-3）　2、3.AaⅡ式（M176：27-7、M253：2-2）　4、5.AaⅢ式（M322：8-8、8-6）

6.Ab型（M207：13-1）　7.Ba型（M332：8-2）　8、9.Bb型（M414：2、M412：10-2）

10～12.BcⅠ式（M72：11-1、M253：2-3、M322：8-5）　13.BcⅡ式（M322：8-9）

14、15.BcⅢ式（M101：1-4、M130：30-2）

乙类五铢钱：16.磨郭五铢（M176：27-5）

　　Ba型　17枚。五字交笔近斜直，上下两横不出头。

　　标本　M322：8-2，直径2.5厘米（图一四八，7）。

　　Bb型　15枚。五字交笔略曲，上下两横略出头。武帝五铢。

标本　M414：2，直径2.5厘米（图一四八，8）。

标本　M412：10-2，直径2.52厘米（图一四八，9）。

Bc型　160枚。五字交笔弧曲。

Ⅰ式　115枚。五字交笔弧曲，与上下两横相交外放，上下两横略出头。

标本　M72：11-1，直径2.5厘米（图一四八，10）。

标本　M253：2-3，穿上一横。直径2.5厘米（图一四八，11）。

标本　M322：8-5，直径2.5厘米（图一四八，12）。

Ⅱ式　30枚。五字中间两笔与上下两横相交呈垂直状。宣帝五铢。

标本　M322：8-9，直径2.5厘米（图一四八，13）。

Ⅲ式　15枚。五字中间交笔曲度大，与上下两横相交略外放，上下两横略出头。元帝五铢。

标本　M101：1-4，直径2.5厘米（图一四八，14）。

标本　M130：30-2，直径2.55厘米（图一四八，15）。

乙类　14枚。磨郭五铢钱。

标本　M176：27-5，直径2.3厘米（图一四八，16）。

3. 东汉五铢钱

文字可辨者共139枚。据钱形完整情况分二型。

A型　64枚。钱形完整。据"五"字形态分三亚型。

Aa型　20枚。五字宽大型，中间交笔与上下两横相交处外放。

Ⅰ式　14枚。铢字"朱"旁上部长。

标本　M130：30-5，直径2.5厘米（图一四九，1）。

标本　M256：45-1，直径2.55厘米（图一四九，2）。

标本　M402：14-2，直径2.55厘米（图一四九，3）。

Ⅱ式　4枚。铢字"朱"旁上部呈倒抛物线。

标本　M256：45-3，直径2.42厘米（图一四九，4）。

Ⅲ式　2枚。"铢"字"朱"旁上部方折。分二亚式。

Ⅲa式　1枚。上下两部分均为方折，均短，中间间距大。

标本　M89：2-1，直径2.2厘米（图一四九，5）。

Ⅲb式　1枚。下部圆折，上下两部分亦较短。

标本　M101：1-5，直径2.55厘米（图一四九，6）。

Ab型　18枚。五字稍窄型，中间两笔与上下两横相交处略敛。

Ⅰ式　8枚。铢字"朱"旁上部较短。

标本　M130：30-1，直径2.55厘米（图一四九，7）。

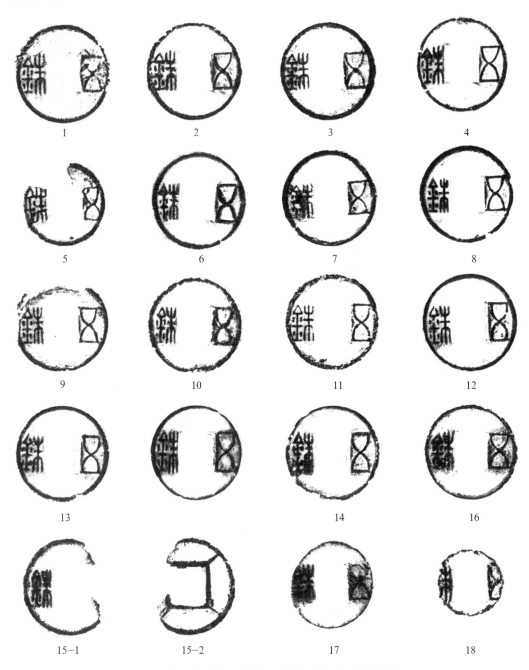

图一四九 墓地出土东汉铜五铢钱（拓本，均原大）

1~3.AaⅠ式（M130：30-5、M256：45-1、M402：14-2）   4.AaⅡ式（M256：45-3）
5.AaⅢa式（M89：2-1）   6.AaⅢb式（M101：1-5）   7、8.AbⅠ式（M130：30-1、M195：19-4）
9、10.AbⅡ式（M86：1-5、M256：45-2）   11.AcⅠ式（M176：27-6）   12.AcⅡa式（M101：1-3）
13.AcⅡb式（M101：1-1）   14.AcⅢ式（M101：1-7）   15.AcⅣ式（M176：27）   16.Ba型（M49：7-5）
17.Bb型（M49：7-4）   18.Bc型（M49：7-8）

标本　M195：19-4，直径2.52厘米（图一四九，8）。

Ⅱ式　10枚。铢字"朱"旁上部变长。

标本　M86：1-5，直径2.5厘米（图一四九，9）。

标本　M256：45-2，直径2.5厘米（图一四九，10）。

Ac型　26枚。五字交笔内敛型。

Ⅰ式　4枚。铢字"朱"旁上部较短。

标本　M176：27-6，直径2.5厘米（图一四九，11）。

Ⅱ式　10枚。铢字"朱"旁上部变长。

Ⅱa式　8枚。铢字"朱"旁上部两竖直。

标本　M101：1-3，直径2.55厘米（图一四九，12）。

Ⅱb式　2枚。铢字"朱"旁上部呈倒抛物线。

标本　M101：1-1，直径2.5厘米（图一四九，13）。

Ⅲ式　11枚。五字上下两横不出头，铢字字型长，长度一般超过穿的高度。

标本　M101：1-7，直径2.55厘米（图一四九，14）。

Ⅳ式　1枚。背四出纹。

标本　M176：27，有背四出五铢1枚残（拓）（图一四九，15）。

B型　75枚。钱形不完整。分三亚型。

Ba型　7枚。磨郭钱。

标本　M49：7-5，直径2.45厘米（图一四九，16）。

Bb型　13枚。剪边钱。

标本　M49：7-4，直径2.2厘米（图一四九，17）。

Bc型　55枚。对文钱。

标本　M49：7-8，直径1.8厘米（图一四九，18）。

4. 新莽钱

共133枚。包括大泉五十、货泉及大布黄千。

（1）大泉五十

共66枚。面背均有内外郭。以大小分为三型，但无论直径的大小，钱面文字均深峻清晰。

A型　32枚。大型，直径2.8～3厘米，一般在2.8厘米左右，有1枚直径3厘米，另有2枚2.9厘米。面内郭较宽。

标本　M215：18-1，直径2.8厘米（图一五〇，1）。

标本　M215：18-2，直径3厘米（图一五〇，2）。

B型　31枚。中型，直径2.55～2.65厘米。面内郭多较宽，少数略细。

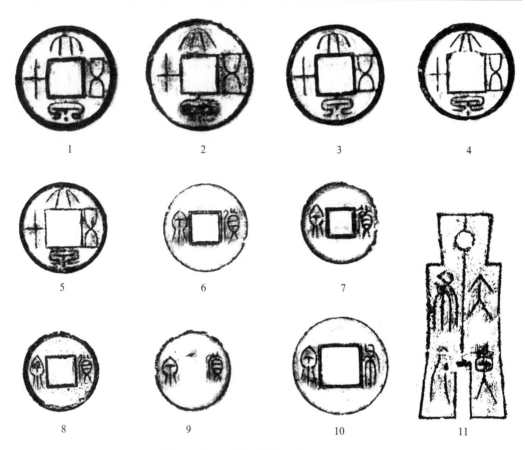

图一五〇　新莽铜钱（拓本，均原大）

大泉五十：1、2.A型（M215：18-1、18-2）　3、4.B型（M238：1-1、1-4）　5.C型（M238：1-3）

货　泉：6.A型（M49：7-2）　7、8.B型（M40：6-4、6-2）　9.C型（M40：6-3）　10.D型（M40：6-1）

　　　11.大布黄千（M175：3-1）

　　标本　M238：1-1，直径2.6厘米（图一五〇，3）。

　　标本　M238：1-4，直径2.6厘米（图一五〇，4）。

　　C型　3枚。小型，直径2.35～2.45厘米。

　　标本　M238：1-3，直径2.35厘米（图一五〇，5）。

　　（2）货泉

　　完整者65枚，其中56枚字迹清晰可辨。依据面内郭的情况分为四型。

　　A型　1枚。面背均有内外郭，面内郭双重。

　　标本　M49：7-2，直径2.3厘米（图一五〇，6）。

　　B型　22枚。面背均有内外郭，面内郭单层，郭线较宽。直径一般2.2厘米，M66、M24各一枚2.3厘米，M40其中一枚2.1厘米（图一五〇，8）。

　　标本　M40：6-4，直径2.2厘米（图一五〇，7）。

C型　9枚。面背均有内外郭，面内郭单层，郭线较细。直径2.1～2.2厘米。

标本　M40：6-3，直径2.1厘米（图一五〇，9）。

D型　24枚。面无内郭。直径2.1～2.25厘米，多数为2.1厘米。

标本　M40：6-1，直径2.1厘米（图一五〇，10）。

（3）大布黄千

共2枚。

标本　市一中M175：3-1，上首有圆形穿孔，钱、穿两面边缘均有周郭，郭厚0.25厘米。钱正面有篆文"大布黄千"四字。通长5.35、足枝长1.4、首宽1.4、肩厚2.1厘米（图一五〇，11）

七　铁　器

共34件，其中6件残器不辨器形。包括壶、镜、环、钩、刀、剑、削、匕首等器形。

1. 壶

1件。

标本　M225：6，残。

2. 镜

1件。

标本　M84：1，铁镜，圆形，钮残，纹饰不明。直径13厘米，厚0.3厘米（图一五一，1）。

3. 钩

2件。

标本　M36：19，长24.6厘米（图一五一，2）。

标本　M36：20，长12.7厘米（图一五一，3）。

4. 刀

9件。背厚刃薄。

标本　M73：11，断为两截。茎椭圆形中空，有铜格残。长62厘米，茎长19厘米（图一五一，7；图版三六，1）。

5. 剑

11件。两面刃。

标本　M124：6，铁剑，完整，稍有残破。铜格。残长61厘米，细茎长13厘米（图一五一，6；图版三六，2）。

6. 削

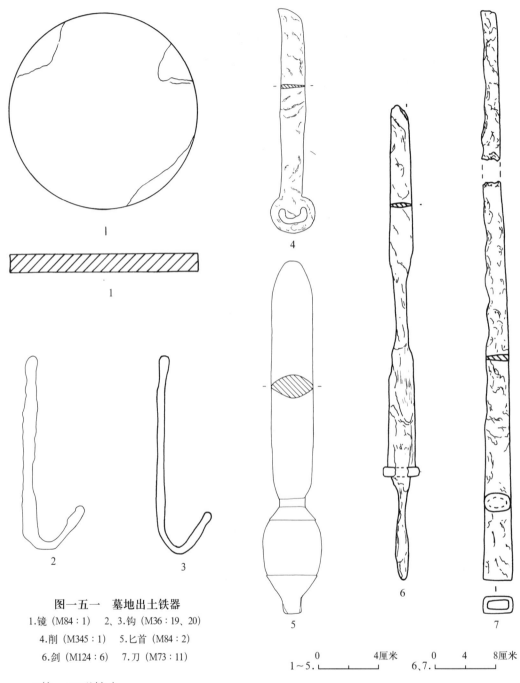

图一五一　墓地出土铁器

1.镜（M84∶1）　2、3.钩（M36∶19、20）

4.削（M345∶1）　5.匕首（M84∶2）

6.剑（M124∶6）　7.刀（M73∶11）

3件。刀形较小。

标本　M345∶1，小铁削。椭圆刀环。长14.7厘米，身宽1.5厘米（图一五一，4；图版三六，4）。

7.匕首

1件。

标本　M84：2，铁匕首，剑形，有木质髹漆剑鞘，铜柄圆球形，有尖尾。身长14.5、柄直径4、通长22厘米（图一五一，5；图版三六，3）。

八　金银器

5件。包括金坠及银簪等。

1. 金坠

3件。

标本　M176：26，共3件。薄片。呈瓜籽形，一面平，一面有边郭。瓜尖处有小孔。长1.3厘米，最宽1.05厘米（图一五二，2；彩版一五，1）。

2. 银簪

2件。

标本　M295：5，六棱锥体，首细尾粗，尾端有细圆茎，插入簪尾金饰。簪尾金饰一面为方塔形形，有台阶三级，顶端有孔连接簪茎；一面为圆槽，内嵌红色玻璃。金饰边长0.85、厚0.75、簪长8.3厘米（图一五二，1；彩版一五，2）。

九　铅　器

完整或能辨出个体者共27件。包括车軎及盖弓帽两类器形。

1. 车軎

4件。直筒状，口端外撇。

标本　M223：12-1，高1.5、口径1.7、腹径1.1厘米（图一五二，3）。

2. 盖弓帽

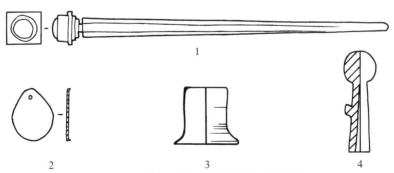

图一五二　墓地出土金银器和铅器（均原大）

1.银簪（M295：5）　2.金坠（M176：26）　3.铅车軎（M223：12-1）　4.铅盖弓帽（M432：11-1）

完整或个体可辨者23枚。圆头截锥体，有钩。

标本　M432：11-1，长1.7厘米（图一五二，4）。

十　玉　器

共22件。包括璧、环、璜、饼、带钩、管、猪、玉片、剑首、剑璏等器形。

1. 璧

3件。均残。两面谷纹。

标本　M237：9-11，3残片。两面谷纹。青玉质青色。残长5.5厘米，缘厚0.4厘米。

标本　M233：5，2残片。两面谷纹。青玉质青色。残长4.9厘米，缘厚0.3厘米。

标本　M129：4，4残片。两面谷纹。青玉质青色。残长3.5厘米，厚0.45厘米。

2. 环

3件。

标本　M217：5，圆形，截面扁体。两面无纹。青玉质杂白色。直径4.7、孔径2.4、厚0.3厘米（图一五三，1；彩版一五，3）。

标本　M207：12，圆形，内外有郭，内、外缘呈齿轮状。两面有凸起的谷纹。青玉质杂白色。直径5.45、孔径2.6、缘厚0.45厘米（图一五三，2；彩版一五，4）。

3. 璜

1件。

标本　M1：13，半圆壁形，一端略残。两面刻字，内容相同，为"曹胜"二字。青玉质偏白色。长3.9厘米（图一五三，3；彩版一五，5）。

4. 饼

2件。

标本　M50：6，圆形。一面平素，一面中央有凹面圆圈。青玉质。直径4.1，厚0.55厘米（图一五三，4；彩版一五，6）。

5. 带钩

1件。

标本　M22：12，青玉质，龙形，截面方形。长12.6厘米（图一五三，5；彩版一五，7）。

6. 管饰

1件。

标本　M133：7，一端残。扁管形，中空，一面平，一面弧角，中间有凹槽。平的一面与两侧有一对对穿小孔，用以系绳。玉色青白相杂。残长5.5厘米（图

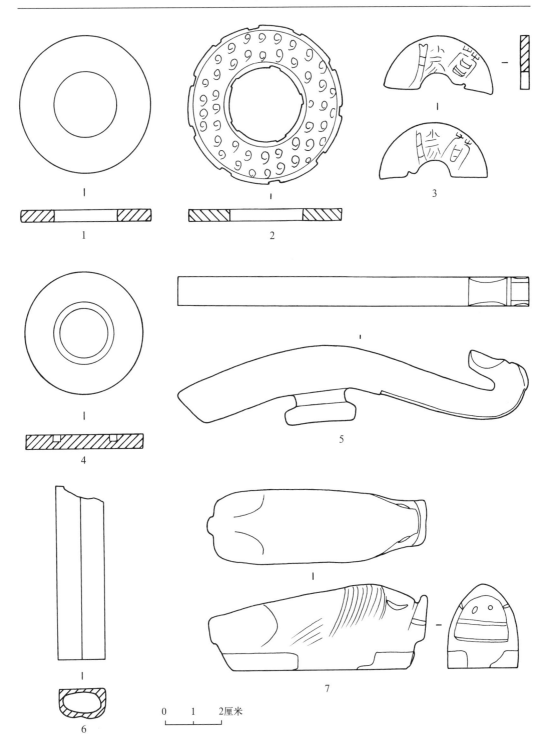

图一五三　墓地出土玉器

1、2.环（M217∶5、M207∶12）　3.璜（M1∶13）　4.饼（M50∶6）　5.带钩（M22∶12）　6.管饰（M133∶7）　7.猪（M49∶2）

一五三，6；彩版一六，1）。

7. 猪

2件。

标本　M49：2，卧猪。色浊白。长8.2厘米（图一五三，7；彩版一六，2）。

8. 剑首

3件。分二型。

A型　1件。扁长方形，横截面呈梭形。

标本　M172：2，一面有圆孔。表面有刻线。玉质白色泛青。宽4.6、长1、最厚1.2厘米（图一五四，1；彩版一六，3）。

B型　2件。梯形。

标本　M293：8，玉色白中杂青。竖截面呈束腰梯形。上宽4.5、下宽5.5、长3.6、最厚1.3厘米（图一五四，2；图版三六，8）。

9. 剑璏

2件。

标本　M412：12，青玉质泛白。面有密集排列整齐的小乳钉5排17行。宽6.8、长2.5、厚0.35、环宽3.5厘米（图一五四，3；彩版一六，4）。

10. 玉片

4件。均为残片。

十一　石　器

共4件。包括砚及黛板。

1. 砚

2件。略呈梯形，各面打磨平整。

标本　M344：4，窄的一端正面有"凵"形墨池。正面边缘有双阴线栏，四角饰水波纹。长12厘米，窄端宽7.4、厚2.1厘米，宽端宽8.3、厚1.7厘米（图一五四，5；图版三六，5）。

标本　M344：3，窄的一端正面有花边三角形墨池。正面边缘有双阴线栏，四角饰水波纹。长14厘米，一端宽8.4、另一端宽9厘米，厚1.4厘米（图一五四，6；图版三六，6）。

2. 黛板

2件，出土于墓葬M52和M66中。

标本　M66：18，长方形，一面平整光滑，一面未经加工。长8、宽4、厚0.5厘米

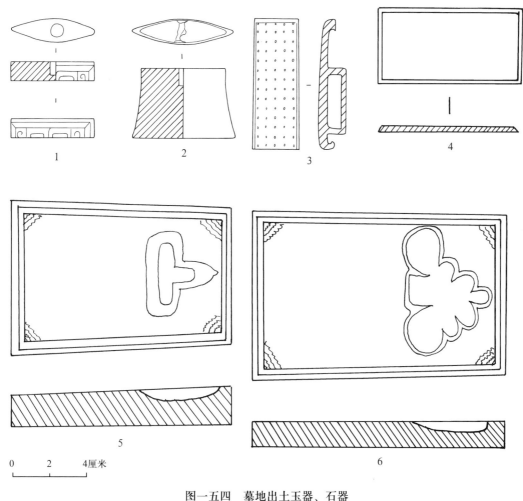

图一五四　墓地出土玉器、石器

1.A型玉剑首（M172∶2）　2.B型玉剑首（M293∶8）　3.玉剑璏（M412∶12）　4.石黛板（M66∶18）　5、6.石砚（M344∶4、3）

（图一五四，4；图版三六，7）。

十二　玛瑙器

5件。包括环、珠两类。

1.环

1件。

标本　M360∶17，残断为两截。无色透明。截面略呈三角形，底边修成四棱形。直径约5.6厘米（图一五五，1；彩版一六，5）。

2.珠

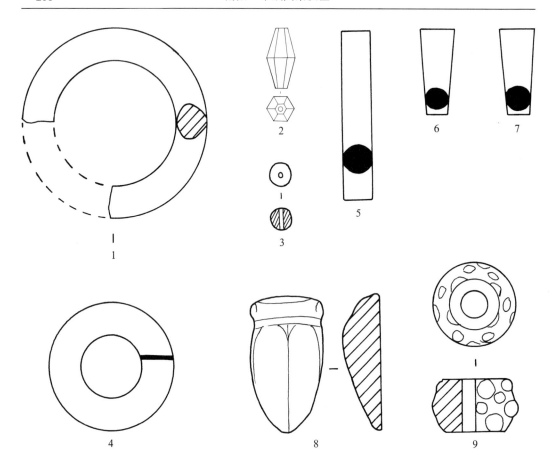

图一五五　墓地出土玛瑙器、琉璃器（均原大）

1.玛瑙环（M360：17）　2.A型玛瑙珠（M411：8）　3.B型玛瑙珠（M411：10）　4.琉璃环（M216：3）
5.A型琉璃耳鼻塞（M215：17）　6、7.B型琉璃耳鼻塞（M215：14、15）　8.琉璃口琀（M158：8）
9.琉璃珠（293：12）

4件。分二型。

A型　3件。橄榄形，器身修削为六棱，有穿孔。

标本　M411：8，红色。长1.6、最粗0.75厘米（图一五五，2；彩版一六，6）。

B型　1件。圆球形，有孔。

标本　M411：10，红色。直径约0.5厘米（图一五五，3）。

十三　琉璃器

共11件。包括环、耳鼻塞、口琀、珠等。器表皆已氧化，呈灰白色。

1.环

1件。

标本　M216：3，残。外径3.4、内径1.7、厚0.1厘米（图一五五，4；图版三六，9）。

2. 耳鼻塞

共8枚。分二型。

A型　1件。长圆柱体。

标本　M215：17，长圆柱体。长4.5、直径0.8厘米（图一五五，5；图版三六，10）。

B型　7件。短截锥体。

标本　M215：14、15，2枚。上径0.6、下径1、长2.3厘米（图一五五，6、7；图版三六，10）。

3. 口琀

1件。蝉形。

标本　M158：8，蝉形，腹面平。长3.7、宽1.9厘米（图一五五，8；彩版一六，7）。

4. 珠

1件。

标本　M293：12，一件，圆形，有穿孔。珠面满饰大小不一乳钉，钉面施蓝彩。直径2.2厘米（图一五五，9；彩版一六，8）。

第三章　分期与年代

一　陶器器类组合分析

南阳一中墓地基本上可以确定为战国秦汉时期的墓葬共226座。这226座墓葬中，有一部分砖墓因被扰严重，所出器类不能反映其组合的本来面貌。因此，我们选取了其中131座保存完整，或虽被扰，但组合还基本清楚的墓葬进行陶器器类组合分析。

南阳一中墓地器物组合可分为罐、瓮核心组合，仿铜陶礼器核心组合，仿铜陶礼器与罐、瓮共出组合，仿铜陶礼器、罐瓮类与模型明器组合，罐瓮类与模型明器组合等五大类。

（一）甲类组合

共29座。以罐瓮为核心的组合形态。分7组。

A组　9座。双耳罐。包括M12、M51、M61（扰）、M174、M196（扰）、246（扰）、M249、270（扰）、M304。

B组　2座。无耳高领折沿罐为核心的组合。M168（B＋钵）、M266（C）。

C组　4座。小口瓮。M152、M219、M222、M431。

D组　4座。无耳矮领折沿罐。M214、216（另小罐）、282、310。

E组　3座。无耳矮直领无沿罐。M49、M132、154。

F组　1座。大口瓮。M27（＋模型洗）。

G组　6座。罐瓮类之间的组合。分4小组。

G1组　2座。双耳罐与无耳高领折沿罐组合。M47、M133。

G2组　2座。双耳罐与无耳矮领折沿罐组合。M35、415。

G3组　1座。无耳矮直领无沿罐与无耳矮领折沿罐，M156（加奁，扰）。

G4组　1座。无耳矮领折沿罐与大口瓮，M7。

（二）乙类组合

共31座。仿铜陶礼器组合。需要说明一点的是，因为小罐是与小壶、模型壶相近似的一类遗物，且彼此间在性质上是相互替代的，因此我们把此类遗物归属于仿铜陶礼器组合内。分4组。

A组　2座。鼎、盒、钫、模型小壶。M36、M237。

B组　2座。鼎、A盒、Ab壶＋模型壶。M262、M380（小壶不明）。

C组　20座。鼎、盒、壶为核心的组合。分3小组。

C1组　4座。鼎、B盒、A壶。M128、M127、M129、M326。

C2组　7座。鼎、B盒、A壶＋模型壶。M56、M72、M112（壶残）、M173、M236、M411、M417。

C3组　9座。鼎、B盒、A壶＋小壶。M41、M44、M123、M221、M289（盒、壶、小壶不明）、M290、M296（壶残）、M300（鼎、壶、小壶不明）、M308。

D组　7座。器类不全的组合。M18（鼎、壶、模型壶）、M19（鼎、壶、模型壶）、M23（鼎）、M208（鼎、壶）、M295（鼎、壶、模型壶）、M338（鼎、壶、模型壶）、M412（鼎、壶、小壶、钵）。

（三）丙类组合

共7座。仿铜陶礼器＋罐、瓮类的组合。分3组。

A组　3座。仿铜陶礼器＋罐。分3小组。

A1组　1座。鼎、B盒、壶＋模型小壶＋双耳罐。M436。

A2组　1座。鼎＋双耳罐。M233。

A3组　1座。小壶＋无耳高领折沿罐。M106。

B组　3座。仿铜陶礼器＋小口瓮。分3小组。

B1组　1座。鼎＋小口瓮。M288。

B2组　1座。鼎、B盒＋小罐＋小口瓮。M223。

B3组　1座。小壶、模型壶＋小口瓮。M421。

C组　1座。鼎、B盒、壶＋小口瓮＋双耳罐＋无耳高领折沿罐。M445。

（四）丁类组合

共57座。仿铜陶礼器、罐瓮类与模型明器组合。分八组。

A组　16座。仿铜陶礼器＋车轮。分4小组。

A1组　3座。鼎、B盒、A壶＋车轮。M247、M395（盒残）、M432。

A2组　7座。鼎、B盒、A壶＋模型壶＋车轮。M53、M96（盒残）、M170（壶残）、M268（鼎、壶残）、M371（鼎、盒残）、M413（壶残）、M433（壶残）。

A3组　5座。鼎、B盒、A壶、小壶＋车轮。M1、M102（鼎、盒、小壶残）、M224、M229、M441。

A4组　1座。鼎、A壶、小壶＋车轮。M217（小壶不明）。

B组　4座。仿铜陶礼器＋车轮＋模型小狗。分2小组。

B1组　2座。鼎、B盒、A壶、小壶＋车轮＋模型小狗。M69、M360。

B2组　2座。鼎、B盒、A壶、模型壶＋车轮＋模型小狗。M22、M50（无盒）。

C组　1座。车轮。M225。

D组　4座。仿铜陶礼器＋仓。分2小组。

D1组　2座。鼎、B盒、A壶＋仓。M10（扰）、M322。

D2组　2座。鼎、B盒＋小罐＋仓。M71、M119（无盒）。

E组　13座。仿铜陶礼器＋模型明器。分13小组。

E1组　1座。鼎、B盒、A壶＋奁、方盒＋仓、灶、井＋磨＋狗。M283。

E2组　1座。鼎、A壶＋盘、耳杯＋仓。M399（扰）。

E3组　1座。鼎、B盒、A壶＋奁＋熏、灯＋仓、灶、井＋猪圈、磨＋狗、鸡、鸭。M406（扰）。

E4组　1座。鼎、A壶＋奁、方盒＋灯＋仓、灶（未见，有模型甑釜等）、井＋猪圈、磨＋狗、鸡。M66。

E5组　1座。鼎、盒、A壶、小罐＋狗，M177。

E6组　1座。鼎、B盒、A壶＋奁+碗、勺、耳杯＋仓、灶、井＋猪圈、磨＋狗。M199。

E7组　1座。鼎、B盒＋方盒＋仓、灶、井＋猪圈、磨＋狗、鸡。M231。

E8组　1座。鼎＋仓＋猪圈、磨＋鸡、鸭。M381（扰）。

E9组　1座。鼎＋奁、方盒＋仓、灶、井＋猪圈、磨＋狗、鸡、鸭。M442（扰）。

E10组　1座。A壶＋奁、樽、方盒＋案、碗、盘、耳杯＋磨＋鸭。M130（扰）。

E11组　1座。鼎、A壶＋奁、方盒＋熏炉、盘、耳杯、勺＋仓、灶、井＋猪圈、磨、碓＋狗、鸡、鸭、镇墓兽、咒、人俑。M256（扰）。

E12组　1座。B盒、A壶＋奁、方盒＋案、盘、耳杯＋井＋猪圈（未见，但有猪）＋鸡、马、牛、人俑。M384（扰）。

E13组　1座。B盒＋案、灯、盘、匜＋井＋磨＋人俑。M39（扰）。

F组　14座。仿铜陶礼器＋罐＋模型明器。分14小组。

F1组　1座。鼎、B盒＋无耳高领折沿罐＋高温釉陶壶＋仓。M267。

F2组　1座。鼎＋无耳矮领折沿罐、小罐＋奁、方盒、豆＋仓、灶＋磨。M367（扰）。

F3组　1座。异壶＋无耳矮领折沿罐＋奁、方盒＋耳杯＋仓、灶＋猪圈、磨＋狗、鸡。M195（扰）。

F4组　1座。鼎、B盒＋无耳矮直领无沿罐＋小罐＋仓。M20（扰）。

F5组，1座。鼎、盒＋无耳矮直领无沿罐＋钵＋灶、猪圈、狗。M58（扰）。

F6组　1座。鼎、B盒＋无耳矮直领无沿罐、小罐＋奁、方盒＋仓、灶、井＋猪圈、磨＋狗、鸡。M334。

F7组　1座。B壶＋无耳高领折沿罐＋奁、方盒＋仓、井。M40（扰）。

F8组　1座。鼎＋无耳矮直领无沿罐＋奁、方盒＋仓、灶＋猪圈、磨。M240。

F9组　1座。鼎、B盒＋无耳矮直领无沿罐＋奁、方盒＋仓、灶、井＋猪圈、磨＋狗、鸡。M215。

F10组　1座。鼎、B盒、壶＋无耳矮直领无沿罐＋奁＋仓、灶、井＋猪圈、磨＋狗、鸡。M260。

F11组　1座。鼎、B盒、壶＋无耳矮直领无沿罐＋奁、方盒＋仓、井＋狗。M176（扰）。

F12组　1座。鼎、B盒、A壶＋罐＋仓、灶、井＋磨。M118。

F13组　1座。异鼎、异盒＋罐＋仓、灶、井＋磨＋高温釉陶壶。M299（罐不明）。

F14组　1座。鼎、B盒＋无耳矮直领无沿罐＋印纹硬陶罐＋奁＋仓。M3（扰）。

G组　1座。鼎、盒、壶、模型小壶＋小口瓮＋磨＋车轮＋俑头。M8。

H组　4座。仿铜陶礼器＋双耳罐＋模型明器。分4小组。

H1组　B盒、A壶＋双耳罐、模型罐＋奁、方盒＋耳杯、案、熏炉＋仓、灶、（井，未见井，但有汲水瓶）＋猪圈、磨、碓、鸡、鸭。M402（扰）。

H2组　1座。鼎、盒＋小口瓮＋双耳罐＋仓。M48。

H3组　1座。鼎＋双耳罐＋无耳高领折沿罐＋小罐＋仓。M188。

H4组　1座。B盒＋双耳罐、无耳矮直领无沿罐＋奁、方盒＋仓、灶＋猪圈、狗、鸡、人俑。M189。

（五）戊类组合

共7座。罐瓮类与模型明器组合。分4组。

A组　1座。小口瓮＋车轮。M218。

B组　3座。罐＋模型明器。分3小组。

B1组　1座。双耳罐＋仓、灶、井＋猪圈、磨、鸡、鸭。M73。

B2组　1座。无耳矮直领无沿罐＋小罐＋奁＋仓、灶、井＋猪圈、磨、鸡、鸭。M243。

B3组　1座。无耳矮直领无沿罐＋奁、方盒＋仓、灶＋猪圈、磨、狗。M332（扰）。

C组　2座。硬陶罐、瓷罐＋模型明器。分2小组。

C1组　1座。印纹硬陶罐＋仓＋猪圈、磨、狗。M124（扰）。

C2组　1座。印纹硬陶罐＋瓷罐＋案＋磨＋人俑。M25（扰）。

D组　1座。无耳矮领折沿罐＋印纹硬陶罐＋奁、方盒＋井。M24（扰）。

二　陶器型式组合与年代分析

（一）陶器型式组合分析

1.仿铜陶礼器及模型明器的形态演变线索

南阳一中墓地出土的陶器，主要分为仿铜陶礼器、模型明器、日用器三大类，其中日用器以罐瓮类为主。根据我们在第二章出土遗物中的分析，可以观察到陶器器类各型中的各式之间，在形态上有着紧密的逻辑演变过程，其中尤以仿铜陶礼器和模型明器中的仓、灶、井最为突出。我们先就此作简单归纳，以利于随后的组合与年代分析。

陶鼎分两型，其中B型仅一件。A型陶鼎分为十一式。其演变线索：由器形小，浅腹，足略细高，弧顶盖；到器形渐大、腹略深、足根变粗大；再到器形极大，足根粗大，足根部出现人面饰。人面饰的细节变化较丰富，其中须与嘴的变化较突出。须由唇上倒八字变为梳篦状，嘴由桔瓣状有舌变为一字形或无。其间鼎盖出现铺首钮及凸棱，器形又略变小。以后鼎盖变为博山式，人面足演变为蹲熊足，最后足消失不见。

盒分三型，而以B型数量占绝大多数，延续时间长，最有代表性。B型盒的演变线索与鼎有相似之处，其过程为：由器形小，弧顶盖，器腹及器盖均扁；到器形渐大，器腹渐深，器盖渐隆，直至器形极为高大；再到器形渐小，器盖出现铺首钮；最后出现博山盖。

壶分两型，但B型壶仅有3件。Aa型壶的演变线索为器形由小变大，由圆腹变为斜弧腹再变为扁鼓腹。Ab型壶的演变线索为器形由小变大又渐变小；盘口由略显到明显再到渐不显以至浅直盘口；圈足由高折曲变为矮折曲再变斜直；由肩部铺首活动衔环（绝大部分不存）到铺首模印衔环；器盖由弧顶到具铺首钮及凸棱，最后变为博山式。

鼎、盒、壶形态的逻辑演变序列是清晰完整的，因而在时间上也应是连续的。同时，通过上述三类仿铜陶礼器演变线索的归纳，三者间的演变规律有相似之处，即器形均为由小变大，再由大渐小；器盖均由弧顶变为具铺首钮及凸棱，再到博山式。具有同步演进的规律，形成了完整的形态组合发展链。

仓分两型，其中A型又分二亚型，而以Aa型为主。Aa型仓的变化线索为：仓底最初无门或有两道刻槽，随后出现阴线门框及门栓，最后演变为圆孔；由直筒腹变为斜腹内收；体形由较大至较小。B型仓有三足，皆以圆孔为仓门，其变化主要体现在：足以蹄足变为踞熊足；腹由直筒渐向内斜收。

灶分两型。A型灶由三火眼变为两火眼；由釜灶分离变为釜灶连体。B型灶由无烟囱变为有烟囱，灶面由素面到出现阴线边框；前端挡墙由大变小。

井分两型，而B型仅见一件。A型井又分二亚型，而Ab型井亦仅有一件。Aa型井的变化主要是：由唇下缘下垂极其，从外侧看似沿极厚，以后唇缘下垂渐渐减缓，最后唇缘不垂，沿很薄；由斜腹外张至弧腹；由下腹部略外折到饰一道凹弦纹。Ⅰ式井往往有鱼、蛙、同心圆、菱形纹等模印纹饰。

2.陶器型式组合分析

南阳一中墓地出土的陶器，主要分为仿铜陶礼器、模型明器、日用器三大类，其中日用器以罐瓮类为主。仿铜陶礼器数量大、形态演变序列完整、延续时间长，因此，下面的型式组合分析中以仿铜陶礼器作为核心组合，兼及其它器类。仿铜陶礼器中，又有鼎的地位最为突出，故整个分析即以鼎为纲来展开。

Ⅰ组　2座。以AⅠ式鼎为核心的组合。分二小组。

Ⅰ1组　1座。AⅠ鼎、盒、A钫、Ⅰ模型小壶的组合。包括M237。

Ⅰ2组　1座。AⅠ鼎、AbⅠ壶的组合。包括M295。

Ⅱ组　8座。以AⅡ式鼎为核心的组合。分二小组。

Ⅱ1组　6座。以AⅡ鼎、BⅠ盒、AaⅠ壶为核心的组合。

组合完整者包括M128、M129。

其它组合不完整但可以归于这一组别的有：M112、M289、M433、M445。

Ⅱ2组　2座。以AⅡ鼎、BⅡ盒、AbⅡ壶、Ⅰ模型壶为核心的组合。包括M170（壶残，有B车轮）、M236。

Ⅲ组　3座。以AⅢ式鼎为核心的组合。分二小组。

Ⅲ1组　1座。AⅢ鼎、AaⅠ壶、Ⅰ模型小壶组合。包括M18。

Ⅲ2组　2座。AⅢ鼎、A盒、AbⅡ壶、Ⅰ模型壶组合。包括M262、M380。

另外，Ⅱ-Ⅲ1组　2座。M19、M102由于只复原了AaⅠ壶，仅可列于Ⅱ1或Ⅲ1组中而不能确定。

Ⅳ组　11座。以AⅣ式鼎为核心的组合。分三小组。

Ⅳ1组　1座。AⅣb鼎、BⅡ盒、B钫、小壶、模型狗组合。包括M36。

Ⅳ2组　1座。AⅣb鼎、BⅡ盒、AbⅢ壶组合。包括M247。

Ⅳ3组　8座。AⅣ鼎、BⅢ盒、AaⅡ壶为核心组合。

完整组合者：AⅣb鼎、BⅢ盒、AaⅡ壶、Ⅰ模型小壶、模型狗、车轮。包括M22。

其它组合不完整但可以归于这一组别的有：M23、M50（有Ⅱ模型小壶、模型狗、A车轮）、M96（有Ⅱ模型小壶、Ⅱ钵、车轮）、M268（有Ⅱ模型小壶、车轮）、M436（有Ⅰ模型小壶、AaⅡ双耳罐）。

因M436的陶器组合中AaⅡ双耳罐同出，故M249、M304归入此组。

另外，M339仅可见BⅡ盒、Ⅱ式模型壶，故属Ⅳ组而不能细分。

Ⅴ组　4座。以AⅤ式鼎为核心组合。分三小组。

Ⅴ1组　1座。AⅤ鼎、BⅢ盒、AaⅢ壶、BbⅡ小壶、B车轮、模型狗组合。包括M360。

Ⅴ2组　1座。AⅤ鼎、BⅢ盒、AbⅢ壶、C车轮组合。包括M432。

Ⅴ3组　2座。AⅤ鼎、BⅣ盒、AaⅢ壶、Ⅱ模型小壶、车轮组合。包括M53。

另外，M413仅复原BⅣ盒，同时出Ⅱ模型小壶，故置于Ⅴ3组。

Ⅵ组　3座。以AⅥ式鼎为核心组合。分二小组。

Ⅵ1组　1座。AⅥ鼎、BⅢ盒、AaⅢ壶、小壶、BaⅢ小口瓮组合。包括M207。

Ⅵ2组　2座。AⅥ鼎、BⅢ盒、AbⅢ壶、BbⅠ小壶、车轮组合。包括M224。M395可归入此组。

另外，Ⅴ～Ⅵ组　9座。以下各墓鼎型不明，或出BⅢ盒、AaⅢ壶、AbⅢ壶之一或之二者，据第Ⅴ、第Ⅵ组各组合情形，仅可定在Ⅴ～Ⅵ组之间。包括M1、M41、M69、M208、M217、M290、M296、M326、M441等9座。

Ⅶ组　5座。以AⅦ式鼎为核心的组合。分二小组。

Ⅶ1组　1座。AⅦ鼎、BⅣ盒、AbⅣ壶、小壶、B车轮组合。包括M229。

Ⅶ2组　4座。AⅦ鼎、BⅤ盒、AbⅣ壶为核心组合。包括M123、M221（有BbⅢ小壶）、M308（有BbⅢ小壶）。M127鼎型不明，但出BⅤ盒及AbⅣ壶，可置于此组。

Ⅷ组　10座。以AⅧ式鼎为核心的组合。分二小组。

Ⅷ1组　3座。以AⅧa鼎、BⅥa盒、AbⅣ壶为核心组合。

完整组合者：AⅧa鼎、BⅥa盒、AbⅣ壶、Ⅲ模型小壶。包括M173。

组合虽不完整但可归于此组的有：M300、M338。

Ⅷ2组　7座。以AⅧb鼎、BⅥb盒、AbⅣ壶为核心组合。

完整组合者：AⅧb鼎、BⅥb盒身、AbⅣ壶、Ⅲ模型小壶。包括M56、M411（同出Ⅷa鼎）、M417（小壶残）。

其它组合虽不完整但可归于此组者包括：M72（同出Bb小罐）、M223（同出Aa小罐、Bb小口瓮）。

因为M223的组合中有Bb小口瓮，故M222、M421两墓归于此组。

Ⅸ组　25座。以AⅨ式鼎为核心组合。分五小组

Ⅸ1组　1座。AⅨ鼎、BⅥb盒、AbⅣ壶、BbⅢ小壶组合。包括M44。

Ⅸ2组　1座。AⅨ鼎、BⅥa盒、Bb小罐、AaⅠ仓组合。包括M71。

Ⅸ3组　7座。以AⅨ鼎、BⅦ盒、AbⅤ壶为核心组合。

完整组合应为：AⅨ鼎、BⅦ盒、AbⅤ壶、AaⅠ仓、AⅠ灶、AaⅠ井（Ba汲水瓶）、BⅠ磨。包括M118（仓残）、M10（无灶、井、磨）、M322（无灶、井、磨）。

其它仿铜陶礼器组合不完整但可列入此组者有：M3（另有AbⅠ无耳矮直领无沿罐、B印纹硬陶罐、Ⅰ奁）、M20（另有BⅠ无耳矮直领无沿罐、Ba小罐）、M267（另有BaⅠ无耳高领折沿罐、Bb无耳高领折沿罐、AaⅡ仓）、M371。

Ⅸ4组　1座。以AⅨ鼎、BⅦ盒、AbⅥ壶为核心组合。

AⅨ鼎、BⅦ盒、AbⅥ壶、Ⅰ奁、Ⅰ方盒、AaⅡ仓2、AⅠ灶、AaⅠ井、AbⅠ磨、Ab狗。包括M283。

Ⅸ5组　3座。以AⅨ鼎、BⅧ盒、AbⅥ壶为核心组合。

其完整组合应为：AⅨ鼎、BⅧ盒、AbⅥ壶、Ⅰ奁、Ⅰ方盒2、AaⅠ或BⅠ仓2、AⅠ灶、AaⅠ井、AbⅠ猪圈、AbⅠ磨、Ab狗、Aa鸡。但因扰乱组合都不完整。包括M177、M334、M406。

此外可列于Ⅸ4至Ⅸ5组的还有M6、M9、M48（出Bb小口瓮、AaⅣ双耳罐）、M58、M119、M299、M367（出AⅡ无耳矮领折沿罐、Bb小罐）、M396（出AaⅣ双耳罐）、M399、M434（出Ⅸ鼎）。因M48、M396组合中见AaⅣ双耳罐，故M61、M276亦列于Ⅸ4至Ⅸ5组中。

Ⅹ组　33座。以AⅩ式鼎为核心的组合。分二小组。

Ⅹ1组　1座。以AⅩ鼎、AbⅥ壶为核心组合。

AⅩ鼎、AbⅥ壶、Ⅰ奁、Ⅰ方盒、A灯、BⅡ仓、AaⅡ井、AbⅠ猪圈、AbⅠ磨、AaⅡ狗、Ab鸡。包括M66。

Ⅹ2组　7座。以AⅩ鼎、BⅧ盒、AbⅦ壶为核心组合。包括M176、M199、M215、M231、M260、M402、M428等。其具体组合情况可举数例：

M199：AⅩ鼎、BⅧ盒、AbⅦ壶、Ⅰ奁、Ⅱ碗、Ⅰ勺、A耳杯、奁、AaⅢ仓、BⅠ灶、AaⅡ井、AaⅠ猪圈、AaⅠ磨、AaⅠ狗。

M215：AⅩ鼎、BⅧ盒、BⅡ无耳矮直领无沿罐、Ⅰ奁、Ⅱ方盒、BⅡ仓、AⅡ灶、AaⅡ井、AaⅠ猪圈、AaⅠ磨、AaⅠ狗、AcⅠ鸡。

M428：AⅩ鼎、BⅧ盒、壶、AaⅡ无耳矮直领无沿罐、Ⅰ奁、AaⅣ仓2、BⅡ灶、AaⅡ井、AaⅠ猪圈、AaⅠ磨、AaⅠ狗、Aa鸡2。

另外，部分墓葬因扰乱等原因器类组合不完整，但可确定为Ⅹ组者，有M12、M14、M24、M40、M51、M52、M91、M150、M171、M92、M188、M228、M239、M240、M243、M246、M264、M294、M307、M318、M329、M332、M381、M442、M447等25座。

Ⅺ组　1座。以AⅪ式鼎、AbⅧ式壶为核心组合。

M256：AⅪ鼎、AbⅧ壶、Ⅱ奁、Ⅳ方盒、Ab熏炉、Ca盘、A耳杯、Ⅱ勺、BⅢ仓、AⅢ灶、AaⅢ井、B井、AaⅡ猪圈、AaⅢ磨、碓、BⅠ狗、BⅡ狗、AcⅡ鸡、Ab鸭、

咒、镇墓兽、Ab人俑、Ac人俑、B人俑、C人俑。

ⅩⅡ组　1座。以BⅨ盒、AbⅧ壶为核心组合。

BⅨ盒、AbⅧ壶、Ⅳ奁、Ⅳ方盒、A案、Ba案、A盘，A耳杯、Ab井、残碓、AcⅢ鸡、马、牛、Aa人俑、Ad人俑、残C人俑。包括M384。

ⅩⅢ组　5座。以BⅩ盒为核心组合。

典型墓葬为M39、M189。

M39：BⅩ盒身、Bb案、B灯、B盘、匜、博山盖、AaⅣ井、磨扇、B人俑、C人俑。

M189：BⅩ盒身、Bb双耳罐、BⅣ无耳矮直领无沿罐、Ⅲ奁、Ⅳ方盒、AaⅥ仓、异灶、猪圈、BⅡ狗、AcⅡ鸡、Aa人俑、B人俑，瓷碗。

另外，据出土器类，M11、M25、M49亦可归入此组。

（二）出土陶器年代分析

以上我们从形态演进的逻辑关系上，归纳了以鼎盒壶为核心的仿铜陶礼器和以仓灶井为核心的模型明器的演变规律，确定了彼此间的逻辑连续性。在此基础上，以鼎为核心器类，以仿铜陶礼器为核心组合，兼及其它器类，将一中墓地出土陶器分为了十三组，涉及122座墓葬。这十三组陶器组合间亦存在着紧密的延续过程，组与组间没有明显的缺环，因此它们在时间上也是连续不断的。

在这十三组陶器组合中，从第Ⅰ至第Ⅳ组，凡出钱币者皆为半两钱，这种现象在南阳牛王庙汉代墓地表现得更为明显，二者可以互证。一中墓地从第Ⅵ组开始伴出五铢钱，而在南阳丰泰小区墓地对应于一中墓地第Ⅵ组的遗存中也已出现五铢钱。从第Ⅹ组开始出现王莽铸币。从第十一组开始出现东汉五铢钱。因此，从整体上而论，南阳一中墓地第Ⅰ至Ⅳ组陶器，其年代当在武帝铸行五铢钱之前，第Ⅴ组至第Ⅸ组陶器的年代区间应在武帝铸行五铢钱以后至西汉晚期，第Ⅹ组陶器应在王莽以后，第Ⅺ组至第ⅩⅢ组陶器的时代应在东汉光武帝恢复铸行五铢钱以后。当然，这是从整体上做出的界定，并不排除个别不出钱币的墓葬会稍早或稍晚于其对应组合的主体年代。

在上述分组及大的时段判断的基础上，我们进一步从整体上对一中墓地出土的陶器进行分期与年代的探讨，共分为七期。

第一期　包括第Ⅰ、Ⅱ、Ⅲ等三组。就仿铜陶礼器而言，其遗存的形态及组合均有相似性。鼎、盒、壶的形态均较小，并有由Ⅰ组至Ⅲ组间逐渐变大的趋势；鼎的蹄足为素面；三类器物的盖均为弧顶。南阳一中墓地属第Ⅱ组的M170，南阳牛王庙墓地对应于一中墓地第Ⅱ组的M15、M30，对应于一中墓地第Ⅲ组的M1等，均伴出半两而不见五铢钱。因此，以上三组可以视为一个时期，年代上限不早于战国末期，年代下限不晚于武帝前期。其中的Ⅰ、Ⅱ、Ⅲ组分别对应早晚不同的三个时段。第Ⅰ组墓葬在一中未见伴出半两钱，而在牛王庙墓地未见此组遗存，因此其年代大约属战国晚期晚段，或可延续至西汉初年，第Ⅱ组年代大约属西汉早期前段，即高祖至吕后时期。第Ⅲ组属西汉早期后段，即文景时期。

除上述组合各墓外，还有一些墓葬仿铜陶礼器不明或不出，但其所出遗物通过比较可确定在第一期：

由于属第Ⅱ组的M445伴出有BaⅠ小口瓮、AaⅠ双耳罐、C无耳高领折沿罐，因此M133（AaⅠ双耳罐、Aa无耳高领折沿罐）、M174（AaⅠ双耳罐）、M233（Ⅱ鼎、AaⅠ双耳罐）、M266（C无耳高领折沿罐）归入第Ⅱ组中。又因M133之组合形态，M47及M168（Aa无耳高领折沿罐）亦归入第Ⅱ组即西汉早期前段。

M430伴出的半两钱最晚为文帝四铢半两。其时代推定为文景时期。

M219所出AⅠ小口瓮，其形态与云梦睡虎地M7：3、M14：2等小口瓮形态基本一致，时代为战国晚期晚段。M77所出Ab无耳高领折沿罐，与南阳丰泰小区墓地BⅢ式无耳高领折沿罐相同，时代为战国晚期晚段。据此M219、M77可推定为第一期前段，即战国晚期晚段。

M160、M165所出A型大口瓮，形态与襄阳王坡AⅡ式瓮基本相同。王坡相关墓葬的年代据伴出遗物确定为西汉早期后段，文景至武帝元狩年间[1]。因此一中墓地M160、M165的年代据此推定为西汉早期后段。

第二期　包括Ⅳ、Ⅴ、Ⅵ、Ⅶ等四组。就仿铜陶礼器而言，鼎、盒、壶三类器物形体仍在继续变大，直至第Ⅵ组各器发展到顶峰。从第Ⅳ组开始，鼎足出现人面装饰，并在不同组合的组别中呈现出不同的细节变化。整体而言又可分为两个阶段。以第Ⅳ、Ⅴ、Ⅵ组为第一阶段，器形持续变大，至Ⅵ组发展到极限；器盖仍为弧顶；鼎足人面饰基本接近于实际，五官清晰分明。第Ⅶ组为第二阶段，器物形体大小方面接续第Ⅷ组，仍维持在高大阶段，但鼎形已略变小。鼎足仍为人面饰，细节较前一阶段有所变化。但在第二阶段鼎、盒、壶的器盖均变为盖顶中央有铺首钮，鼎及壶盖盖面有凸棱。南阳牛王庙墓地M3、M4、M58所出遗物对应于一中墓地第Ⅳ组，均伴出半两钱，一中墓地属Ⅳ3组的M249亦伴出半两钱。一中墓地第Ⅵ组的M207开始伴出五铢钱，而对应于一中墓地第Ⅵ组的丰泰墓地M256也伴出五铢钱。由此说明第二期第一阶段遗存的年代属于武帝时期，其中第Ⅳ组仅见半两不见五铢钱，时代属武帝前期。第Ⅵ组遗遗存开始伴出五铢钱，其时代应相当于武帝后期。第Ⅴ组遗物介于第Ⅳ组与第Ⅵ组之间，其整体形态更接近第Ⅵ组遗物，其时代亦应属武帝后期而稍早于第Ⅵ组。第二阶段第Ⅶ组遗存与第一阶段的第Ⅵ组遗存有着时间上先后发展关系，属于这一组的M123已出土昭帝五铢钱，因此第Ⅶ组的年代大致属昭宣时期。

M210及M225仅出车轮而无其它陶器。M210出文帝四铢半两及武帝半两钱、M225出文帝四铢半两。其年代推定为武帝前期。

M412所出壶、小壶见于Ⅶ至Ⅸ1组，但据鼎盖则限于Ⅶ、Ⅷ组，再据所出铜钱仅见武帝五铢钱，则可归于第Ⅶ组中。

除上述各组合外，M218、M288、M431均出BaⅡ小口瓮，其形态与河南新乡火电厂所出Ⅱ式广肩罐相近，时代定在西汉晚期或稍早①。又BaⅠ式小口瓮的时代属西汉早期，BaⅢ式小口瓮的时代属于西汉晚期。综合分析，BaⅡ式小口瓮的时代大致推定在西汉中期。

第三期　包括Ⅷ、Ⅸ等两组。就仿铜陶礼器而言，从此组开始，盛极而衰，器形逐渐变小，第Ⅷ组及第Ⅸ1、Ⅸ2组的盒、壶基本沿袭了第Ⅶ组的体型，但鼎继续变小；第Ⅸ3组以后，盒、壶亦渐小。第Ⅷ组遗存及第Ⅸ1、Ⅸ2组的盒、壶的器盖仍为弧顶有铺首钮，至第Ⅸ3组已变为博山盖；第Ⅷ组遗存的鼎足仍有人面饰，但细节较之丙组变化较大，人面的嘴往往呈一字形或无，至第Ⅸ组鼎足变为蹲熊足；第Ⅷ组遗存及第Ⅸ1、Ⅸ2组的壶仍为高折曲状圈足，至第Ⅸ3组以后壶的圈足变矮，部分壶铺首下出现模印衔环。因此，本期第Ⅷ组及第Ⅸ1、Ⅸ2组为第一阶段，第Ⅸ3～Ⅸ5组为第二阶段。一中墓地第Ⅸ4组的M283出磨郭五铢钱，南阳丰泰小区墓地与一中第Ⅸ3组对应的M111出剪边五铢钱。磨郭尤其是剪边五铢钱一般都认为出现于西汉末期。故第Ⅸ3～Ⅸ5组遗存的年代可定在西汉晚期后段。第Ⅷ组遗存从器形及组合演变的序列上看，介于第Ⅶ组与第Ⅸ组之间，其时代大致属西汉晚期前段。其中第Ⅸ1、Ⅸ2组鼎的形态虽已发生变化，但盒、壶仍沿袭了第Ⅷ组的组合，因此其时代也定在西汉晚期前段，但应略晚于第Ⅷ组。第三期相对于之前各期有两个重大变化：其一是第Ⅷ组开始出现模型明器中的仓，但为数极少，还不普及；至第ⅩⅠ3组以后，仓、灶、井、圈、磨、鸡、鸭、狗以及奁、方盒等大量出现，全面流行。其二是从第Ⅸ3组开始，墓葬形态与结构发生变化，出现小砖结构的墓葬。

其中，M299所出的A型高温釉陶壶，与《广州汉墓》报告中的Ⅵ型①式壶形态相近，在广州汉墓中，此类墓可以从西汉中期延续到东汉前期②。所出B型高温釉陶壶，与广州南田路M4的3式壶及广州东山梅花村M8的A型釉陶壶形态基本相同，前者的时代在西汉后期③，后者的时代定在西汉中期中后段至西汉后期早段④。可以作为M299及其所出遗物时代为西汉晚期后段的佐证。

①、② 广州市文管会等：《广州汉墓》，文物出版社1981年。
③ 广州市文物考古研究所：《广州南田路古墓葬》，《华南考古》。
④ 广州市文物考古研究所：《广东东山梅花村八号墓发掘简报》，《广州文物考古集》。

M8所出遗物中，鼎、盒、壶形态不明，Ⅲ模型小壶其它各墓时代均属西汉晚期，而AaⅠ磨其它各墓的时代均在王莽时期，考虑到该墓还出小口瓮、车轮等，其时代推定在西汉晚期后段。因M152仅见BaⅢ小口瓮，故其时代亦推定在西汉晚期后段。

除上述相关组合墓葬外，还有一批仅出土罐、瓮类器物的墓葬，其年代可以确定在第三期。M35、M415同出AaⅢ双耳罐及ＡⅠ无耳矮领折沿罐，由于AaⅣ式双耳罐的时代为西汉晚期后段，因此AaⅢ式双耳罐的时代只能在此之前。ＡⅠ无耳矮领折沿罐在一中墓地中只有M24的时代较明确，属于王莽时期，但在南阳丰泰墓地中，此类罐除少量时代明确外，大部分只能定在西汉晚期。因此，综合分析，M35、M415的年代应属西汉晚期前段。而仅出ＡⅠ式无耳矮领折沿罐的M7、M214、M282、M310等4座墓葬的年代定为西汉晚期。又由于M7同出Ba大口瓮，因此M27的年代也定在西汉晚期。M156、M216出ＡⅡ无耳矮领折沿罐，时代大致推定在西汉晚期后段。

此外，M367所出遗物中，鼎、ＡⅡ无耳矮领折沿罐、方盒、灶、磨等可属西汉晚期后段，BⅡ仓则应属王莽时期。M243所出遗物中，AaⅠ无耳矮直领无沿罐及Bb小罐属于西汉晚期后段，其余各器属王莽时期。M294所出遗物中，ＡⅡ灶、AaⅡ井、AcⅠ式鸡的时代属王莽时期，Ⅰ式奁、AaⅠ式磨则属于西汉晚期后段。

第四期　包括第Ⅹ组。就仿铜陶礼器而言，器形较小，鼎无足，壶皆矮足，模印衔环。有盖者皆博山式。其中属于Ⅹ1组的M66出大泉五十及货泉，属Ⅹ2组的M215、M231出大泉五十，M176出货泉。其余各墓虽多不出王莽钱，但其所出遗物与前面这两组墓葬大多相同。故此组年代应属王莽时期。其中M240虽伴出ＡⅩ式鼎，且ＡⅡ灶也流行于第四期，但其余器类则部分可见于西汉晚期后段及王莽两个时期，部分只见于西汉晚期，因此综合而论，M240的年代定在西汉晚期后段。M24所出AaⅠ式印纹硬陶罐，与湖南衡阳凤凰山M6所出Ⅲ式硬陶罐相近，该墓所出铜钱为王莽大泉五十20枚，因此其时代应大致属王莽至东汉初年[①]。也是此期墓葬年代判定的一个佐证。

在此期中，还有几座墓葬因为合葬习俗，从而使其出土遗物可分为两组，时代也显示出王莽时期和东汉早期的不同。它们是：

M124：此墓除五铢钱属东汉早期外，其余均可定在王莽时期。

M130：此墓残存陶器中，B樽、Bb案及部分铜五铢钱大约属东汉早期，其余则属王莽时期。

M176：此墓残存陶器据其形态皆属王莽时期，但铜五铢钱则可至东汉中晚期。

M195：此墓残存陶器BⅡ灶、AaⅠ磨、Ab狗大约属王莽时期，其余则应属东汉早期。

---

① 衡阳市文物工作队：《湖南衡阳市凤凰山汉墓发掘简报》，《考古》1993年第3期。

M277：此墓残存陶器狗属王莽时期，其余东汉早期。

M325：此墓残存陶器除灶、鸡属东汉早期外，其余属王莽时期。

M342：此墓BⅠ灶、AaⅠ猪圈、AaⅠ狗应属王莽时期，而Ⅲ碗、Bb案、AaⅤ仓、AaⅡ磨等则属东汉早期。

M402：此墓残存陶器中，BⅧ盒、AbⅥ壶、AbⅦ壶、模型罐、Ⅰ奁、熏炉、A耳杯、BⅡ灶、Ab鸭大致属王时期。而AbⅡ双耳罐、Ⅲ方盒、Bb案、BⅢ仓、AbⅡ猪圈、AbⅡ磨、碓、AcⅡ鸡、铜东汉五铢钱则基本属东汉早期。

第五期　包括第Ⅺ组。此组墓葬组合较为完整的仅一座，因伴出有东汉早期的五铢钱，而且出土遗物多与第Ⅹ组遗存有先后的承继关系，故其时代可以定在东汉早期，但其中部分遗物因与第Ⅻ及ⅩⅢ组相同而应晚至东汉中期。

M73所出AaⅣ井晚于M256，AaⅡ磨及AcⅠ鸡则早于M256，且AbⅠ式双耳罐为王莽时期，而M73出AbⅡ双耳罐，故M73的时代应定在东汉早期。M196、M270出AbⅡ双耳罐，时代与M73相同。

M157出AaⅢ井及BⅢ灶，时代可以定在东汉早期偏早。

M21出AⅢ灶、BⅢ无耳矮直领无沿罐等，AⅢ灶与M256同，BⅡ式无耳矮直领无沿罐时代为王莽时期，BⅣ式无耳矮直领无沿罐时代定在东汉中期，故M21及同出BⅢ无耳矮直领无沿罐的M132、M154时代为东汉早期。

M106据五铢钱可定在东汉早期偏晚阶段。

M213所出四神器盖，在湖北枣阳[①]及荆门[②]都出土过完全相同的器形，其时代均定在东汉早期。M269与M213均出AaⅡ磨，其时代大致相当。

其中根据出土遗物的形态特征及与上下组的比较，M213、M269、M157的时代或略偏早，M256、M73、M196、M270、M21、M132、M154、M106的时代或略偏晚。但M256的部分遗物应属东汉中期。

第六期　包括第Ⅻ、ⅩⅢ组。此期两组相对此前的重大变化一是鼎已在组合中消失，二是出现人俑、牛、马等。其中第Ⅻ组所出壶及方盒与第Ⅺ组相同，所出奁、鸡等与第五期同类遗物有着承继关系。第ⅩⅢ组所出BaⅡ双耳罐与襄阳王坡M174所出BⅠ双耳罐相近，Bb双耳罐与湖北当阳岵家山BⅡ式平底双耳罐相近。前者时代定在东汉中期前段[③]，后者时代定在东汉中晚期[④]。第ⅩⅢ组的M189所出瓷碗，与湖南益阳县赫山庙M28所出青瓷碗完全相同，其时代定在东汉中期偏早[⑤]。M49伴出剪轮五铢钱。因此，

① 徐正国等：《湖北枣阳市沙河南岸汉墓的清理》，《考古》2001年第6期。
② 荆门市博物馆：《荆门市玉皇阁东汉墓》，《江汉考古》1990年第4期。
③ 湖北省文物考古研究所等：《襄阳王坡东周秦汉墓》，科学出版社2005年。
④ 湖北省宜昌博物馆：《当阳岵家山楚汉墓》，科学出版社2006年。
⑤ 湖南省博物馆等：《湖南益阳战国两汉墓》，《考古学报》1981年第4期。

第六期的时代可以定在东汉中期。其中第ⅩⅡ组遗存或略偏早，第ⅩⅢ组遗存或略偏晚。

M25所出人俑与ⅩⅢ组相同，且M25所出瓷罐与江苏邗江甘泉M2所出瓷罐基本相同，其时代定在东汉明帝时期[①]。而M25所出AaⅡ印纹硬陶罐，与湖南大庸卫校M1所出硬陶瓮形态相同，其时代定在东汉晚期[②]。综合分析，M25的年代定在东汉中期。

三 铜容器型式组合与年代分析

（一）器物型式组合

甲组：7座。以A型鼎为核心。分二组。

Ⅰ组：3座。以AⅠ鼎为核心。分三小组。

Ⅰ1组：1座。AⅠ铜鼎、Ⅰ铜钫、Ba铜勺。包括M293。

Ⅰ2组：1座。AⅠ铜鼎、Ⅱ铜钫、Bb铜勺、C铜勺。包括M204。

Ⅰ3组：1座。AⅠ铜鼎。包括M222。

Ⅱ组。4座。以AⅡ鼎为核心。分三小组。

Ⅱ1组 1座。AⅡ铜鼎、Ⅱ铜钫、Ba铜勺、铜灯。包括M351。

Ⅱ2组 3座。AⅡ铜鼎、Ⅲ铜钫、铜勺。包括M114（C铜勺）、M278（Ab铜勺）。

Ⅱ3组 1座。AⅡ铜鼎、Ⅲ铜钫、铜盉、Ba铜勺。包括M403。

乙组：5座。以B型鼎为核心。分三组。

Ⅰ组 1座。B铜鼎、Ⅱ铜钫、A铜盆、铜勺。包括M292。

Ⅱ组 3座。B铜鼎、Ⅲ铜钫组合。包括M16（同出Ab铜勺）、M116（同出Ba铜勺）、M306（同出铜卮）。

Ⅲ组 1座。B铜鼎、Ⅲ铜钫、铜盉、Aa铜勺。包括M64。

丙组：2座。铜鍪。

Ⅰ组：1座。Ⅰ铜鍪、Ab铜勺。包括M110。

Ⅱ组：1座。Ⅱ铜鍪＋AaⅢ壶。包括M208。

丁组：1座。铜钵。包括M130。

戊组：2座。铜盆。

A、C铜盆＋陶器Ⅷ2组。包括M411。

B铜盆、C铜勺。包括M412。

① 南京博物院：《江苏邗江甘泉二号汉墓》，《文物》1981年第11期。
② 湖南省文物考古研究所等：《湖南大庸东汉砖室墓》，《考古》1994年第12期。

（二）年代分析。

甲Ⅰ组中，M293所出AⅠ式鼎与湖北云梦M46所出铜鼎相近，但其足略细高，年代定在战国晚期[1]。湖北郧阳中学菜园M308所出铜鼎也与一中墓地AⅠ式铜鼎相近，时代战国末至西汉早期[2]。南阳一中墓地所出Ⅰ式铜钫，与河南陕县M2001所出相近，其时代为定在秦至汉初[3]。M204所出Ⅱ式铜钫与云梦大坟头所出铜钫及襄阳王坡Ⅱ式铜钫相近，其时代分别定在西汉早期[4]及西汉早期前段[5]。

甲Ⅱ组中，AⅡ式铜鼎与河南泌阳县大曹庄M5[6]、官庄M3[7]，淅川马川秦墓[8]，湖北江陵扬家山M35[9]、湖北云梦M47[10]、湖北荆州高台M5、M9[11]，湖北张家山M249[12]，陕西汉中安中机械厂M2[13]、陕西旬邑转角[14]、陕西武功史新砖瓦厂[15]等所出铜鼎相同或相近，而它们的时代判定，则从战国晚期、秦代至于西汉文景之时。

综上，甲组铜器的时代基本可以确定在西汉早期的前段，其中M29的铜鼎或可早至战国末至秦代。而甲Ⅰ3组因与C小口瓮同出，说明其延用至西汉晚期的前段。

乙组中，B型铜鼎与河南三门峡火电厂M21、M25[16]，山西襄汾司马村[17]、榆次王湖岭M6[18]等所出铜鼎及襄阳王坡[19]Ⅰ式铜鼎相同或相近，其时代定在秦代至西汉早期。据此，乙组铜器的年代可定在西汉早期前段。

丙组中，Ⅰ式铜鉴与湖北云梦M47[20]，荆州高台M21、M37[21]，河南泌阳官庄M3北室所出铜鉴[22]相同，其时代分别定在西汉初年或西汉早期晚段。我们将一中墓地Ⅰ式铜鉴的年代定在西汉早期前段。Ⅱ式铜鉴与AaⅢ式陶壶同出，其时代可以确定在武帝后期。

丁组的铜钵，据其同墓所出陶器有王莽及东汉早期两个时代，而与其形态相近的湖南大庸三角坪M44所出铜盆，时代定在王莽时期[23]。湖南资兴M132所出铜碗，其时代定

① 湖北省博物馆：《1978年云梦秦汉墓发掘报告》，《考古学报》1986年第4期。
② 中国社会科学院考古研究所长江队：《湖北郧县东周西汉墓》，《考古学集刊》6。
③ 中国社会科学院考古研究所：《陕县东周秦汉墓》，科学出版社1994年。
④ 湖北省博物馆等：《湖北云梦西汉墓发掘简报》，《文物》1973年第9期。
⑤ 湖北省文物考古研究所等：《襄阳王坡东周秦汉墓》，科学出版社2005年。
⑥ 河南省文研所等：《河南泌阳县发现一座秦墓》，《华夏考古》1990年第4期。
⑦ 驻马店地区文管会等：《河南泌阳秦墓》，《文物》1980年第9期。
⑧ 淅川县文管会：《淅川县马川秦墓发掘简报》，《中原文物》1982年第1期。
⑨ 湖北省荆州地区博物馆：《江陵扬家山135号秦墓发掘简报》，《文物》1993年第8期。
⑩ 湖北省博物馆：《1978年云梦秦汉墓发掘报告》，《考古学报》1986年第4期。
⑪ 湖北省荆州博物馆：《荆州高台秦汉墓》，科学出版社2000年。
⑫ 荆州地区博物馆：《江陵张家山三座汉墓出土大批竹简》，《文物》1985年第1期。
⑬ 赵化成：《陕西汉中市清理两座西汉前期墓》，《考古与文物》1982年第2期。
⑭ 卢建国：《陕西铜川发现战国铜器》，《文物》1985年第5期。
⑮ 吴镇烽等：《记武功县出土的汉代铜器》，《考古与文物》1980年第2期。
⑯ 三门峡市文物工作队：《河南三门峡市火电厂西汉墓》，《考古》1996年第6期。
⑰ 陶富海：《山西临汾县出土一批秦代铜器》，《考古》1986年第5期。
⑱ 王克林：《山西榆次古墓发掘记》，《文物》1974年第12期。
⑲ 湖北省文物考古研究所等：《襄阳王坡东周秦汉墓》，科学出版社2005年。
⑳ 湖北省博物馆：《1978年云梦秦汉墓发掘报告》，《考古学报》1986年第4期。
㉑ 湖北省荆州博物馆：《荆州高台秦汉墓》，科学出版社2000年。
㉒ 驻马店地区文管会等：《河南泌阳秦墓》，《文物》1980年第9期。
㉓ 湖南省考古所等：《1986～1987大庸城区西汉墓发掘报告》，《湖南考古辑刊》第5辑。

在东汉早期[①]。因此丁组的时代为王莽至东汉早期。

戊组中，两座墓葬均有陶器同出，其时代一为昭宣时期，一为西汉晚期前段。

四　一中墓地分期与年代

在前面的二、三两节中，我们分别对南阳一中墓地陶器及铜器组合进行了典型型式组合归纳，并就其年代进行了分析。以下我们结合上述分析，对南阳一中墓地进行整体分期所年代归纳，将南阳一中墓地分为六期十二段。

第一期　战国末至西汉早期　分为三段。

第一段　战国末至西汉初。本段流行AⅠ鼎，AbⅠ壶，A钫，Ⅰ模型小壶，Ab无耳高领折沿罐，AⅠ小口瓮；AⅠ铜鼎，Ⅰ铜钫，龙纹铜镜、螭凤纹铜镜。包括M77、M219、M237、M293、M295等5座墓葬。

第二段　西汉早期前段，高祖至吕后时期。本段新出现流行AⅡ鼎，BⅠ、BⅡ盒，AaⅠ、AbⅡ壶，BaⅠ小口瓮，AaⅠ双耳罐，Aa、BbⅠ、C无耳高领折沿罐，Ⅰ钵，杯，B车轮；AⅡ、B铜鼎，Ⅱ、Ⅲ铜钫，Ⅰ铜鉴，铜盂，铜卮，Aa、Ab、Ba、Bb、C铜勺，铜灯，连弧纹铜镜、B蟠螭纹铜镜、CⅠ蟠螭纹铜镜、A凤鸟纹铜镜、AⅡ兽纹铜镜、Cb蟠虺纹铜镜，铜半两钱。前段流行至本段的器物有Ⅰ模型小壶，AⅠ铜鼎，螭凤纹铜镜。包括M16、M47、M64、M110、M112、M114、M116、M128、M129、M133、M168、M170、M174、M204、M233、M236、M266、M278、M289、M292、M306、M351、M403、M433、M445等25座墓葬。

第三段　西汉早期后段，文帝、景帝时期。本段新出现流行AⅢ鼎，A盒，A大口瓮。前段流行至本段的器物有AaⅠ、AbⅡ壶，Ⅰ模型小壶。包括M18、M160、M165、M262、M380、M430等6座墓葬。

此外，属于第一期第二、三段而不能确定为具体某一段的墓葬有M19、M102等2座。

第二期　西汉中期　分为三段。

第四段　武帝前期，元狩五年铸行五铢钱以前。本段新出现流行AⅣa、AⅣb、AⅣc鼎，BⅢ盒，AaⅡ、AbⅢ壶，B钫，Ⅱ模型小壶，AaⅡ双耳罐，Ⅱ钵，A、C车轮，模型狗；四山纹铜镜、羽纹铜镜、AⅠ兽纹铜镜、Ba凤鸟纹铜镜、Ⅰ草叶纹铜镜、Ⅱ草叶纹铜镜，铜半两钱；铁剑。前段流行至本段的器物有BⅡ盒，Ⅰ模型小壶，B车轮；A凤鸟纹铜镜。包括M22、M23、M36、M50、M96、M210、M225、M247、

① 湖南省博物馆：《湖南资兴东汉墓》，《考古学报》1984年第1期。

M249、M268、M304、M339、M436等13座墓葬。

第五段　武帝后期，元狩五年铸行五铢钱以后。本段新出现流行AⅤ、AⅥ鼎，BⅣ盒，AaⅢ壶，Ba、BbⅠ、BbⅡ小壶；Ⅱ铜鍪、A蟠螭纹铜镜、Ba花叶纹铜镜、Bb花叶纹铜镜、Ⅲ草叶纹铜镜，铜五铢钱。前段流行至本段的器物有AbⅢ壶，BⅢ盒，Ⅱ模型小壶，模型狗，A、B、C车轮；四山纹铜镜、羽纹铜镜、连弧纹铜镜。包括M1、M41、M53、M69、M207、M208、M217、M224、M290、M296、M326、M360、M395、M413、M432、M441等16座墓葬。

第六段　昭帝、宣帝时期。本段新出现流行AⅦ鼎，BⅤ盒，AbⅣ壶，BbⅢ小壶；B铜盆，Ca蟠虺纹铜镜、A星云纹铜镜，铜五铢钱。前段流行至本段的器物有BⅣ盒，Ⅱ钵，B车轮；Ⅰ草叶纹铜镜。包括M123、M127、M221、M229、M308、M412等6座墓葬。

此外，属第二期而不能具体定为某一段的墓葬有M218、M288、M431等3座墓葬，主要伴出BaⅡ小口瓮。

第三期　西汉晚期　分为二段。

第七段　西汉晚期前段，约相当元帝时期。本段新出现流行AⅧa、AⅧb鼎，BⅥa、BⅥb盒，Ⅲ模型小壶，Bb小口瓮，AaⅢ双耳罐，AⅠ无耳矮领折沿罐，Aa、Bb小罐，AaⅠ仓；铜釜，C铜盆，铜觚形杯，A花叶纹铜镜、B蟠虺纹铜镜、B星云纹铜镜、BⅠ铭文铜镜，铜五铢钱。本阶段出现但主要流行于下一阶段的器物有AⅨ鼎。前段流行至本段的器物有AbⅣ壶，BbⅢ小壶；AⅠ铜鼎，Ⅰ草叶纹铜镜、Ⅱ草叶纹铜镜、A星云纹铜镜。包括M35、M44、M56、M71、M72、M173、M222、M223、M300、M338、M411、M415、M417、M421等14座墓葬。

第八段　西汉晚期后段，约当成帝、哀帝、平帝时期。本段新出现流行AⅨ、B鼎，BⅦ、C盒，AbⅤ、AbⅥ壶，AⅡ、BaⅢ小口瓮，AaⅣ双耳罐，BaⅠ、BbⅡ无耳高领折沿罐，AⅡ无耳矮领折沿罐、AaⅠ、Ab、BⅠ无耳矮直领无沿罐，Ab、Ba小罐，Ⅰ瓿，Ⅰ方盒，Ca盘，A耳杯，Aa熏炉，A灯，AaⅡ、BⅠ仓，AⅠ灶，AaⅠ井，AbⅠ、C猪圈，AaⅠ、AbⅠ、BⅠ磨，Aa、B鸡，B鸭，AaⅠ、Ab狗；B印纹硬陶罐；A、B高温釉陶壶；铜灯，B兽纹铜镜、CⅡ蟠螭纹铜镜、BⅡ铭文铜镜、Bb凤鸟纹铜镜，铜五铢钱。前段流行至本段的器物有Ⅲ模型小壶，Bb小口瓮，Bb小罐，AaⅠ仓；BⅠ铭文铜镜。流行于后段而本段出现的器物有AⅩ鼎、BⅧ盒、AⅡ灶。包括M3、M6、M8、M9、M10、M20、M48、M58、M61、M118、M119、M152、M156、M177、M216、M240、M243、M267、M276、M283、M294、M299、M322、M334、M367、M371、M396、M399、M406、M434、M447等31座墓葬。其中M243、M294、M367的部分遗物属于第四期即王莽时期。

此外，属于西汉晚期而不能分段的墓葬还有M7、M27、M214、M282、M310等5座墓葬。主要伴出AⅠ无耳矮领折沿罐及Ba大口瓮。

第四期　王莽至东汉初年

第九段。本段新出现流行AⅩ鼎，BⅧ盒，AbⅦ、Ba壶，AbⅠ、BaⅠ双耳罐，BaⅡ无耳高领折沿罐，AaⅡ、BⅡ无耳矮直领无沿罐，A樽，Ba案，B耳杯，Cb盘，Ⅱ、Ⅲ方盒，Ⅱ碗，AaⅢ、AaⅣ、BⅡ仓，AⅡ、BⅠ、BⅡ灶，AaⅡ井，AaⅠ猪圈，AaⅡ狗，Ab、AcⅠ鸡，Ab鸭；AaⅠ、Ab印纹硬陶罐；A铭文铜镜，博局四神纹铜镜，铜货泉、铜大泉五十。前段流行至本段的器物有AⅨ鼎，AbⅤ、AbⅥ壶，BbⅡ无耳高领折沿罐，Bb小罐，Ⅰ奁，Ⅰ方盒，A耳杯，AⅠ灶，AaⅠ井，AbⅠ猪圈，AaⅠ、AbⅠ磨，AaⅠ、Ab狗，Aa鸡，。包括M12、M14、M24、M40、M51、M52、M66、M91、M92、M124、M130、M150、M171、M176、M188、M195、M199、M215、M228、M231、M239、M246、M260、M264、M277、M307、M318、M325、M329、M332、M342、M381、M402、M428、M442等35座墓葬。其中M124、M130、M195、M277、M325、M342、M402部分遗物属东汉早期，M176所出钱币属东汉中晚期。

第五期　东汉早期　分二段。

第十段　东汉早期前段，约当光武帝时期。本段新出现流行Bb壶，B无耳矮领折沿罐，Ⅱ奁，Ⅳ方盒，Ⅲ碗，Bb案，四神器盖，AaⅤ仓，AⅢ、BⅢ灶，AaⅢ井，AaⅡ猪圈，AaⅡ磨，AaⅢ狗，AcⅡ鸡。前段流行至本段的器物有B耳杯。包括M157、M213、M269，以及M195、M277、M325、M342的部分遗物。

第十一段　东汉早期后段，约当明帝、章帝时期。本段新出现流行AⅪ鼎，AbⅧ壶，双鼻壶，A小壶，B樽，Ab熏炉，Ca盘，BaⅢ无耳高领折沿罐，BⅢ无耳矮直领无沿罐，AbⅡ双耳罐，B熏炉，Ab、BⅢ、BⅣ仓，AaⅣ井，AbⅡ、B猪圈，AbⅡ、BⅡ磨，碓，Ac、BⅠ狗，AcⅢ鸡。前段流行至本段的器物有Ⅱ奁、Ⅳ方盒、Bb案、A耳杯，AⅢ灶，AaⅢ井，AaⅡ磨；博局四神纹铜镜。包括M21、M73、M106、M132、M154、M196、M256、M270以及M124、M130、M402的部分遗物。

第六期　东汉中期

第十二段　约当和帝至桓帝之间。本段新出现流行BⅨ、BⅩ盒，AbⅧ壶，Ⅲ奁，BaⅡ、Bb双耳罐，BⅣ无耳矮直领无沿罐，Ⅲ钵，B灯，A案，AaⅥ仓，异灶，Ab、B井，AaⅢ磨，BⅡ狗，Aa、Ab、Ac、Ad、B、C人俑，马，牛，兕，镇墓兽，BⅡ狗；AaⅡ印纹硬陶罐；瓷罐，瓷碗；C凤鸟纹铜镜。前段流行至本段的器物有Ⅳ方盒，Ba、Bb案，AaⅣ井，BⅡ磨，AcⅢ鸡。包括M11、M25、M39、M49、M101、M189、M384，以及M256的部分遗物。其中M101仅出铜钱，据其所出最晚钱币的时代，大致可以确定在此期（图一五六）。

第四章　分析与研究

一　文化内涵

（一）文化因子分析

1. 主要文化因子的分类

在第三章中，我们选取了一中墓地出土陶器器类组合较为明确的133座墓葬，分析了它们呈现出来的各类陶器组合关系，结合第二章对器物的型式分析结果，我们可以观察到一中墓地存在着以下几组有代表性的文化因子。

第一组　双耳罐。双耳罐有A、B两型，以A型为主。A型双耳罐约三分之二单独或与其它罐类器用于陪葬，三分之一与仿铜陶礼器、模型明器等同出。

第二组　A型无耳矮领折沿罐。无耳矮领折沿罐分A、B两型，其中B型仅一件。A型无耳矮领折沿罐多数情况下都是单出，或与双耳罐、无耳矮直领无沿罐、瓮等同出。偶见与仿铜陶礼器、模型明器同出者。

第三组　小口瓮，以及铜鍪等。小口瓮少数为单独出土，多数与仿铜陶礼器及模型明器同出。

第四组　鼎、盒、壶为核心的仿铜陶礼器组合。

第五组　以仓、灶、井、磨、猪圈等为核心的模型明器组合。

第六组　印纹硬陶罐。数量不多，皆与仿铜陶礼器或模型明器同出。

第七组　高温釉陶壶。仅见于一座墓葬中。

第八组　青瓷器。数量少，仅见罐、碗。

2. 主要文化因子的性质分析

第一组的双耳罐，东周以来在河南南阳、湖北各地广泛流行，湖南、安徽等地也有所见。但从分布范围的集中情况分析，鄂西北地区应该是此类遗存的中心区。因此，此类遗存应属东周楚文化范畴内的地方文化因子。

第二组的A型无耳矮领折沿罐，其显著特征是肩腹相交处一周极宽的凹槽。此类遗存在一中墓地只见于西汉晚期，而在南阳牛王庙墓地于西汉中期偶有发现。目前我们还未发现与之相近的成规模的材料，其来龙去脉暂时无法确知。目前暂且将其定义为汉代南阳地方文化因子。

第三组的小口瓮，分A、B两型。其中A型小口瓮多见于湖北地区。B型小口瓮除普遍流行于关中地区外，战国晚期至西汉时期还较多地见于河南地区。此类遗存属于秦文化的渊源，在学界已是公认的事实。目前在关东各地发现铜鍪的这类遗存，也是由秦在统一东方六国的过程带来的新的文化因子。

第四组仿铜陶礼器组合中，陶鼎的浅腹矮足盖无钮的特点，与楚地各类鼎的风格不相吻合，而与北方中原地区战国晚期鼎的形态相类。因此，其渊源应来自于北方中原地区。陶盒一般平底，有圈足者极少，器盖有抓手，且器身器盖往往于口、腹部饰凹弦纹，这类形态及纹饰特征的陶盒，多见于关中秦墓中。例如《西安北郊秦墓》①、《西安尤家庄秦墓》②等报告中战国晚期至汉初的陶盒，多具上述特征。但一中墓地的这类陶盒，在形态上与上述地区陶盒又并非完全相同。因此，一中墓地陶盒应该是上述文化的影响下，在南阳本地形成的一类遗存。组合中的A型壶，其渊源则是楚文化，湖北江陵九店战国晚期的部分圈足壶③，与之总体形态相近，尤其是颈、肩、腹部都有多周凹弦纹。这类陶壶在河南淅川还有更早的形态。淅川徐家岭M6，年代大致属战国中期④，所出陶壶形态与江陵九店战国晚期部分圈足壶更为接近，其颈、肩、腹部各一组，每组三周凹弦纹。一中墓地A型壶因其出现的最早年代为西汉早期前段，体型略显矮胖，与上述材料之间略有缺环，但其形态的总体特征与纹饰风格与上述陶壶还应是一脉相承的。B型壶的早期形态除盘口结构外，具有明显的仿战国铜壶的特征⑤。就形态特征而言，与中原式及楚式战国中晚期铜壶皆有相似之处，但其器身所饰凸起于壶面的宽弦纹带，则具有中原式铜壶特征。不过此型壶在进入西汉早期以后，就逐渐被A型壶所同化，除盘口特征依旧外，无论是器物形态，还是纹饰特征两者都基本相同了。因此，第四组遗存是吸收了战国中原文化、秦文化、楚文化等的影响，并融入自身文化而产生的一类组合。

第五组模型明器组合，其核心器类是仓、灶、井，另外常见的有猪圈、磨、狗、鸡、鸭等，一般都与仿铜陶礼器同出。此类遗存从器类上观察，是受汉代中原文化的影响而产生的，其器物形态的基本特点也与洛阳等地同类器相似，但在细节上则各有自己的特点。这是大一统政治局面对文化产生影响造成的结果。

第六组的印纹硬陶罐，从质地、纹饰以及器物形态分析，都与流行于湖南地区的印纹硬陶罐性质相同，有的在形态上几乎完全一致，时代上也基本吻合或相近。如M24所出Aa I 式印纹硬陶罐，与湖南衡阳凤凰山M6所出Ⅲ式硬陶罐相近，该墓所出铜钱为王

---

① 陕西省考古研究所：《西安北郊秦墓》，三秦出版社2006年。
② 陕西省考古研究院：《西安尤家庄秦墓》，陕西科学技术出版社2008年。
③ 湖北省文物考古研究所：《江陵九店东周墓》，科学出版社1995年。
④ 湖北省文物考古研究所等：《淅川和尚岭与徐家岭楚墓》，大象出版社2004年。
⑤ 刘彬徽先生对此曾有分析。他认为："楚壶弦纹多呈内凹状，而中原地区则多凸起于壶表，这也反映了南北风格的差异。"（刘彬徽：《楚系青铜器研究》第175页，湖北教育出版社1995年）。

莽大泉五十20枚，因此其时代应大致属王莽至东汉初年①。M25所出AaⅡ印纹硬陶罐，与湖南大庸卫校M1所出硬陶瓮形态相同，其时代定在东汉晚期②。M3所出B型印纹硬陶罐，与湖南资兴旧市M218所出Ⅱ式陶瓮基本相同，其时代为王莽时期③。因此，此类遗存是南阳地区传入的汉代湖南地方文化因子。

第七组的高温釉陶壶，属于汉代岭南地区文化传播的结果。M299所出A、B型高温釉陶壶，频见于广州地区的汉墓之中，且时代也与M299所出基本相同。如《广州汉墓》报告中的Ⅵ型①式壶与一中A型高温釉陶壶相近④，广州南田路M4所出3式壶⑤、广州东山梅花村M8所出A型釉陶壶⑥与一中B型高温釉陶壶形态基本相同。因此，此类遗存产自岭南，因贸易等原因而进入南阳地区。

第八组的青瓷器，有罐、碗两类。其中M25所出瓷罐，与江苏邗江甘泉M2所出瓷罐基本相同，时代相近⑦。M189所出瓷碗，与湖南益阳县赫山庙M28所出青瓷碗完全相同，时代亦一致⑧。因此，此类遗存追根溯源，应来自汉代长江下游的江浙地区。

（二）文化进程

南阳一中墓地文化演进轨迹：

南阳一中墓地在最初阶段只有寥寥数座墓葬，不便于进行深入分析。

在整个西汉时期，一中墓地随葬陶器中，一直是仿铜陶礼器传统、双耳罐传统、小口瓮传统三者并行，但其中强弱分明，彼此地位并不在同一水平线上。

仿铜陶礼器传统占据着绝对统治地位，如滔滔大江，奔涌前行，势不可挡。在这期间，从西汉早期至西汉晚期前段，仿铜陶礼器传统遵循着以鼎、盒、壶为核心组合的规范，少有出格者。从西汉晚期后段开始，这一规范开始松驰，器类组合常有不完整的现象发生。东汉早期以后，完整的鼎、盒、壶组合已不再存在，东汉中期鼎这类器物开始消失，东汉晚期盒也随之消亡。其中，西汉早期的仿铜陶礼器组合以鼎、盒、壶、模型壶为多见，但也有少量为鼎、盒、壶。武帝前期鼎、盒、壶、模型壶仍为基本组合，偶见鼎、盒、壶、小壶者。武帝后期，鼎、盒、壶、小壶的组合开始占上风，为6∶3。昭宣时期只见鼎、盒、壶、小壶。西汉晚期前则主要是鼎、盒、壶、模型壶。西汉晚期晚段至王莽时期，小壶及模型壶基本不见，比较多地出现以小罐代替的现象。

双耳罐传统及小口瓮传统则如涓涓细流，虽然弱小但仍绵绵不绝。其中，在西汉

---

① 衡阳市文物工作队：《湖南衡阳市凤凰山汉墓发掘简报》，《考古》1993年第3期。
② 湖南省文物考古研究所等：《湖南大庸东汉砖室墓》，《考古》1994年第12期。
③ 湖南省博物馆等：《湖南资兴西汉墓》，《考古学报》1995年第4期。
④ 广州市文管会等：《广州汉墓》，文物出版社1981年。
⑤ 广州市文物考古研究所：《广州南田路古墓葬》，《华南考古》。
⑥ 广州市文物考古研究所：《广东东山梅花村八号墓发掘简报》，《广州文物考古集》。
⑦ 南京博物院：《江苏邗江甘泉二号汉墓》，《文物》1981年第11期。
⑧ 湖南省博物馆等：《湖南益阳战国两汉墓》，《考古学报》1981年第4期。

早期，随葬双耳罐的墓葬占总数的15.15%，随葬小口瓮的墓葬占总数的3.03%；西汉中期，随葬双耳罐的墓葬占总数的7.89%，随葬小口瓮的墓葬占总数的7.89%；西汉晚期，随葬双耳罐的墓葬占总数的12%，随葬小口瓮的墓葬占总数的14%；王莽时期，随葬双耳罐的墓葬占总数的17.14%；东汉时期，小口瓮消失，随葬双耳罐的墓葬占总数的33.33%。

过程中，双耳罐及小口瓮在多数情况下为单出，少数与仿铜陶礼器同出。这其中又有两种情况。在西汉早、中期，双耳罐与小口瓮及仿铜陶礼器同出的情况只有一座墓葬。在这座墓葬中，仿铜陶礼器的鼎、盒、壶齐全。我们认为，这种情况反映的是仿铜陶礼器传统对双耳罐及小口瓮的接纳。西汉晚期，双耳罐与小口瓮与仿铜陶礼器同出的情况略多，但仿铜陶礼器的器类往往不全。我们认为，这种情况反映的是双耳罐与小口瓮传统对仿铜陶礼器的接纳，这种器类不全的现象，一方面可能是由于双耳罐与小口瓮传统并未完全遵循仿铜陶礼器的文化传统，因而对器类的选择带有随意性。另一方面此时的仿铜陶礼器传统本身的制度在松驰与瓦解之中，仿铜陶礼器传统本身在随葬过程中也已出现器类不全的情况。

从西汉晚期开始，一中墓地呈现出一片繁荣景象。原有的仿铜陶礼器文化继续强势，双耳罐与小口瓮的传统依然在顽强延续。又出现一类肩部有一道凹槽的陶罐，这类遗存除偶见与仿铜陶礼器及双耳罐同出外，基本上是单出。受中原洛阳等地的影响，模型明器中的仓、灶、井盛行，其它如猪圈、磨、狗、鸡等亦开始出现。南方地区的印纹硬陶罐、高温釉陶壶开始影响到这一地区。

王莽时期基本沿袭西汉晚期后段的情形，但双耳罐出现新形态。奁、方盒、猪圈、磨、狗、鸡、鸭大量盛行。案、耳杯、熏、灯开始出现。这种情形一直沿续至东汉早期。

东汉中期开始，出现人俑、牛、马等。长江下游的青瓷器文化传统亦开始进入这一地区。

二　遗迹遗物特点

（一）墓葬形制
南阳一中墓地土坑竖穴墓从形状到结构，与各地同类墓并无明显差别，砖室墓则颇具特征。因此，我们主要讨论砖室墓的形制特征。

1. 建筑方式
南阳地区汉代的砖室墓，有一个特点：即中小型墓的修建，是先挖一个不带墓道的竖穴土坑，然后在坑中修筑砖室，砖墓的四壁与墓圹间的空隙不过数十厘米而已。据在发掘现场的观察，墓室两端根本看不出有门的结构。因此，砖室的砌筑过程是四壁同时一层层向上垒砌，并不存在门的设置。墓室四壁垒砌到起券高度后，将葬具及死者由墓顶放入墓中，然后再行封顶。当然，为数不多的大型墓葬则一般都有墓道，也就会有门的结构存在，死者经由墓道、墓门进入墓室。

墓壁砌法，除普通常见的错缝平铺直砌的方法外，从西汉晚期开始，即出现了几顺一丁的砌筑方式，有一顺一丁、二顺一丁、三顺一丁等多种砌法。而在其它地区，此类砌法一般见于东汉晚期以后。

一中墓地砖室墓的铺地砖，有竖排错缝平铺、横排对缝平铺、方砖对缝平铺、人字形平铺等不同形式。以竖排错缝平铺为多，人字形铺地砖多见于东汉以后。

2. 墓葬形状与结构

南阳一中墓地73座形制结构较为明确的汉代砖室墓，包括长方形单室券顶墓、前后结构双室墓、双室并列券顶墓、三室并列券顶墓、横前堂前后室券顶墓、前后室穹窿顶墓等。

长方形单室墓是主流形态，共39座，占全部总数的53.42%。此类墓葬的特点是，有三分之一的墓葬是墓底一端低于另一端10～20厘米，器物一般均放置在低的一端，形成一个主室加器物室的结构。

双室及三室并列结构，是南阳汉墓较有特点的一类墓型，在一中墓地中的数量也不少，两者相加25座，占全部总数的34.25%。此类并列的双室或三室，各室独立，各有自己的券顶。在形状、大小、结构、砌筑方式等方面则完全相同。各室间于隔墙上设券门彼此相通。而且多数墓葬的墓底亦呈一端高一端低的结构。

一中墓地的横前堂墓，最早出现于王莽时期，较之洛阳等北方地区此类墓型出现的时间要早。

（二）器物形态

1. 南阳一中墓地仿铜陶礼器的器形，有一个由小到大，再由大到小的演化轨迹；制作工艺，有一个由粗及精，由简到繁，再到粗而简的变化过程。

器形方面，从战国末到西汉昭宣时期，各器类处在一个同步逐渐变大的上升阶段，这一过程大致在武帝后期及昭宣时期达到顶峰，但各器类在演进的同步性上较南阳丰泰小区墓地要差。西汉晚期前段开始，器形开始逐渐变小，直至东汉时期，各类随葬品皆明器化。

制作工艺方面，战国末至武帝前期，器物的色泽多偏黄灰色，火候偏低易碎，质地粗糙，器表装饰简单。武帝后期开始，器物一般都呈深灰色，火候略高，器表一般都经打磨修整，光滑平整。器表装饰渐趋丰富，而尤以器盖表面的装饰极具特色，昭宣时期开始盖顶出现铺首钮、人面钮、四叶钮等钮饰。西汉晚期后段，鼎、盒、壶均变为博山盖，盖面模制各类人物、动物、树木纹饰，一般都十分清晰。王莽以后，博山盖盖面仍为上述模制纹饰，但开始模糊不清，至东汉以后，盖面纹饰基本上已看不出来了。

2. 南阳一中墓地随葬的陶器中，有些器类在形态或装饰方面的设计上非常具有特点，显示出南阳地区汉代人们独特的审美观念与文化思维。

一中墓地的陶鼎，在早期阶段，其形态特征与其它地区基本相似，从武帝前期开始，鼎足根部施以人面形装饰。人面饰五官清晰，须眉齐具，整体造型生动逼真，不同时期在细节上加以变化。这一装饰特点对周边区域产生非常大的影响。

肩上有一道宽凹槽的矮领折沿罐，是一类不见于其它地区的遗物。流行于西汉晚期。其来龙去脉目前都还不能确定，但是非常有特点。

一中墓地各类器物的器盖，共有三种形态。一种是弧顶盖，这种器盖非常普遍地流行各地。第二种是有圈足状抓手，这类器盖在早期与各地所见此类器盖基本相同，并无特殊之处，从昭宣时期开始显现出与众不同的地方，就是在盖顶普遍出现各种形态的钮饰，其中常见的是铺首状盖钮，这种器钮是两个铺首相对，鼻部相合形成小盖钮，铺首的头面形成钮座，原来的圈足状抓手逐渐退化为一道凸棱。此外还可见到人面钮等。第三类是博山盖，这种器盖的盖面分上下数周模印有山峦、树木、人物、动物等形象，其中动物类图案可辨者有狗、马、牛、鹿、虎、兔、象、骆驼等，并可见生产、狩猎等场面。盖顶亦往往有蟾蜍钮、盘龙钮、方块形钮等钮饰。

南阳一中墓地的陶仓，无论无足无足，其形态都与洛阳等地的同类器基本相似，但是仓门的装饰则颇具特色。最初的陶仓无仓门，稍晚逐渐出现以两条阴线刻划门的形态，并进而以阴线划出方形仓门，在仓门上及两侧模印门栓及插销。随后简化为以圆孔代表仓门，最后仓门结构消失。

南阳一中墓地的陶灶为长方体，这种形态的陶灶在各地并不鲜见，但丰泰墓地的陶灶往往无灶面两端设计有挡火墙，挡火墙的墙面上均模印有纹饰，简单的内容有双阙，复杂的有一人端坐亭中；两人对座于伞盖下，身后各拴一条咆哮的狗等场景。

一中墓地的陶井，其形态与许多地区的相似，但其最初阶段的井，唇缘下垂极甚，从外侧观之唇极厚，并往往模印鱼、蛙、菱形、逗点等各类纹饰，很有特点。

此外，以陶质模型车轮指代车马，也是南阳一中汉墓中颇具地方特色的一类遗物。出现于西汉早期，流行于西汉中期，西汉晚期逐渐消失。

（三）器物组合

1. 南阳一中墓地的陶器组合，有一个由器类不多，组合统一，发展到器类繁多，组合多变的过程。

在战国末至西汉早期，陶器器类有鼎、盒、壶、模型小壶、双耳罐、无耳折沿高领罐、小口瓮、大口瓮、车轮等。器类组合以仿铜陶礼器的组合为主，其次有双耳罐组合、无耳高领罐组合，此外偶见小口瓮、大口瓮等组合。各种罐、瓮类组合一般非常简单，常见一、二件罐、瓮类器而已。仿铜陶礼器组合主要为鼎、盒、壶、模型小壶，偶见不出模型小壶者，少数墓葬伴出车轮。

西汉中期，器类不增而有减，无耳折沿高领罐及大口瓮消失。仿铜陶礼器组合占统治地位，双耳罐组合数量下降，小口瓮组合略有上升。仿铜陶礼器组合在武帝时期呈现鼎、盒、壶、模型小壶与鼎、盒、壶、小壶并行的组合局面，至昭帝时期，组合中小壶已完全替代模型小壶。另外有少量鼎、盒、壶而不出小壶或模型小壶的组合。伴出车轮的情况大量存在，武帝时期57.58%的墓葬都伴出车轮，但昭宣时期数量锐减，仅见一座墓葬有此类遗物。

西汉晚期前段的情况与西汉中期大致相似，只是模型小壶再一次卷土重要，大量取代小壶重新进入组合。新的器类陶仓开始出现。西汉晚期后段，奁、方盒、仓、灶、井、猪圈、磨、狗、鸡、鸭等器类大量流行，并且逐渐成为随葬品的核心组合；印纹硬陶罐、高温釉陶壶、薰、灯开始出现，无耳高领折沿罐重现；另外，在整个西汉晚期，还盛行一类肩部有一道凹槽的陶罐，这类遗存除偶见与仿铜陶礼器及双耳罐同出外，基本上是单出。东汉中期以后，案、人物俑、牛马等动物俑以及青瓷器进入这一组合。从西汉晚期前段开始，仿铜陶礼器开始出现组合不全的情况。西汉晚期后段以后，以鼎、盒、壶、奁、方盒、仓、灶、井、猪圈、磨、狗、鸡为核心器类的组合，很少可见器类完整的情况。其中传统仿铜陶礼器的鼎盒壶的完整组合在王莽时期已极少，但往往其中鼎常见，而缺盒或壶。东汉早期以后，再未见完整的仿铜陶礼器组合，东汉中期以后鼎、盒两种器类基本消失。器类组合不全的现象，虽与砖室墓的被盗扰有关，但在一些未被扰动过的墓葬中，也是常态。因此，这一现象可以被看作是时代的特征。

2. 南阳一中墓地的随葬陶器组合中，有的是较有地域特征的。

A. 以模型明器作为随葬品组合器类，一中墓地也有自己的特点。其一是以陶质车轮明器用于随葬，出土时一般都是一对，以局部代整体，作为车的象征。与其它地区往往以车马器指代车不同。这一现象出现于西汉早期，流行于西汉中期，至西汉晚期基本消失。其二，武帝时期，一度有少数的墓葬（5座）流行以微型小陶狗用于随葬。其三，模型明器仓灶井等开始成为随葬时尚，从西汉晚期前段开始，但在西汉晚期前段只见以仓为随葬器类，仓灶井猪圈磨鸡狗成组合出现于西汉晚期后段。

B. 一中墓地小壶、模型壶、小罐在形态上虽有差异，但其性质与功能是一致的。从战国末西汉初开始，直至西汉晚期，以小壶、模型壶、小罐配鼎盒壶成为完整组合的形态，贯穿始终，但三者间彼此兴废更替。

3. 在随葬陶器的数量方面，南阳一中墓地也有某些规律性。

A. 一中墓地出土仿铜陶礼器的墓葬中。以鼎为标志，在绝大多数情况下，如鼎为

1件，则盒、壶及小壶等亦为1件；如鼎为2件，则其余各器亦为2件。呈现出明显的规律性。

B.模型明器中，灶、井、磨、圈等一般是1件；动物模型中，狗1件，鸡多为2件。陶仓的数量一般为多件，并在不同的时期呈现一定变化。在整个西汉晚期，一墓出3件陶仓是主流，应是普遍的规范，偶见5件、2件者。王莽时期一墓出2件陶仓是主流，应是普遍规范，偶见1件者。东汉时期出仓的墓葬不多，东汉早期仍为2件，东汉中期为1件。

三　葬俗与葬制

1. 一中墓地各墓的方向

由于骨架均不存，因此只能据墓葬的平面走向作大方向的判断。总共219座墓葬中，以南北向及东西向占绝大多数，但极少有与现代磁北方向完全一致者，一般都要偏数度到10余度。这种差异的存在，除当时测量的精度可能不够外，主要应该是当时的磁偏角与现在的不一致造成的。其中方向在0°～25°之间的墓葬119座，方向在88°～112°之间的墓葬75座，方向26°～60°之间的墓葬18座，方向在114°～135°之间的墓葬7座。并不十分一致。

2. 葬具与葬式

由于保存条件不好，骨架均不存，因此葬式情况不明。葬具保存者，有木质双棺1具，木质单棺4具，瓦棺3具。木质葬具皆腐朽，因此结构不明。瓦棺尺寸大者175厘米，小者120厘米。其中2座随葬双耳罐，1座随葬模型罐。说明瓦棺的使用仅流行于罐类文化传统中。

3. 随葬陶器

绝大部分器类与其它地区基本相同，但部分墓葬以陶质车轮明器随葬，作为车马象征则独具特色，此种葬俗开端于西汉早期，流行于西汉中期，西汉晚期以后渐衰。陶质盖弓帽等车马明器出现于武帝前期，铜、铅质地的车马器，出现于武帝后期，两者皆流行至西汉晚期。但陶质车轮明器与铜铅质车马器在绝大多数情况下不共出。此外，以模型小狗作为家畜模型在武帝时期用于随葬也颇有特点。

4. 一中墓地各时期的随葬品

皆以陶器为主，但在战国末及西汉早期前段，有11座墓葬随葬以铜鼎、铜钫、铜勺为核心的铜礼器组合。除此阶段外，仅在西汉晚期见有一座墓葬出土铜鼎，而其形态与西汉早期前段流行的铜鼎一致，显然是因某种原因流传下来的。铜鼎、铜钫一般都是2件，铜勺则有2件与1件的情况，两者墓葬的数量基本接近。而在同一时期出土仿铜陶礼器的墓葬中，未见有2件一套的情况。由此似可说明，西汉早期后段开始出现的随葬2件一套仿铜陶礼器的墓葬，其墓主的身份应与西汉早期前段随葬铜礼器墓主的身份相近。同时似可进一步说明，代表传统礼制的铜礼器的使用，在西汉早期后段以后走向衰落，完全被仿铜陶礼器所取代。以上分析，由以下材料或亦可得到证明：属于西汉早期后段的M380中，出土2件一套的仿铜陶鼎、盒、壶、小壶，并在组合中保留铜勺，且伴出铜洗；属于昭宣时期的M412，亦出土2件一套的仿铜陶鼎、盒、壶、小壶，并在组合中保留铜勺，且伴出铜盆。这两座墓葬都是核心器类由陶器替代，而保留了铜勺，并伴有新的器类铜盆、铜洗等，与西汉早期前段的铜礼器随葬传统有着明显的承继与发展的关系。

5. 墓地出土铜镜

南阳一中墓地M218的一面草叶纹铜镜，出土时呈碎片状，并残缺一小部分，而M440则出土一小块草叶纹铜镜残片，两座墓葬相距近百米，两面残镜竟能奇迹般拼合在一起。由此可以判断，M218出土的铜镜之所以呈碎片状，是为了分出一部分给予M440的墓主而有意砸碎。沈从文先生曾撰文论曰："西汉初年社会，已起始用镜子作男女间爱情表记，生前相互赠送，作为纪念，死后埋入坟中，还有生死不忘的意思。'破镜重圆'的传说，就在这个时期产生，比后来传述乐昌公主故事早七、八百年。"[1]M218、M440所出铜镜的这种状况，说明在汉代确有此种风俗。

6. 墓葬的等级序列

由于砖室墓多数被扰，器类不全，不能准确反映其原貌。而土坑墓尽管也有一些器类未能复原，但其器类及数量还是较为清楚的。所以我们主要通过对土坑墓的分析，来探讨墓葬等级问题。

一中墓地墓坑长度小于200厘米的墓葬共1座，墓坑长度200～299厘米的土坑墓葬共60座，墓坑长度300～399厘米的土坑墓葬共48座，墓坑长度400～499厘米的土坑墓葬共9座，其中带斜坡墓道的墓葬2座。墓坑长度500厘米以上的土坑墓葬共9座，其中带斜坡墓道的墓葬1座。

一中墓地出土成套铜礼器的墓葬共11座；出土2件一套仿铜陶礼器的墓葬共36座，其中5座不出陶盒；出土陶质车轮明器的墓葬共22座（其中14座墓葬出土2件一套仿铜陶礼器），出土玉器的墓葬17座（其中砖室墓1座），明确出土铜、铅质地车马器的墓葬共8座（其中砖室墓3座）。

它们之间的关系如下：

60座墓坑长度在200～299厘米的墓葬中，出成套铜礼器的墓葬3座，2件一套仿铜陶礼器墓葬8座，随葬陶质车轮明器的墓葬7座，出土玉器的墓葬4座，出土铜、铅质车马

---

① 沈从文：《古代镜子的艺术特征》，《文物》1957年第8期。

器的墓葬1座。

48座墓坑长度300～399厘米的墓葬中，出成套铜礼器的墓葬3座，出2件一套仿铜陶礼器墓葬16座，出土陶质车轮明器的墓葬10座，出玉器的墓葬8座，出铜铅质车马器的墓葬4座。

9座墓坑长度400～499厘米的墓葬中，带斜坡墓道的墓葬2座，出成套铜礼器的墓葬2座，7座出土2件一套仿铜陶礼器，4座出土陶质车轮明器，出土玉器4座，出土铜质车马器1座。

9座墓坑长度500厘米以上的墓葬中。1座带斜坡墓道，出成套铜礼器墓葬3座，5座出2件一套仿铜陶礼器，1座墓葬出土陶质车轮明器。

通过上述归纳对比，我们可以观察到：墓坑的规模越大，则随葬成套铜礼器、2件一套仿铜陶礼器、陶质车轮明器、玉器等墓葬的比例越高，3座带斜坡墓道墓葬的长度均在4米以上。因此，一中墓地的墓葬，大体据此可以分为两个等级。身分稍高的等级，以随葬铜礼器、2件一套仿铜陶礼器、陶质车轮明器等较为普遍，墓葬的规模一般在3米以上。

四　合葬墓年代分析

南阳一中墓地的合葬墓，出现于西汉晚期的后段，流行于王莽以后。墓葬形制只见于砖室墓中，包括双室并列合葬墓、三室并列合葬墓、横前堂双后室墓等形态。

（一）双室墓

M14，双室墓，遗物除一件井出于南室外，其余均出于扰土中。据复原的A型陶樽、AaⅠ陶井，墓葬年代大致可定在王莽时期。

M25，双室墓，遗物均出于扰土中。据复原的AaⅡ印纹硬陶罐、BⅡ陶磨、B型陶人俑以及瓷罐，其时代定在东汉中期。

M52，双室墓，除陶双耳罐出于南室外，其余器物均出于北室内。其中北室出土的AIX式陶鼎流行于西汉晚期后段至王莽时期，而AaⅢ仅见于王莽时期，故此墓时代定在王莽时期。

M58，双室墓，复原陶器中，猪圈、狗、无耳矮直领无沿罐、出土于西室，余均出于扰土中。其中出土于西室的AaⅠ式无耳矮直领无沿罐流于于西汉晚期后段，AⅠ灶流行于西汉晚期后段至王莽时期，据此将该墓时代定在西汉晚期后段。

M66，双室墓，陶鸡、陶模型釜、陶模型甑、陶器盖、陶灯、铜残器出于东室南端，其余器物出于西室南端。其中西室的AX鼎、BⅡ仓、AaⅡ井、AaⅡ狗的时代均属王莽时期，东室器物无可明确断代者，故墓葬时代确定为王莽时期。

M92，双室墓，陶猪圈出于北室，陶磨、陶仓、陶博山盖、铁剑出于南室，北室后部扰土中出大泉五十。其时代均可确定为王莽时期。北室出王莽钱，南室的AaⅢ式仓属王莽时期。故墓葬时代为王莽时期。

M124，双室墓，此墓陶磨、硬陶罐、五铢钱均出土于室内扰土中，其余陶、铁器均出土于东室。此墓五铢钱属东汉早期，BⅡ仓属王莽时期。因此该墓时代分王莽时期和东汉早期两个阶段。

M171，双室墓，遗物均出于东室前部。因同出的BⅠ灶、AⅡ井时代均属王莽时期，故墓葬时代可确定为王莽时期。

M195，双室墓，陶无耳矮领折沿罐、陶方盒出于两室过道中，陶灶、陶猪圈、陶奁、陶狗、陶鸡、陶耳杯、1件陶壶出土于东室前部，东耳室出1件陶壶、2件陶仓。扰土中出土有陶磨、陶耳杯、陶器盖、陶泡钉、铜刷、陶狗、铜钱8枚、泥钱2枚。该墓遗物约分两组：第一组的Ab陶狗、AaⅠ陶磨、BⅡ陶灶大约属王莽时期。其余陶器为第二组，时代应属东汉早期前段。

M238，双室墓，此墓仅见铜钱，出于扰土中。时代据钱币定在王莽时期。

M243，双室墓，此墓南室出一件陶无耳矮直领无沿罐，2件小陶罐，其余均出于北室。其中南室据陶无耳矮直领无沿罐的时代，可确定为西汉晚期后段。北室据所出BⅡ仓、AaⅡ井的时代定在王莽时期。

M256，双室墓，此墓有一批遗物出土于扰土中，包括陶鼎、陶盘2、陶碓、陶磨、陶鸭2、陶俑、陶钱、铜弩机、铜泡钉4、铜镜。另有两件A型陶耳杯、陶镇墓兽、BⅠ陶狗出于北室内，其余器物均出自南室。大体而言，扰土中的AXⅧ陶鼎，南室内的AbⅧ陶壶、Ⅱ陶奁、Ⅳ陶方盒、BⅢ陶仓、AⅢ陶灶、AaⅢ陶井、AaⅡ陶猪圈等属东汉早期。扰土中的AaⅢ陶磨、北室的陶镇墓兽、BⅠ狗，南室内的B陶井、陶人俑、BⅡ陶狗等属东汉中期。

M260，双室墓，陶壶、陶无耳矮直领无沿罐、陶奁、陶仓、陶狗出于西室前部，其中鼎出于东室后部，其余器物出于东室前部。两室遗物的时代均确定在王莽时期。

M294，双室墓，陶灶、陶井出于西室前部，陶奁、陶磨出于东室前部，陶鸡出于两室之间门内。西室AⅡ灶、AaⅡ井的时代属王莽时期，东室的Ⅰ式奁、AaⅠ式磨则见于西汉晚期后段及王莽两个时期。我们将东室的时代定在西汉晚期后段，西室的时代在王莽时期，陶鸡的年代亦属王莽时期。

M342，双室墓，此墓遗物都出于室内扰土中。大致可分为两组，第一组BⅠ陶灶、AaⅠ陶猪圈、AaⅠ陶狗，时代属王莽时期。第二组Ⅲ陶碗、Bb陶案、AaⅤ陶仓、AaⅡ陶磨等则属东汉早期。

M345，双室墓，遗物均出于扰土中。陶一件铁削外，其余均为铜质五铢钱。据其五铢钱的时代定在西汉晚期。

M367，双室墓，遗物除陶鼎、陶仓出土于扰土中外，其余均出土于东室前部。其中除BⅡ陶仓的时代应为王莽时期，Ⅸ式陶鼎主要流行于西汉晚期后段外，其余各器西汉晚期后段及王莽时期均有流行，因此，此墓时代或可将西室定为王莽时期，东室为西汉晚期后段。

M381，双室墓，遗物均出于东室前部。据AⅩ鼎及BⅡ仓的时代可确定为王莽时期。

M406，双室墓，随葬陶器中，陶狗、陶仓出于西室前部，东室前部出土有陶鼎、陶盒、陶壶、陶奁、陶熏炉、陶灶、陶井、陶猪圈、陶磨。扰土中出陶灯、陶鸡2、陶鸭2。此墓陶鼎的时代属西汉晚期后段，其余多可见于西汉晚期后段及王莽两个时期，据鼎的时代定此墓时代为西汉晚期后段。

M428，双室墓，遗物除陶鼎出土两室间的券门内外，其于均出于东室。AⅩ鼎、AaⅢ仓的时代属王莽时期。故此墓时代属王莽时期。

M444，双室墓，遗物出于扰土中，仅复原一件Ⅲ式方盒盒身。仅据此件遗物，其时代应属王莽至东汉早期。

（二）三室并列墓

M9，三室墓，遗物出土于扰土中，仅见AbⅠ式陶磨及铜衔镳。墓葬时代据此定为西汉晚期后段。

M91，三室墓，随葬品主要放置在各室前部，其中北室前部出土有陶猪圈、陶鸡2，中室前部出土有陶模型釜、陶汲水瓶，北、中两室相通的小券门里放置陶狗1件。另在北室后部出土有陶仓、陶磨，在中室后部扰土中出土大泉五十16枚。此墓各室所葬陶器均显示出王莽时期特征，故墓葬的年代属王莽时期。

M399，三室墓，随葬品主要放置在中室北部，出土有陶仓5、铜镜2、陶鼎、陶博山盖。一部分随葬品出土在室内扰土中，出土有陶壶、陶盘、陶耳杯1、陶博山盖。据遗物的特征，该墓时代可定在西汉晚期后段。

（三）前堂横列双后室墓

M73，横前堂双后室墓，除铜镜、铜刷、铁刀出于南室后部外，其余均出于北室后部。其中AaⅣ式井、AbⅡ双耳罐、AaⅡ式磨的时代属东汉早期，故此墓时代属东汉早期。

M130，横前堂双后室墓，东耳室出土有陶壶、陶奁、陶耳杯2、陶盘、陶磨、陶鸡、陶鸭。前室东部出陶案，前室西部出土有陶案、陶奁、陶樽、陶方盒2、陶碗、陶钵、陶耳杯8、陶盘、铜钵、铜镜、铜铃、铜器耳、铜钱22。西耳室出土有铁剑、铜刀。此墓遗物中，AbⅤ～Ⅵ式陶壶、Ⅰ式陶奁、Ⅲ式陶方盒等应属王莽时期遗物，而B

樽、Bb案、东汉五铢钱等则属东汉早期后段。

M175，横前堂双后室墓，扰土内出铜带钩1，残铁器1，铜钱若干锈蚀不辨。时代只能笼统定在汉代。

M196，横前堂双后室墓，仅在西后室出双耳罐一件。该墓时代据此定在东汉早期。

M332，横前堂双后室墓，随葬品主要见于前室北侧，包括有陶仓5、陶猪圈、陶狗、陶磨、陶灶、陶无耳矮直领无沿罐、陶奁2。另外在前室南侧出铜镜1件，北甬道口出陶奁1件，北后室前端出土陶方盒2件。其中BⅡ无耳矮直领无沿罐、Ⅲ式方盒、AaⅢ式仓、BⅠ灶的时代属王莽时期，其余各器流行于西汉晚期后段及王莽时期两个时段，它们混出于一室，故墓葬时代属王莽时期。

M402，横前堂双后室墓，随葬品主要见于两个耳室内。其中南耳室出土有陶壶、陶磨、陶方盒、陶奁、陶灶、陶鸡2、陶鸭、陶猪圈、陶仓，北耳室出土有陶双耳罐、陶仓、铜刀、铜钱11。另在前室北部出土有陶方案。室内扰土中出土有陶盒、陶罐、陶耳杯3、陶熏炉、陶汲水瓶、陶碓、铜镞。其中两耳室均出BⅢ仓，时代属东汉早期。北耳室内的AbⅡ陶双耳罐，南耳室内的Bb案、AbⅡ猪圈、AbⅡ磨、碓等属东汉早期。南耳室内的BⅧ盒、AbⅥ壶、AbⅦ壶、Ⅰ奁、Ⅲ方盒、BⅡ灶等大致属王时期。因此，此墓南耳室的时代比北耳室的时代早，或者也表明南后室要早于北后室。

M442，横前堂双后室墓，随葬品主要见于南甬道及前室南端。其中在南甬道里出土有陶猪圈、陶方盒2、陶磨、陶井、陶灶、陶鸡2、陶鸭。前室南端出土有陶奁2、陶鼎、陶仓2、铜曹、铜饰8、铜钱5。另外在北甬道西南角出土有陶狗1件，前室北部出土铁刀1件。这些遗物的年代均可确定在王莽时期，因此，该墓的年代为王莽时期。

（四）其它

此外，还有2座砖室墓遭破坏，墓形不明，但所出遗物可分为两组且时代略有早晚。

M277，此墓残存陶器狗属王莽时期，其余东汉早期。

M325，此墓残存陶器除灶、鸡属东汉早期外，其余属王莽时期。

附表　南阳一中墓地器物统计表

墓号	方向	墓室结构	尺寸（长×宽－高）	随葬器物	时代	备注
1	7°	甲Ba竖穴土坑墓	300×170－100	AⅣ—Ⅵ鼎盖2、BⅢ盒盖2、AbⅢ壶2、BbⅠ小壶2、车轮、A铜冒2、连弧纹铜镜、玉璜	二期五段	
3	201°	甲AⅢ砖室墓	378×126－100	AⅨ鼎、BⅦ盒、Ab无耳矮直领无沿罐、B印纹硬陶罐、Ⅰ瓮、AaⅠ仓、仓盖	三期八段	扰乱
6	195°	甲AⅡ砖室墓	226×60－55	AⅡ小口瓮、AaⅠ井（Ba汲水瓶）	三期八段	扰乱
7	285°	乙B土坑竖穴墓，双棺（斜壁）	300×240（200）－270 260×200（160）－100	Ba大口瓮、AⅠ无耳矮领折沿罐、A铜带钩、A铜削、B星云纹铜镜、铁刀、甲Ba铜丙双五铢钱	三期	
8	280°	甲Aa土坑竖穴墓（直壁、四边有二层台）	320×200－150 220×140－230	鼎、盒、壶、Ⅲ模型小壶、BaⅢ小口瓮、AaⅠ磨、俑头、车轮2、CⅡ蟠螭纹铜镜、Ba铜带钩	三期八段	
9	168°	丙类砖室墓	342×362－162	AbⅠ磨、钵、陶片、铜衔镳	三期八段	扰乱
10	285°	甲AⅢ砖室墓，有南侧室	320×240－105	AⅨ鼎、BⅦ盒、AbV壶、AaⅠ仓3	三期八段	扰乱
11	10°	甲AⅢ砖室墓	218×80－30	BaⅡ双耳罐、瓷罐	六期十二段	扰乱
12	90°	甲Ba土坑竖穴墓，瓦棺	228×80－81	AbⅠ双耳罐、Ⅱ铜半两钱2、Ⅳ铜半两钱6、V铜半两钱29、另有锈蚀铜钱47枚	四期九段	
13	14°	砖室墓不明	330×280－70	模型釜2、铁刀、罐	汉	全毁
14	185°	乙BaⅠ砖室墓	360×270－160	A樽、模型盆、模型甑、AaⅠ井（Ba汲水瓶）、Aa鸡、残鸡、残铁器	四期九段	扰乱
16	16°	甲Aa土坑竖穴墓（直壁、四边有二层台）	440×360－180 330×220－360	B铜鼎2、Ⅲ铜钫2、Ab铜勺2、A铜冒2、残铁器、玉饼	一期二段	
18	6°	甲Ba土坑竖穴墓	250×150－50	AⅢ鼎2、AaⅠ壶2、Ⅰ模型小壶2、B铜镞11、双耳罐、铜五铢钱8	一期三段	
19	22°	乙Ab土坑竖穴墓（斜壁、东西北三边二层台）	380×290－230 280×170－100	鼎2、AaⅠ壶、Ⅰ模型小壶	一期二、三段	
20	32°	甲AⅢ砖室墓	268×110－76	AⅨ鼎、BⅦ盒、BⅠ无耳矮直领无沿罐、Ba小罐、AaⅠ仓3	三期八段	扰乱

注：未标明质地者均为陶质。未标明数量者均为1件。

墓号	方向	墓室结构	尺寸（长×宽—高）	随葬器物	时代	备注
21	285°	甲B砖室墓	280×100—140	双鼻壶、BIII无耳矮直领无沿罐、B熏炉、AIII灶、BII磨、Ac狗、AcIII鸡、博山盖	五期十一段	扰乱
22	22°	乙Ac土坑竖穴墓（斜壁，南面有二层台）	420×320—160 310×170—320	AIVb鼎2、BIII盒2、AaII盒2、I模型小壶2、模型狗、车轮2、A凤鸟纹铜镜、玉带钩	二期四段	
23	23°	甲Ba土坑竖穴墓	240×140—155	AIVb鼎、鼎、II草叶纹铜镜	二期四段	
24	92°	甲B砖室墓	350×130—120	AI无耳矮领折沿罐、AaI印纹硬陶罐、I瓮、III方盒、AaII井、B铜货泉8、C铜货泉9、D铜货泉13（另残钱2枚）	四期九段	扰乱
25	90°	乙BaII砖室墓	320×280—130	AaII印纹硬陶罐、Bb案、BII磨、瓷罐	六期十二段	扰乱
27	290°	甲Ba土坑竖穴墓	250×145—150	Ba大口瓮、模型沈3、CI蟠螭纹铜镜、II草叶纹铜镜	三期	
28	194°	乙BbI砖室墓	480×260—160	鼎、盒、磨	汉	扰乱
29	10°	甲BaI土坑竖穴墓，瓦棺	138×48—71	罐	汉	
31	0°	砖室墓不明	300×110—66	杯、博山炉盖、无字钱5		全毁
35	20°	甲Ba土坑竖穴墓，陶棺	206×54—50	AaIII双耳罐、AI无耳矮领折沿罐、无字钱4、铜觚形杯	三期七段	
36	280°	乙Aa土坑竖穴墓，木棺（斜壁，四边有二层台）	580×380—150 340×210—345	AIVb鼎2、BII盒2、盒、小壶2、B钫2、模型狗、盖弓帽3、四山纹铜镜、铜器钮、A铜泡钉、铁钩2、铜錾	二期四段	
39	187°	砖甲AV砖室墓，有耳室	630×270—70	BX盒身、Bb案、BI灯、B盘、匝、博山盖、AaIV井、磨扇、BA俑、CA俑4、Cb铜泡钉	六期十二段	扰乱
40	159°	甲AIII砖室墓，一端呈弧形	296×100—75	Ba壶、BaII无耳高领折沿罐、仓2、AaI井、B铜货泉6、C铜货泉、D铜货泉8	王莽时期	扰乱
41	28°	乙Aa土坑竖穴墓（斜壁，四边有二层台）	540×480—120 350×230—260	鼎、BIII盒2、AbIII盒2、BaI小壶2、Ba小壶、小壶、盖弓帽饰4、B蟠螭纹铜镜	二期五段	
42	118°	甲AIV砖室墓	244×124—120	残壶、盒	汉	扰乱

墓号	方向	墓室结构	尺寸（长×宽－高）	随葬器物	时代	备注
43	270°	甲AIII砖室墓	240×120－40	铜镜	汉	扰乱
44	120°	甲Ba土坑竖穴墓	240×150－94	AIX鼎、鼎、BVIb盒盖、盒、AbIV壶、壶、BbIII小壶2	三期七段	
47	15°	甲Aa土坑竖穴墓（直壁，四边有二层台）	250×160－190 200×110－160	残双耳罐、Aa无耳高领折沿罐	一期二段	
48	105°	甲Ba土坑竖穴墓	300×140－40	AIX鼎、盒、Bb小口瓮、AaIV双耳罐、AaII仓2、仓、残铜片	三期八段	
49	280°	甲AV砖室墓	500×280－305	BIV无耳矮直领无沿罐、III钵、C凤鸟纹铜镜、C铜带钩、玉猪2、甲Ba铜西汉五铢钱5、甲Bc I 铜西汉五铢钱2、Aa I 铜东汉五铢钱2、AaII铜东汉五铢钱、AcIIa铜西汉五铢钱2、Ba铜东汉五铢钱5、Bb铜东汉五铢钱12、Bc铜东汉五铢钱54、A铜货泉	六期十二段	扰乱
50	190°	甲Aa土坑竖穴墓（直壁，四边有二层台）	390×310－180 314×134－184	AIVa鼎、AaII壶、II模型小壶、模型狗2、A车轮、羽纹铜镜、C铜带钩、玉饼	二期四段	
51	285°	甲Ba土坑竖穴墓	230×120－120	Ab I 双耳罐、小壶	四期九段	
52	90°	乙Ba I 砖室墓	278×212－125	AIX鼎、Ba I 双耳罐、AaII仓、陶饰、甲AaII铜西汉五铢钱2、甲BcII铜西汉五铢钱6、A铭文铜镜、甲AaII铜西汉五铢钱5、甲BcIII铜西汉五铢钱9、铁削2、石黛板	四期九段	扰乱
53	198°	甲Ac土坑竖穴墓（直壁，南面有二层台）	286×160－130 240×160－220	AV鼎2、BIV盒盖、盒、AaIII壶、壶、II模型小壶2、车轮2、羽纹铜镜、D铜带钩	三期五段	
55	98°	乙Ba I 砖室墓	310×215－340	鼎、盒、磨、盆、钵2、碗2、模型壶甑、仓、狗、鸡	汉	扰乱
56	22°	乙Ac土坑竖穴墓（斜壁，南面有二层台）	360×270－195 205×180－185	AVIIIb盒身、BVIb盒身、鸡、鸡、铜釦饰、AbIV壶、III模型小壶、无宁钱2、A铜车马3、Aa铜盖弓帽4、铜犠、A星云纹铜镜、B铜大泉五十3、Ca铜泡钉	四期九段	
58	10°	乙Ba I 砖室墓	294×262－140	鼎、盒、Aa I 无耳矮直领无沿罐、II钵、罐、山盖2、A I 灶（釜、盆2）、C猪圈（猪）、Ab狗	三期八段	扰乱

墓号	方向	墓室结构	尺寸（长×宽－高）	随葬器物	时代	备注
61	200°	甲AIII砖室墓	236×96－60	AaIV双耳罐、铜镜、甲AaII铜西汉五铢钱5、铜削、B铜刷、铜弩机、BII铭文铜弩机、甲BcII铜西汉五铢钱5、甲Bb铜西汉五铢钱10、甲BcI铜西汉五铢钱2	三期八段	扰乱
64	125°	乙B土坑竖穴墓（斜壁）	370×290－90 / 300×200－310	B铜鼎、III铜钫、铜盉、Aa铜勺、E铜带钩、残玉片	一期二段	扰乱
66	180°	乙BbI砖室墓	390×240－190	AX鼎、AbVI壶、I径身、I方盒、A灯盘、博山盖、BII仓、模型瓿、模型壶2、AaII井（Ba汲水瓶）、AbI猪圈（猪1）、AbII磨、AaII狗、Ab鸡2、残铜片、石黛板、C铜大泉五十、B铜货泉、D铜货泉3、（另残钱8枚）	四期九段	
69	10°	甲Ba土坑竖穴墓	310×190－90	AIV－VI鼎盖、鼎、BIII盒盖、盒、AaIII壶2、BbII小壶2、B车轮2、模型狗2、残铁器	二期五段	
71	105°	甲Ba土坑竖穴墓	260×160－70	AIX鼎、BVIa盒、Bb小罐2、AaI仓2、仓	三期七段	
72	205°	甲Ab土坑竖穴墓（直壁，东西北三面有二层台）	420×220－160 / 280×140－220	鼎2、BVIb盒、盒、AbIV壶2、III模型小壶、小壶、Bb小罐2、AII罐、A铜带钩、甲BcI铜西汉五铢钱18	三期七段	
73	290°	丁A砖室墓	390×410－175	AbII双耳罐、Ab仓2、AaIV井（A汲水瓶）、B猪圈（猪）、AaII磨、AcI鸡、壮、残鸭、博局四神纹铜镜、B铜刷、铁刀	五期十一段	扰乱
77	22°	乙Aa土坑竖穴墓（斜壁，四边有二层台）	360×260－170 / 240×140－180	Ab无耳高领折沿罐、罐、碗	一期一段	
84	106°	甲B砖室墓。有南侧室	360×120－120	铁镜、铁匕首	汉	扰乱
86	19°	砖室墓不明	245×98－28	甲BcI铜西汉五铢钱21、甲BcIII铜西汉五铢钱3、AaI铜东汉五铢钱2、AbIIa铜东汉五铢钱、AcIIa铜东汉五铢钱3	东汉	全毁
89	108°	甲AIII砖室墓。八形顶。	135×78－60	B铜铃4、甲Ba铜西汉五铢钱、AaIIIa铜东汉五铢钱4、（另残钱1枚）、瓦当2	东汉	

墓号	方向	墓室结构	尺寸（长×宽-高）	随葬器物	时代	备注
91	280°	丙类砖室墓	382×366-190	BⅡ仓、AbⅠ猪圈（猪）、AaⅠ磨、AaⅡ狗、Ab鸡2、Bb汉水瓶、模型釜、A铜大泉五十11、B铜大泉五十5	四期九段	扰乱
92	108°	乙BbⅠ砖室墓	350×240-116	AaⅢ仓、AaⅠ猪圈（猪）、AaⅠ磨、博山炉盖、铁剑、B铜大泉五十6	四期九段	扰乱
96	20°	乙B土坑竖穴墓（斜壁）	300×240-140 250×180-180	AⅣb鼎、鼎、盒2、AaⅡ壶2、Ⅱ模型小壶2、Ⅱ钵2、车轮2、Ba凤鸟纹铜镜	二期四段	
97	175°	丁A砖室墓	386×430-116	案腿4、狗腿2、马腿2、狗、豆2、博山炉、无字钱101、铜刷、铜钱2串、铁剑	汉	扰乱
98	278°	砖室墓不明	240×130-90	狗、铜铺首、铜环2、铜簪2	汉	全毁
101	281°	甲AⅢ砖室墓	160×60-45	甲BcⅠ铜西汉五铢钱6、甲BcⅢ铜西汉五铢钱3、AaⅢb铜东汉五铢钱、AaⅠ铜东汉五铢钱3、AbⅡ铜东汉五铢钱、AcⅡa铜东汉五铢钱、AcⅡb铜东汉五铢钱、AcⅢ铜东汉五铢钱2、Bb铜东汉五铢钱	六期十二段	扰乱
102	20°	甲Ba土坑竖穴墓	280×170-60	鼎、盒、AaⅠ壶、小壶、车轮	一期二、三段	
103	205°	砖室墓不明	330×94-45	残灯座2		全毁
106	192°	甲AⅢ砖室墓、人形顶	165×70-47	A小壶、BaⅢ无耳高领折沿罐、AcⅡa铜东汉五铢钱、AcⅢ铜东汉五铢钱、AcⅢ铜东汉五铢钱2（另残钱12枚）	五期十一段	
110	12°	甲Ba土坑竖穴墓	300×150-270	Ⅰ铜鍪、Ab铜勺、连弧纹铜镜	一期二段	
112	25°	乙AAa土坑竖穴墓（斜壁、四边有二层台）	360×260-160 240×110-200	AⅡ鼎、BⅠ盒盖、壶、Ⅰ模型小壶、杯、灯	一期二段	
114	17°	乙B土坑竖穴墓（斜壁）	400×260-140 300×160-330	AⅡ铜鼎2、Ⅲ铜钫2、C铜勺	一期二段	

墓号	方向	墓室结构	尺寸（长×宽－高）	随葬器物	时代	备注
116	13°	乙Aa土坑竖穴墓（斜壁、四边有二层台）	500×390－130 300×130－320	B铜鼎2、III铜钫2、Ba铜勺、残铜片	一期二段	
118	283°	甲Ba土坑竖穴墓	290×190－180	AIX鼎、BVII盒、AbV壶、I灶、罐、盒3、AI灶、Aa I井（Ba汲水瓶）、B I磨、石饰件、Bb铜带钩、残铁器、甲Bc I铜西汉五铢钱、铜五铢钱5	三期八段	
119	290°	甲Ba土坑竖穴墓	240×140－40	鼎、Ab束颈小罐、AaII仓2、仓	三期八段	
123	205°	乙Aa土坑竖穴墓（斜壁、四边有二层台）	430×350－120 280×190－270	AVIII鼎、AVIII鼎盖、BV盒、盒、AbIV壶2、小壶2、A星云纹铜镜、Ab铜扣7、铜衔镳、A铜车軎3、B铜车軎、B铜盖弓帽15、甲Bb铜西汉五铢钱、甲Aa II铜西汉五铢钱4	二期六段	
124	27°	乙Ba II砖室墓	290×236－130	Ab印纹硬陶罐、B II仓3、Ab I猪圈（猪）、Ab I磨、Ab狗、Aa II铜东汉五铢钱2、铁剑	四期九段 五期十一段	扰乱
127	25°	甲Ba土坑竖穴墓	330×240－110	鼎、BV盒、AbIV壶	三期六段	
128	25°	甲Ba土坑竖穴墓	320×190－70	AII鼎、B I盒、Aa I壶、C I蟠螭纹铜镜	一期二段	
129	32°	甲Ba土坑竖穴墓	230×170－70	A II鼎、B I盒、Aa I壶、残玉璧	一期二段	
130	15°	丁A砖室墓	370×380－110	AbV－VI壶、I奁、奁、B樽、III方盒、方盒、Bb案3、I碗、钵、Ca盒2、A耳杯10、磨、鸡、Aa鸭、铜钵、C铜铃、铜釜、铜刀、BII铭文铜镜、铁剑、甲BcIII铜西汉五铢钱、甲Bc I铜西汉五铢钱7、Aa I铜西汉五铢钱、Ab I铜东汉五铢钱2、AcIII铜东汉五铢钱7、B铜货泉	四期九段 五期十一段	扰乱
132	44°	甲Ba土坑竖穴墓	200×80－140	BIII无耳矮直领无沿罐、	五期十一段	
133	18°	乙B土坑竖穴墓（斜壁）	310×230－90 240×180－280	Aa I双耳罐2、Aa无耳高领折沿罐2、A凤鸟纹铜镜、铜钱12、玉管	一期二段	
138	95°	甲Ba土坑竖穴墓	340×130－50	盒2、Ab铜扣4、铜衔镳、B铜盖弓帽12	汉	

墓号	方向	墓室结构	尺寸（长×宽－高）	随葬器物	时代	备注
150	22°	甲AIII砖室墓	330×110－140	A樽、III方盒、Ba案、Cb盘2、B耳杯2、I勺	四期九段	扰乱
152	120°	甲AIII砖室墓	410×150－250	BaIII小口瓮	三期八段	扰乱
154	24°	甲Ba土坑竖穴墓	220×160－65	BIII无耳矮领直颈无沿罐、罐	五期十一段	
156	22°	甲AIII砖室墓	290×100－50	AII无耳矮领折沿罐、Aa I 无耳矮领直颈无沿罐、I盆	三期八段	扰乱
157	107°	甲B砖室墓	290×110－100	器盖、BIII灶（釜2、甑1）、AaIII井	五期十段	扰乱
158	285°	甲Ba土坑竖穴墓	320×180－30	鼎、盒、壶、小壶、B I铭文铜镜2、B琉璃塞3、石塞、琉璃口晗2、甲AaIII铜西汉五铢钱2	汉	
159	13°	乙Aa土坑竖穴墓（斜壁、四边有二层台）	640×440－260 / 440×260－250	鼎2、盒2、壶2、小口瓮、罐3、铁剑	汉	
160	0°	甲Ba竖土坑穴墓	220×50－60	A大口瓮	一期三段	
161	210°	甲Ba竖穴土坑墓	240×130－110	豆3、罐2	汉	
165	7°	甲Ba土坑竖穴墓	310×130－80	A大口瓮	一期三段	
168	16°	甲Ba土坑竖穴墓	310×220－270	Bb I无耳高领折沿罐、I钵、AII兽纹铜镜	一期二段	
170	195°	甲Ba土坑竖穴墓	300×160－60	AII鼎、BII盒身、壶、I模型小壶、B车轮、半两钱12	一期二段	
171	22°	乙Bb I 砖室墓	380×210－190	I盆、I方盒盖、方盒、仓、B I灶（釜2）、Aa II井（Ba汉水瓶）、Aa I猪圈（猪）、Aa I磨	四期九段	扰乱
172	205°	甲Ba土坑竖穴墓	230×120－250	B铜刷、A星云纹铜镜、A玉剑首	汉	M173打破M172

墓号	方向	墓室结构	尺寸（长×宽-高）	随葬器物	时代	备注
173	112°	甲Ba土坑竖穴墓	230×120-130	AⅧa鼎2、BⅥa盒2、AbⅣ壶2、Ⅲ模型小壶2、铝饰件	三期七段	
174	25°	甲Ba土坑竖穴墓	220×160-90	AaⅠ双耳罐2	一期二段	
175	90°	丁BⅡ砖室墓	960×628-406	A铜带钩、残铁器、铜钱1串、大布黄千2	汉	扰乱
176	94°	乙A砖室墓	920×360-330	AⅩ鼎、BⅧ盒、壶、AaⅡ无耳矮直领无沿罐2、Ⅰ瓮、Ⅱ方盒、钵、AaⅢ仓3、AaⅡ井（Ba汲水瓶）、AaⅠ狗、陶饰、盆、无字钱85、铜弩机4、铜戒指、B铜泡钉2、铜灯、圆形铜片、残铜片、金钑3、残玉片、Ⅱ铜半两钱2、Ⅳ铜半两钱3、Ⅴ铜半两钱38、甲AaⅡ铜西汉五铢钱、甲BcⅠ铜西汉五铢钱13、乙铜西汉五铢钱2、B铜货泉6、AaⅠ铜东汉五铢钱2、AbⅠ铜东汉五铢钱4、AcⅠ铜东汉五铢钱4、AcⅡb铜东汉五铢钱、AcⅣ铜东汉五铢钱4、Bc铜东汉五铢钱（另残钱33枚）	四期九段 东汉中晚期	扰乱
177	88°	甲Ba土坑竖穴墓	308×146-291	AⅨ鼎、盒、AbⅥ壶、Ab小罐、Ab狗、猪、残铜片、铁剑、Ⅰ铜半两钱7、Ⅱ铜两钱27、Ⅲ铜半两钱5、Ⅳ铜半两钱43、Ⅴ铜半两钱264、Ⅵ铜西汉五铢钱10、甲BcⅠ铜西汉五铢钱23、甲BcⅢ铜西汉五铢钱（另残钱37枚）	三期八段	
188	110°	甲Ba土坑竖穴墓	240×110-74	AⅩ鼎、AbⅠ双耳罐、BbⅡ无耳高领折沿罐、BbⅡ方盒盖、AaⅥ仓、AaⅢ仓、Bb小罐	四期九段	
189	315°	甲AⅢ砖室墓	393×116-266	BⅩ盒身、Bb双耳罐、BⅣ无耳直领无沿罐、Ⅲ瓮身、Ⅳ方盒盖、异形（甑、盆）、猪圈（猪）、BⅡ狗、AcⅡ鸡3、AaⅠ狗、AaⅡ俑、B人俑、B泡钉2、瓷碗	六期十二段	

墓号	方向	墓室结构	尺寸（长×宽—高）	随葬器物	时代	备注
195	205°	乙BbII砖室墓	456×348—180	BbII壶2、B无耳矮颈折沿罐、II叁身、IV方盒身、B耳杯2、AaV仓2、BII灶（甑），AaIII狗、鸡、A泡圈（猪）、AaI磨，博山炉盖、汉五铢钱5、甲AaI铜刷、甲AaI狗、AaI铜东汉五铢钱、AbI铜东汉五铢钱2	四期九段 五期十段	扰乱，二次造
196	36°	丁A砖室墓	368×438—150	AbII双耳罐、壶	五期十一段	扰乱
199	210°	甲B砖室墓，墓壁错开相连，墓室南端较北部宽	406×154—186	AX鼎、BVIII盒、AbVIII壶、I叁2、II碗2、I勺2、A耳杯、AaIII仓2、BI灶（盆），AaII井、AaI猪圈（猪）、AaI磨、陶饰	四期九段	
204	15°	甲Aa土坑竖穴墓（直壁，四边有二层台）	570×350—50 430×220—332	车轮2、AI铜鼎2、II铜钫2、Bb铜勺、C铜勺、铁镜	一期二段	
207	190°	丙类土坑竖穴墓（斜壁，四边有二层台）	斜坡墓道：400×130—190 墓室：454×336—120 355×230—223	AVI鼎、鼎、BIII盒身、盒、AaIII壶2、罐、四山纹铜镜、铁勺、玉环、甲AaI西汉五铢钱、甲Ab西汉铜五铢钱7、铁璜	二期五段	
208	20°	甲Aa土坑竖穴墓（直壁，四边有二层台）	520×410—140 360×220—210	鼎2、AaIII壶、残壶、II铜錾、A铜环、A铜泡钉4、铜器钮、铜巂	二期五段	
210	275°	甲Ba土坑竖穴墓	252×180—58	B车轮2、B铜刷、V铜半两钱12、VI铜半两钱、甲AaI西汉五铢钱3、四山纹铜镜	二期四段	
212	21°	砖室墓不明	226×90—38	大泉五十70	四期九段	全毁
213	290°	甲B砖室墓	305×105—100	模型釜、AaII磨、四神器盖、A汲水瓶	五期十段	扰乱
214	12°	乙B土坑竖穴墓（斜壁）	254×171—110 230×135—180	AI无耳矮颈折沿罐、罐、A蟠虺纹铜镜	三期	

墓号	方向	墓室结构	尺寸（长×宽－高）	随葬器物	时代	备注
215	280°	甲B砖室墓	360×126－182	A X鼎、B Ⅷ盒、B Ⅱ无耳矮直领无沿罐、I 奁、Ⅱ方盒、B Ⅱ仓2、A Ⅱ灶（釜、甑、盆）、Aa Ⅱ井、Aa I 猪圈（猪）、Aa I 磨、Aa I 狗、Ac I 鸡、石饰件、A琉璃塞、B琉璃塞2、A铜大泉五十15、B铜大泉五十7	四期九段	
216	280°	甲A Ⅲ砖室墓，有侧室	294×108－75	A Ⅱ无耳矮折沿罐、Ab小罐、琉璃环	三期八段	扰乱
217	20°	甲Aa土坑竖穴墓（直壁、四边有二层台）	496×360－130 380×260－210	鼎、Aa Ⅲ壶、小壶、车轮、Bb花叶纹铜镜、Ba铜带钩、A铜车軎、玉环	二期五段	
218	5°	甲Ba土坑竖穴墓	260×167－120	Ba Ⅱ小口瓮、车轮2、Ⅱ草叶纹铜镜、Ba铜带钩、铁刀	二期	与M440铜镜可合并为一面
219	11°	甲Ba土坑竖穴墓	308×190－74	A I 小口瓮、B铜刷2、龙纹铜镜、残铜片、铜球形饰2、铜饰	一期一段	
220	280°	甲Ba土坑竖穴墓	222×136－28	小口瓮、A星云纹铜镜	汉	
221	290°	甲Aa土坑竖穴墓（直壁、四边有二层台）	394×240－132 346×180－144	A Ⅶ鼎2、B Ⅴ盒2、Ab Ⅳ壶2、Bb Ⅲ小壶2、Ca罐、虺纹铜镜、铁剑2、铜五铢钱15	二期六段	
222	283°	甲Aa土坑竖穴墓（直壁、四边有二层台）	364×245－110 292×180－73	Bb小口瓮、A I 铜鼎、A星云纹铜镜、铁剑	三期七段	
223	102°	甲Ba土坑竖穴墓	280×160－40	A Ⅷb鼎、B Ⅵb盒、Aa小罐、Bb小口瓮、B I 铭文铜镜、Ba铜带钩、A铜刷、B铜扣、Ca铜泡钉26、Ab铜盖弓帽、铅车軎4、铅盖弓帽12、铜五铢钱12	三期七段	
224	28°	甲Aa土坑竖穴墓、木棺（直壁、四边有二层台）	500×388－140 316×202－168	A Ⅵ鼎2、B Ⅲa盒、B Ⅲ盒身、Ab Ⅲ壶2、Bb I 小壶2、车轮2、A蟠螭纹铜镜、铁勺	二期五段	
225	291°	乙Aa土坑竖穴墓（斜壁、四边有二层台）	390×330－134 252×178－174	C车轮2、A铜带钩、A铜印章、Ⅱ草叶纹铜镜、Ⅴ铜半两钱6、残铁壶、铁剑、铁削	二期四段	
227	20°	甲Ba土坑竖穴墓	276×170－36	B星云纹铜镜、铁器	汉	

墓号	方向	墓室结构	尺寸（长×宽－高）	随葬器物	时代	备注
228	105°	甲B砖室墓	284×114－56	BⅧ盒、Ⅰ－Ⅱ方盒身、AaⅢ仓2、磨	四期九段	扰乱
229	290°	乙Aa土坑竖穴墓（斜壁、四边有二层台）	342×252－120 / 250×140－230	AⅦ鼎2、BⅣ盒2、AbⅣ壶2、小壶2、B车轮2、陶饰件、Ⅴ铜半两钱3、铜半两钱15	二期六段	
231	110°	甲B砖室墓	360×200－180	AⅩ鼎、BⅧ盒、Ⅱ方盒、AaⅢ仓2、釜、甑、盆2）、AaⅡ井、AⅡ灶（AaⅠ磨、AbⅡ猪圈（猪）、AⅠ狗、AcⅠ鸡2、博山炉盖2、A铜大泉五十5、BⅢ大泉五十3	四期九段	扰乱
233	28°	甲Aa土坑竖穴墓（直壁、四边有二层台）	300×200－120 / 254×156－130	AⅡ鼎、AaⅠ双耳罐、铜洗、A铜带钩、铜五铢钱、残玉璧	一期二段	
236	10°	甲Aa土坑竖穴墓（直壁、四边有二层台）	320×234－130 / 260×180－108	AⅡ鼎、BⅡ盒盖、AbⅡ壶、Ⅰ模型小壶	一期二段	
237	12°	甲Aa土坑竖穴墓（直壁、四边有二层台）	304×190－140 / 238×132－230	AⅠ鼎2、盒2、A钫2、Ⅰ模型小壶2、Ba铜带钩、残玉璧	一期一段	
238	14°	乙BbⅠ砖室墓	350×232－62	A铜大泉五十1、B铜大泉五十10、C铜大泉五十2	四期九段	扰乱
239	270°	砖室墓（不明）	250×143－75	AbⅠ双耳罐、	四期九段	全毁
240	295°	甲B砖室墓、一侧有甬道	404×134－156	AⅩ鼎、AaⅠ无耳矮领直沿罐、Ⅰ方盒、Ⅰ奁、AaⅠ仓2、AⅡ灶、AbⅠ猪圈（猪）、AaⅠ磨、博山炉盖	三期八段	
243	110°	乙BbⅠ砖室墓	342×254－182	AaⅠ无耳矮领直沿罐2、Bb小罐2、器盖、BⅡ仓、AⅠ灶（含釜2、甑2、盆2）、BbⅠ奁、AaⅡ井（Bb泼水瓶）、AcⅠ鸡2、AbⅠ猪圈（猪）、AbⅠ磨、Ab鸭2	三期八段 / 四期九段	
245	99°	砖室墓（不明）	299×210－98	猪、奁	汉	扰乱
246	85°	甲AⅢ砖室墓、有南侧室	235×195－25	AbⅠ双耳罐	四期九段	扰乱

墓号	方向	墓室结构	尺寸（长×宽—高）	随葬器物	时代	备注
247	10°	甲Ba土坑竖穴墓	258×178—39	AIVb鼎2、BII盒、AbIII壶、壶、车轮2	二期四段	
249	12°	甲AI砖室墓	262×256—84	AaII双耳罐、Bb铜带钩、I草叶纹铜镜、C铜印章、铁剑、铜半两钱16	二期四段	扰乱
251	110°	乙BaI砖室墓	280×230—110	B泡钉、猪	汉	扰乱
253	10°	甲B砖室墓	360×100—105	磨、石饰件、甲AaII铜西汉五铢钱、甲BcI铜西汉五铢钱6	汉	扰乱
256	290°	乙BaIII砖室墓	480×580—200	AXI鼎、AbVIII壶2、IIⒶ、IV方盒、Ab熏炉2、Ca盘2、A耳杯4、II勺、博山盖、BIII仓、AIII壮、模型盆、AaIII井、BII井、AaII猪圈（猪3）、AaIII磨、磨扇、碓、BI狗、BII狗、AcII鸡3、Ab鸭3、觉、镇墓兽、Ab人俑、AcI人俑、BI人俑3、CI人俑、B泡钉9、五铢钱13、B铜环、残铜镜、Cb铜泡钉5、铜弩机、甲BcI铜西汉五铢钱、AbI铜东汉五铢钱2、AaI铜东汉五铢钱2、AaII铜东汉五铢钱（另残钱4枚）	五期十一段至六期十二段	扰乱。二次修筑
259	280°	砖室墓不明	430×268—60	I方盒盖、盒	三期八段至四期九段	全毁
260	190°	乙BbI砖室墓	374×266—176	AX鼎、BVIII盒、壶、AaII无耳矮直颈无沿罐、IⒶ、AaIV仓2、BII壮（釜1）、甓1）、AaII井（BaI汲水瓶）、AaI猪圈（猪）、AaI磨、AaI狗、Aa鸡2。	四期九段	
262	204°	丙类土坑竖穴墓（斜壁，四边有二层台）	斜坡墓道：墓室：200×114—180 470×320—130 310×170—272	AIII鼎2、A盒2、AbII壶2、AbII壶、I模型小壶2、铜璜2、Aa铜铃	一期三段	
264	17°	甲B砖室墓	322×182—45	AbI猪圈、AcI鸡2、灶	四期九段	扰乱

墓号	方向	墓室结构	尺寸（长×宽-高）	随葬器物	时代	备注
266	100°	乙B土坑竖穴墓（斜壁）	256×170-150 240×152-118	C无耳高领折沿罐、Cb蟠螭纹铜镜	一期二段	
267	25°	甲Ba土坑竖穴墓	210×100-80	AIX鼎、BⅦ盒、BaI无耳高领折沿罐、BbⅡ无耳高领折沿罐、AaⅡ仓3、A高温釉陶壶	三期八段	
268	18°	甲Aa土坑竖穴墓（直壁，四边有二层台）	420×290-120 335×215-180	AIVc鼎、鼎、BⅢ盒盖2、壶2、Ⅱ模型小壶2、车轮2、残玉片	二期四段	
269	275°	砖室墓不明	380×287-60	AaⅡ磨	五期十段	全毁
270	20°	甲B砖室墓	276×103-73	AbⅡ双耳罐	五期十一段	扰乱
276	40°	砖室墓不明	210×90-30	AaⅣ双耳罐	三期八段	全毁
277	110°	砖室墓不明	355×93-72	IV方壶身、AaI狗、AcⅡ鸡、器盖、铜五铢钱4	四期九段 五期十段	全毁
278	195°	丙类土坑竖穴墓（斜壁，四边有二层台）	斜坡墓道：680×130-300 墓室：333×183-60 274×113-500	AⅡ铜鼎2、Ⅲ铜纺、Ab铜勺、漆木器饰件	一期二段	
280	40°	甲Aa土坑竖穴墓（直壁，四边有二层台）	270×130-120 227×71-170	罐	汉	
282	35°	甲Ba土坑竖穴墓	210×68-62	AI无耳矮领折沿罐、铁刀、铁剑	三期	
283	95°	甲AⅢ砖室墓	344×118-95	AIX鼎、BⅦ盒、AbⅥ壶、I铜身、I豆身、I方盒2、器盖、AaⅡ仓2、AI灶、（釜2、甑1、盆3）、AaI井、AbI磨、Ab狗、乙铜西汉五铢钱11	三期八段	扰乱
288	200°	甲Aa土坑竖穴墓（直壁，四边有二层台）	284×176-190 240×124-108	鼎、BaⅡ小口瓮、B蟠螭纹铜镜	三期	
289	23°	甲Aa土坑竖穴墓（直壁，四边有二层台）	260×194-130 220×122-110	AⅡ鼎、盒、壶、小壶、螭凤纹铜镜	一期二段	
290	203°	甲Aa土坑竖穴墓（直壁，四边有二层台）	330×210-200 250×150-115	鼎2、盒2、AaⅢ壶2、Ⅱ模型小壶	二期五段	

墓号	方向	墓室结构	尺寸（长×宽－高）	随 葬 器 物	时代	备注
291	60°	甲Ba土坑竖穴墓	250×150－132	II模型小壶、陶片	二期四、五段	
292	16°	甲Ba土坑竖穴墓	314×212－174	B铜鼎2、II铜钫2、残铜釜、铜勺	一期二段	
293	200°	甲Ba土坑竖穴墓	296×178－240	AI铜鼎2、I铜钫2、Ba铜勺2、Aa铜铃3、A铜环、B玉剑首、琉璃珠	一期一段	
294	195°	乙Bb砖室墓	460×250－31	I奁2、AII灶（釜、盆2）、AaII井（Ba汲水瓶）、AaII磨、AcI鸡2	三期八段、四期九	扰乱
295	194°	甲Aa土坑竖穴墓（直壁、四边有二层台）	296×184－170 210×110－170	AI鼎、AbI壶、螭凤纹铜镜、银簪2	一期一段	
296	202°	甲Ba土坑竖穴墓	374×250－147	鼎、BIII盒、壶、Ba小壶、Ba铜带钩、铜器耳2、A铜泡钉3	二期五段	
299	290°	甲Ba土坑竖穴墓	366×220－58	B鼎、C盒、罐、仓3、AI灶（盆3、钵）、AaI井、AbI磨、A高温釉陶壶、B高温釉陶壶2、铜灯	三期八段	
300	100°	甲Ba土坑竖穴墓	330×190－115	鼎、BVIa盒、小壶、铜五珠钱钱1串	三期七段	
304	240°	甲Ba土坑竖穴墓	220×110－50	AaII双耳罐	二期四段	
306	204°	甲Aa土坑竖穴墓（直壁、四边有二层台）	290×244－166 230×120－134	B铜鼎2、III铜钫2、铜卮、铁刀	一期二段	
307	95°	砖室墓不明	220×105－125	AaII井、Ab狗	四期九段	全毁
308	30°	甲Aa土坑竖穴墓（直壁、四边有二层台）	315×252－230 270×140－90	AVII鼎2、BV盒2、AbIV壶、AbIII小壶、I草叶纹铜镜	二期六段	
310	285°	甲Ba土坑竖穴墓	280×160－60	AI无耳矮颈折沿罐、BbIII小壶、A星云纹铜镜	三期	
311	15°	砖室墓不明	275×180－60	A铜带钩、甑、博山炉盖	汉	全毁

墓号	方向	墓室结构	尺寸（长×宽－高）	随葬器物	时代	备注
312	195°	甲Ba土坑竖穴墓	262×160－68	鼎、盒、壶、小壶	汉	
314	11°	甲Ba土坑竖穴墓	230×91－62	甲AaⅢ铜西汉五铢钱、残铜五铢钱6	汉	
317	10°	砖室墓不明	290×90－50	A泡钉2、五铢钱16	汉	全毁
318	20°	砖室墓不明	318×90－30	AcⅠ鸡2、	四期九段	全毁
321	210°	甲Ba土坑竖穴墓	270×90－118	陶器	汉	
322	110°	甲AⅡ砖室墓	358×114－120	AⅨ鼎、BⅦ盒、AbⅤ壶、AaⅠ仓3、甲AaⅢ铜西汉五铢钱4、甲Ba铜西汉五铢钱3、甲Bb铜西汉五铢钱、甲BcⅠ铜西汉五铢钱3、甲BcⅡ铜西汉五铢钱4、Bb凤鸟纹铜镜、B铜印章	三期八段	
324	25°	甲Ba土坑竖穴墓（直壁，四边有二层台）	270×178－224 216×110－146	铜錾、A铜环、A铜泡钉3、B铜泡钉、Cb铜泡钉	汉	
325	14°	砖室墓不明	482×240－197	AbⅥ壶、Ba小罐、AⅢ灶（甑1）、Ab狗、AcⅡ鸡、博山炉盖2、钵	四期九段 五期十段	全毁
326	24°	甲Ba土坑竖穴墓	330×180－60	鼎、BⅢ盒盖、壶	二期五段	
329	26°	甲Ba土坑竖穴墓	270×140－70	AⅨ鼎、盒、AbⅤ壶	四期九段	
332	290°	丁BⅠ砖室墓	448×274－100	BⅡ无耳矮领直沿无沿罐、Ⅰ盒3、Ⅲ方盒、方盒、AaⅢ仓5、BⅠ灶（甑、釜）、AaⅠ猪圈（猪）、AaⅠ磨、AaⅠ狗、博局四神纹铜镜	四期九段	扰乱
334	10°	甲AaⅢ砖室墓	366×120－94	AⅨ鼎、BⅧ盒、BⅠ无耳矮领直沿无沿罐、BaⅠ盒2、Ⅰ方盒2、AaⅠ仓、BⅠ仓2、AⅠ灶（釜、盆2）、AaⅠ井（Ba汲水瓶）、AbⅠ猪圈（猪）、AbⅠ磨、Ab狗、Aa鸡2、BⅡ铭文铜镜	三期八段	
338	112°	甲Ba土坑竖穴墓	354×232－40	AⅧa鼎2、小壶2、壶2、A花叶纹铜镜	三期七段	
339	25°	甲Aa土坑竖穴墓（直壁，四边有二层台）	372×250－140 280×140－170	鼎2、BⅡ盒身、盒、壶、Ⅱ模型小壶2	二期四段	

墓号	方向	墓室结构	尺寸（长×宽−高）	随葬器物	时代	备注
342	25°	乙BbI砖室墓	376×268−182	BbII案、III碗、AaV仓、BI灶（盆）、AaI猪圈、AaII磨、AaI狗、小壶、博山炉盖2、盒、壶	四期九段 五期十段	扰乱
344	100°	砖室墓不明	230×90−42	III钵、模型釜、石砚2	东汉	全毁
345	290°	乙BbI砖室墓	300×210−102	博山炉盖、铁削、甲AaII铜西汉五铢钱3、甲AaIII铜西汉五铢钱3、甲Bb铜西汉五铢钱、甲BcI铜西汉五铢钱2、甲BcII铜西汉五铢钱7、乙C铜西汉五铢钱	汉	扰乱
351	12°	甲Ba土坑竖穴墓、木棺	260×150−70	AII铜鼎2、II铜钫、Ba铜勺、铜带钩、铜戈镈、铜鸣杖首、弦纹铜镜、铜灯、残铜带钩	一期二段	
358	100°	砖室墓不明	320×140−149	铜五铢钱4	汉	全毁
360	10°	甲Ba土坑竖穴墓 由器物箱和墓室组成	368×240−76	AIVb鼎、AV鼎、BIII盒2、AaIII壶2、残壶、BbII小罐2、B车轮2、模型狗5、玉剑首、玛瑙环	二期五段	
367	15°	乙BI砖室墓	412×284−194	AIX鼎、盒、AII无耳矮领折沿钵罐、Bb小罐、壶、I方盒、豆、BII仓2、AI灶（釜、盆）、AaIII磨、博山炉盖3、AaI铜铃2、Aa铜铃2	三期八段 四期九段	扰乱
371	10°	乙B土坑竖穴墓（斜壁）	316×216−150 236×138−210	鼎、盒、AbV壶、III模型小壶、B兽纹铜镜	三期八段	
377	94°	甲Ba土坑竖穴墓	280×130−24	Bb大口瓮、C铜带钩、铁刀、IV铜半两钱12	汉	
378	114°	甲Ba土坑竖穴墓	230×134−40	鼎、盒、壶、小壶、III模型小壶、罐、A蟠螭纹铜镜、Ba铜带钩、C铜印章	汉	
380	20°	甲Ba土坑竖穴墓	340×220−37	AIII鼎、鼎、A盒2、AbII壶、壶、小壶2、Aa铜勺、铜洗	一期三段	
381	206°	乙BbI砖室墓	382×290−156	AX鼎、BII仓、AaI猪圈（猪）、AaI磨、AbII鸡、AcI鸡、Ab鸭2	四期九段	扰乱

墓号	方向	墓室结构	尺寸（长×宽－高）	随葬器物	时代	备注
384	110°	甲AV砖室墓	524×286－170	BIX盒身、AbⅧ壶、Ⅲ径身2、Ⅳ方盒盖2、A案、Ba案、A盘、AⅡ耳杯2、AcⅢ鸡、猪、马2、牛、AaⅠ人俑、AdⅠ人俑、残C人俑、B泡钉3、残建筑构件、甲BcⅠ铜西汉五铢钱5、博山炉盖、碓	六期十二段	扰乱
395	20°	甲BaⅠ土坑竖穴墓	330×190－42	AVⅠ鼎2、盒2、AbⅢ壶2、BbⅠ小壶2、C车轮、Ba花叶纹铜镜、残铜带钩、铜鐎、A铜泡钉2、铅车马饰伴2	二期五段	
396	102°	砖室墓不明	256×143－50	AⅨ鼎、AaⅣ双耳罐、罐、AaⅡ仓、仓2、博山炉盖	三期八段	扰乱
399	200°	丙类砖室墓	312×370－130	鼎、AbⅥ壶、CaⅠ盘、AⅠ耳杯、博山炉盖3、AaⅠ仓2、BⅠ仓3、BⅠ铭文铜镜、BⅡ铭文铜镜	三期八段	扰乱 二次造
402	283°	丁BⅠ砖室墓	458×392－88	BⅧ盒、AbⅥ壶、AbⅦ壶、AbⅡ双耳罐、模型罐、IⅠ径身、Ⅲ方盒、Bb案、A耳杯3、BⅢ仓2、BⅡⅡ灶（釜2、盆1）、AbⅡ猪圈（猪）、AbⅡ磨、碓、AcⅡ鸡2、Ab鸭、Ba汉水瓶、铜刀、铜鐎、AaⅠ铜东汉五铢钱4、BaⅡ铜东汉五铢钱2	四期九段 五期十一段	扰乱
403	15°	甲AaⅠ土坑竖穴墓、木椁（直壁、四边有二层台）	390×290－47 270×130－538	AⅡ铜鼎2、Ⅲ铜钫2、铜盉、Ba铜勺2	一期二段	
406	200°	乙BbⅠ砖室墓	348×248－130	AⅨ鼎、BⅧ盒、AbⅥ壶、IⅠ径、A灯、AaⅠ熏炉、BⅠ仓2、AⅠ灶（釜、盆2）、AaⅠ井（Ba汲水瓶）、AbⅠ磨、AaⅠ狗、B鸡2、B鸭2、A残猪圈、C铜带钩、Aa铜钊2、铜当户、铜衔、镶、A铜车軎、B铜车軎、铜镶、Aa铜盖弓帽、铜軏、铁剑、B琉璃耳塞、石口蝉	三期八段	扰乱
407	17°	砖室墓不明	270×128－120	铜器钮3、A铜泡钉3、A铜镞、残玉环	汉	全毁
410	200°	甲BaⅠ土坑竖穴墓	250×170－80	铜柿蒂叶饰3、铜熏炉、C蟠螭纹铜镜	汉	

墓号	方向	墓室结构	尺寸（长×宽—高）	随葬器物	时代	备注
411	204°	甲Ba土坑竖穴墓	276×176—160	AⅧa鼎、AⅧb鼎、BⅥb盒2、AbⅣ壶2、Ⅲ模型小壶2、罐、A铜刷、B铜刷、铜柿蒂叶饰18（完整者）、铜釜、B铜盆、B星云纹铜镜、A玛瑙珠3、B玛瑙珠、铜五铢钱5	三期七段	
412	204°	甲Bb土坑竖穴墓	360×300—148	AⅦ—Ⅷ鼎盖2、AbⅣ壶2、BbⅢ小壶、小壶、Ⅱ钵、A铜盆2、C铜勺、B铜刷、A星云纹铜镜、铁剑、残铁器、铁刀、玉剑璏、残玉片2、甲Bb铜西汉五铢钱5	二期六段	
413	289°	甲Bb土坑竖穴墓	290×240—60	鼎2、BⅣ壶、盒、Ⅱ模型小壶2、A车轮2、Ⅲ草叶纹铜镜	三期五段	
414	200°	甲Ba土坑竖穴墓	238×108—34	Ba铜带钩、Ab铜镜、B星云纹铜镜、铁剑、甲Bb铜西汉五铢钱、铜五铢钱2	汉	
415	10°	甲Ba土坑竖穴墓	270×184—106	AaⅢ双耳罐、AⅠ无耳矮颈折沿罐	三期七段	
417	102°	甲Ba土坑竖穴墓	268×174—80	AⅧb鼎2、BⅥb盒、AbⅣ壶2、Ⅰ小壶2、Ⅰ草叶纹铜镜、A铜带钩、铜半两钱2、铜五铢钱	三期七段	
420	12°	甲Aa土坑竖穴墓（直壁，四边有二层台）	285×225—100 240×140—128	大壶、罐	汉	
421	110°	甲Aa土坑竖穴墓（直壁，四边有二层台）	338×228—240 220×138—108	BbⅢ小壶、Ⅲ模型小壶、Bb小口瓮、B铜刷2、B蟠螭纹铜镜、A铜带钩、铜五铢钱2、玉剑璏、甲BcⅠ西汉五铢钱2、铁剑	三期七段	
428	192°	乙BbⅠ砖室墓	282×254—110	AⅩ鼎、BⅧ盒、AaⅢ仓2、AaⅠ猪圈（猪）、A猪圈（猪）	四期九段	扰乱
430	280°	甲Ba土坑竖穴墓，瓦棺	140×60—53	模型罐、Ⅳ铜半两钱4、Ⅴ铜半两钱11	一期三段	
431	200°	甲Ba土坑竖穴墓	260×160—110	BaⅡ小口瓮	二期	
432	20°	甲Aa土坑竖穴墓（直壁，四边有二层台）	330×200—150 270×162—176	AⅤ鼎2、BⅢ盒2、AbⅢ壶2、C车轮2、A铜印章、Ba铜带钩、A铜泡钉、Ca铜泡钉3、铅盖弓帽11、铁器	二期五段	

墓号	方向	墓葬结构	尺寸（长×宽-高）	随葬器物	时代	备注
433	21°	甲Aa土坑竖穴墓（直壁、四边有二层台）	291×208-160 230×150-218	A II 鼎、B I 盒身、壶、I 模型小壶、车轮、B蟠螭纹铜镜	一期二段	
434	190°	甲Ba土坑竖穴墓	256×136-80	AIX鼎、鼎、盒2、壶2、车轮2	三期八段	
436	7°	甲Aa土坑竖穴墓（直壁、四边有二层台）	276×196-140 230×130-166	AIVb鼎、B III 盒、壶、I 模型小壶、罐、A I 兽纹铜镜	二期四段	
437	113°	砖室墓不明	380×210-198	盒、狗、灯、博山炉盖3	汉	全毁
440	27°	甲Ba土坑竖穴墓	330×170-220	残草叶纹铜镜	二期	与M218铜镜可合并为一面
441	20°	甲Aa土坑竖穴墓（直壁、四边有二层台）	422×232-150 384×168-118	鼎2、盒2、AbIII壶、残壶、Ba小壶2、C车轮2	二期五段	
442	100°	丁B I 砖室墓	520×320-196	A X 鼎、I 奁2、II 方盒2、B II 仓2、A II 灶（釜、甑、盆2）、Aa II 井、Aa I 猪圈（猪）、Aa I 磨、Aa I 狗、Ac I 鸡2、Ab鸭、B铜冒、铁刀、甲AaIII铜西汉饰8（完整者）、B铜西汉五铢钱2、甲Bc I 铜西汉五铢钱3	四期九段	扰乱
444	198°	丁A砖室墓	390×320-113	III方盒身、磨、盆、陶片	四期至五期	扰乱
445	16°	甲Ba土坑竖穴墓	240×158-64	A II 鼎、B I 盒、残壶、Ba I 小口瓮、Aa I 双耳罐、C无耳高领折沿罐2	一期二段	
447	300°	甲AIII砖室墓	322××122-40	Aa I 无耳矮直领无沿罐	三期八段	扰乱

后　　记

　　《南阳一中战国秦汉墓》由河南省南阳市文物考古研究所编撰，本书是对南阳一中战国秦汉墓考古发掘资料进行整理研究的成果。资料的发掘工作是在南阳市文化局、南阳市文物局的直接领导下进行的，同时也得到了他们的大力支持和协助。

　　发掘工作于2001年2月开始，至2001年10月底结束。

　　参加田野发掘工作的有：蒋宏杰、宋煜辉、刘小兵。发掘过程中，南阳市文化局王建中、陈杰、苏磊，南阳市文物考古研究所赵成甫、柴中庆、崔本信、王凤剑、乔保同等领导多次莅临发掘现场指导和检查工作。

　　由于这批墓葬资料十分丰富，对于研究汉代仿铜陶礼器产生、发展、衰落过程具有重要的价值。

　　在本报告整理与编写过程中，得到南阳市文物考古研究所领导和同志们的大力支持。在本书出版之际，我们向曾给予指导、帮助和关心的单位及诸位先生表示衷心的感谢！

　　王振行、王艳负责铜器修复；王艳、沈杰兰、王明景、杨冬霞、崔平等人负责陶器修复；王黎丽、雷金玉承担拓片任务；蒋宏杰承担了墓葬平、剖面图的绘制工作；韩罘、张海滨、李静然、姜凤玲负责绘制器物图；器物照相张海滨。武汉大学简帛研究中心刘国胜先生帮助识读了玉璜上的文字。

　　执笔：蒋宏杰、赫玉建、徐承泰。

　　在《南阳一中战国秦汉墓》的编撰工作中，我们力求资料的完整性、科学性，尽量反映墓群的全貌。限于我们的水平，书中错漏或不当之处在所难免，希望读者提出宝贵意见。

编　者

1. AIVa式鼎（M50：2）

2. AVII式鼎（M221：5）

3. AVIIIa式鼎（M173：4）

4. AIX式鼎（M334：15）

5. AXI式鼎（M256：46）

6. B型鼎（M299：13）

墓地出土陶鼎

1. C型盒（M299：5）

2. AbIII式壶（M221：1）

3. AbVIII式壶（M256：18）

4. Bb型壶（M195：3）

5. AbVI式壶（M402：16）

墓地出土陶盒、陶壶

1. BaIII式小口瓮（M152：1）

2. Ba型大口瓮（M7：2）

3. BaII式双耳罐（M11：2）

4. BaI式无耳高领折沿罐（M168：1）

5. AaI式无耳矮直领无沿罐（M156：1）

6. AaII式硬陶罐（M25：33）

墓地出土陶瓮、陶罐

1. A型樽（M150：6）

2. B型樽（M130：5）

3. III式方盒（M130：6）

6. Aa型熏炉（M406：5）

4. Ba型方案（M150：7）

5. Ba型方案（M150：7）

7. Ab型熏炉（M256：23）

墓地出土陶器

1. A型灯（M406：14）

4. AaI式井（M6：2）

2. I式勺（M150：1）

5. AaII式猪圈（M195：6）

3. BI式仓（M406：1）

6. Ab型井（M384：5）

墓地出土陶器

1. AbI式磨（M406：11）

2. 碓（M402：17）

3. AcIII式鸡（M384：18）

5. 兕（M256：15）

4. Ab型鸭（M243：10）

6. B型釉陶泡钉（M25：26）

7. B型釉陶泡钉（M256：30）

8. B型釉陶泡钉（M384：3）

墓地出土陶器

1. Aa型俑（M384：13）

2. Ab型俑（M256：20）

3. Ac型俑（M256：19）

4. Ad型俑（M384：2）

5. B型俑（M256：11）

6. B型俑（M256：12）

7. C型俑（M256：21）

8. C型俑（M39：5、6、7）

墓地出土陶人俑

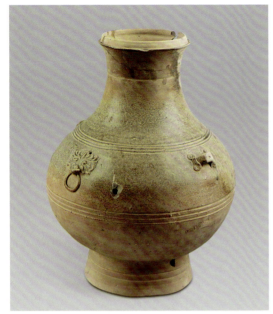

1. A型釉陶大壶（M299：2）

2. B型釉陶小壶（M299：14）

3. 青瓷罐（M11：1）

5. AI式铜鼎（M293：1）

6. AII式铜鼎（M351：5）

4. 青瓷罐（M25：34）

7. B型铜鼎（M116：3）

墓地出土陶瓷器和铜鼎

1. I式钫（M293：5）

3. 卮（M306：5）

2. II式钫（M351：4）

5. 觚形杯（M35：3）

4. 钵（M130：19）

6. 熏炉（M410：1）

墓地出土铜器

1. Ab型勺（M110：3）

2. Ba型勺（M351：9）

3. C型勺（M114：5）

4. E型带钩（M64：5）

5. C型带钩（M49：5）

7. D型带钩（M53：12）

6. B型刷（M73：12）

8. D型带钩（M53：12）

墓地出土铜器

1. A型印章
（M432：10）

2. A型印章
（M432：10）

3. A型印章
（M225：2）

4. A型印章
（M225：2）

5. 刀（M402：12）

6. 削（M61：3）

7. B型泡钉（M176：17）

9. 鐏（M351：2）

8. B型镞（M18：10）

10. 弩机（M256：53）

墓地出土铜器

1. 连弧纹镜（M1：9）

2. 四山镜（M36：6）

3. 龙纹镜（M219：1）

4. A型菱纹凤鸟镜（M22：11）

5. AI式兽纹镜（M436：6）

6. A型单线蟠螭纹镜（M224：9）

墓地出土铜镜

1. C型四叶蟠螭纹镜（M27：6）

2. 螭凤纹镜（M295：3）

3. II式双层草叶纹镜（M27：5）

4. A型星云纹镜（M222：3）

5. B型星云纹镜（M411：13）

6. B型草叶蟠虺纹镜（M421：8）

墓地出土铜镜

1. Ⅲ式规矩草叶纹镜（M413：1）

2. Ca型龙形蟠螭纹镜（M221：11）

墓地出土铜镜

1. 金坠（M176：26）

2. 银簪（M295：5）

3. 玉环（M217：5）

4. 玉环（M207：12）

5. 玉璜（M1：13A面）

6. 玉饼（M50：6）

7. 玉带钩（M22：12）

墓地出土金、银、玉器

1. 玉管（M133：7）

2. 玉猪（M49：2）

3. 玉剑首（M172：2）

4. 玉剑璏（M412：12）

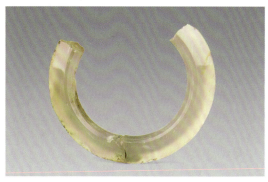

5. 玛瑙环（M360：17）

A型

B型

6. 玛瑙珠（M411：8）

7. 琉璃口琀（M158：8）

8. 琉璃料珠（M293：12）

墓地出土玉器、玛瑙器、琉璃器

1. M262

2. M322

3. M243

南阳一中墓地M262、M322、M243

1. M89

2. M89

3. M256

南阳一中墓地M89、M256

1. AI式鼎（M237：3）

2. AIII式鼎（M262：3）

3. AIVb式鼎（M36：9）

4. AIVc式鼎（M268：4）

5. VI式鼎（M207：3）

6. VI式鼎（M224：7）

墓地出土陶鼎

1. AVIIIa式鼎（M411：3）

2. AVIIIb式鼎（M411：4）

3. AIX式鼎（M3：6）

4. AX式鼎（M231：12）

5. A型盒（M380：5）

6. BIII式盒（M360：9）

墓地出土陶鼎、盒

1. BIV式盒（M229：5）

2. BV式盒（M308：7）

3. BVIa式盒（M173：7）

4. BVIb式盒（M72：1）

5. BVII式陶盒（M3：7）

6. BVIII式盒（M334：16）

墓地出土陶盒

1. AaII式大壶（M50：1）

2. AaII式大壶（M207：1）

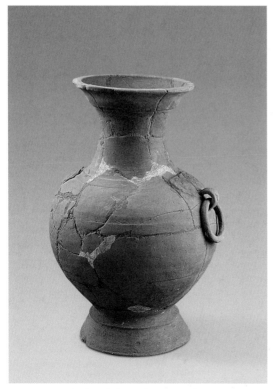

3. AbI式大壶（M295：1）

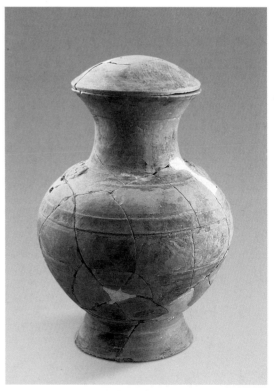

4. AbII式大壶（M262：1）

墓地出土陶壶

1. AbV式大壶（M322：4）

3. 双鼻壶（M21：2）

4. BIX式盒（M384：14）

2. Ba型大壶（M40：1）

5. BX式盒（M189：15）

墓地出土陶壶、盒

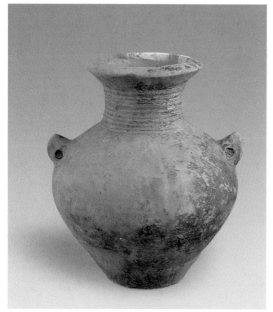

1. A型小壶（M106：1）

2. BbI式小壶（M395：1）

3. BbⅢ式小壶（M308：5）

4. Ⅱ式模型小壶（M96：7）

5. Bb型双耳罐（M189：3）

墓地出土陶壶、罐

1. AI式小口瓮（M219：2）

2. BaI式小口瓮（M445：2）

3. BaII式小口瓮（M431：1）

4. Bb型小口瓮（M48：4）

5. A型大口瓮（M160：1）

6. Bb型大口瓮（M377：1）

墓地出土陶瓮

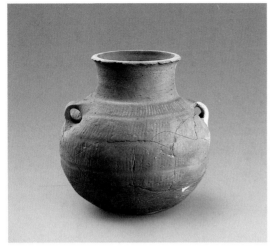

1. AaI式双耳罐（M133：3）

2. AaII式双耳罐（M436：2）

3. AaIII式双耳罐（M35：1）

4. AIV式双耳罐（M396：5）

5. AbI式双耳罐（M246：1）

6. ABII式双耳罐（M270：1）

墓地出土陶双耳罐

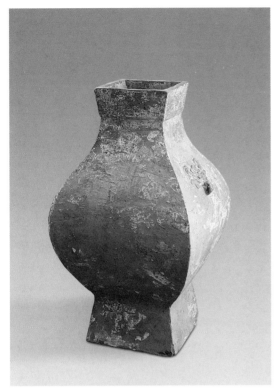

1. A型钫（M237：1）

3. Aa型无耳高领折沿罐（M47：2）

4. Ab型无耳高领折沿罐（M77：1）

2. B型钫（M36：14）

5. BaII式无耳高领折沿罐（M40：7）

墓地出土陶罐、陶钫

1. C型无耳高领折沿罐（M266：1）

2. AI式无耳矮领折沿罐（M7：1）

3. AII式无耳矮领折沿罐（M216：1）

4. B型无耳矮领折沿罐（M195：12）

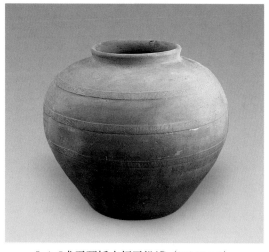

5. AaI式无耳矮直领无沿罐（M240：1）

6. AaII式无耳矮直领无沿罐（M260：1）

墓地出土陶罐

1. BII式无耳矮直领无沿罐（M215：10）

2. BIV式无耳矮直领无沿罐（M189：2）

3. AaI式硬陶罐（M24：4）

4. Ab型硬陶罐（M124：8）

5. B型硬陶罐（M3：3）

6. Ab型熏炉（M256：22）

墓地出土陶罐、熏炉

1. I式盒（M406：12）

2. II式盒（M256：16）

3. I式碗（M130：8）

4. II式碗（M199：13）

5. A型盘（M384：12）

6. Ca型盘（M256：48）

7. Cb型盘（M150：4）

墓地出土陶盒、碗、盘

1. I式方盒（M240：7）

2. II式方盒（M215：6）

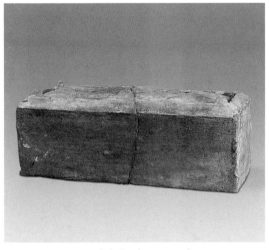

3. IV式方盒（M256：7）

4. A型案（M384：10）

5. Bb型案（M342：11）

6. B型熏炉（M21：5）

墓地出土陶方盒、案、熏炉

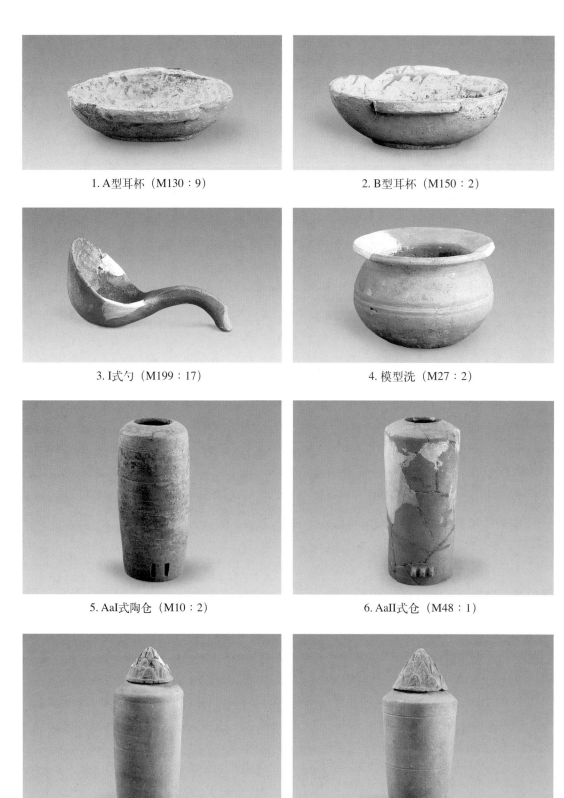

1. A型耳杯（M130：9）

2. B型耳杯（M150：2）

3. I式勺（M199：17）

4. 模型洗（M27：2）

5. AaI式陶仓（M10：2）

6. AaII式仓（M48：1）

7. AaIII式仓（M199：1）

8. AaIV式仓（M260：2）

墓地出土陶耳杯、勺、洗、仓

1. V式仓（M195：1）　　　2. VI式仓（M189：14）　　　3. BII式仓（M124：1）

4. BII式仓（M381：1）　　　5. BIII式仓（M402：10）　　　6. BIII式仓（M256：5）

7. AI式灶（M334：11）　　　8. AII式灶（M215：5）

墓地出土陶仓、灶

1. AII式灶（M231：5）

2. AIII式灶（M21：3）

3. BI式灶（M332：9）

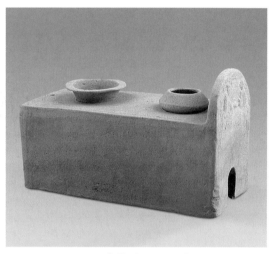

4. BII式灶（M260：7）

5. BIII式灶（M157：1）

6. 异型灶（M189：4）

墓地出土陶灶

1. AaII式井（M66：8）

2. AaIII式井（M256：6）

3. AaIV式井（M39：9）

4. B型井（M256：13）

5. AaI式猪圈（M215：1）

6. AbI式猪圈（M240：8）

墓地出土陶井、猪圈

1. AbII式猪圈（M402∶9）

2. B型猪圈（M73∶2）

3. C型猪圈（M58∶1）

4. AaI式磨（M294∶3）

5. AaII式磨（M73∶7）

6. AaIII式磨（M256∶25）

墓地出土陶猪圈、磨

1. BI式磨 (M118：9)

2. BII式磨 (M21：6)

3. AaI式狗 (M176：14)

5. 模型小狗 (M69：12)

6. 模型小狗 (M50：7)

4. AaI式狗 (M406：3)

7. Ac型狗 (M21：7)

墓地出土陶磨、狗

1. AaII式狗（M66：6）

2. AaIII式狗（M195：13）

3. Ab型狗（M195：9）

4. BI式狗（M256：4）

5. BII式狗（M256：8）

6. Aa型鸡（M14：2）

墓地出土陶狗、鸡

1. Ab型鸡（M381：4）

2. AcI式鸡（M381：3）

3. B型鸡（M406：15）

4. B型鸭（M406：18）

5. 马（M384：19）

6. 马（M384：16）

7. 牛（M384：20）

墓地出土陶鸡、鸭、马、牛

1. 镇墓兽（M256：1）

2. 陶俑头（M8：9）

3. A型泡钉（M317：1、2）

4. 泥钱（M317：3）

5. 泥钱（M212：1）

6. 瓷碗（M189：5）

墓地出土陶瓷器

1. AI式铜鼎（M222：2）

2. AI式铜鼎（M204：3）

3. AII式铜鼎（M114：3）

4. AII式铜鼎（M403：3）

5. B型铜鼎（M16：3）

6. B型铜鼎（M64：2）

墓地出土铜鼎

1. B型铜鼎（M292：3）

3. III式铜钫（M116：1）

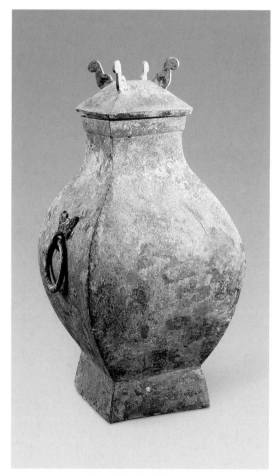

2. II式铜钫（M204：1）

4. III式铜钫（M306：3）

墓地出土铜鼎、钫

1. I式铜鍪（M110：2）

2. II式鍪（M208：3）

3. 盉（M64：4）

4. 盉（M403：7）

5. A型铜盆（M412：5）

6. B型铜盆（M411：5）

墓地出土铜鍪、盉、盆

1. Aa型铜勺（M380：9）

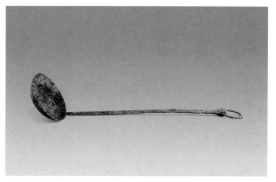

2. Ba型铜勺（M403：5）

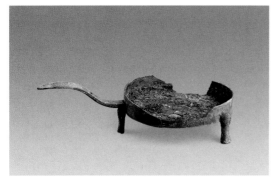

3. 铜灯（M299：1）

4. C型铜勺（M412：8）

5. A型铜带钩（M225：5）

6. A型铜带钩（M72：10）

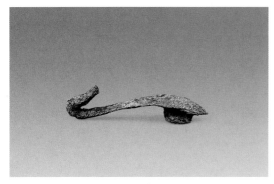

7. Ba型铜带钩（M432：9）

8. Bb型铜带钩（M118：10）

墓地出土铜勺、灯、带钩

1. A型铜刷（M223：9）

2. B型铜印章（M322：9）

3. C型铜印章（M378：6）

4. Aa型铜铃（M367：15）

6. B型铜铃（M89：3）

5. Ab型铜铃（M223：10）

7. C型铜铃（M130：31）

8. B型铜拉环（M256：9）

9. 铜当卢（M406：25）

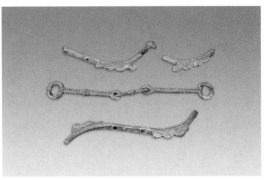

10. 铜衔镳（M406：23）

墓地出土铜器

1. 四山镜（M207：11）

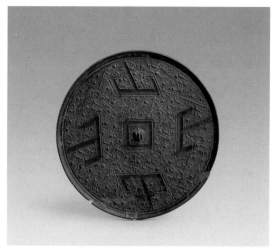

2. 四山镜（M210：1）

3. 菱纹凤鸟镜（M133：5）

4. Ba型四乳凤鸟镜（M96：13）

5. Bb型四乳八凤镜（M322：7）

6. C型变形四叶禽鸟镜（M49：4）

墓地出土铜镜

1. B型四乳兽纹镜（M371：1）

2. B型单线菱纹蟠螭镜（M41：8）

3. I式单层草叶镜（M249：3）

4. I式单层草叶纹镜（M417：12）

5. A型方格铭文花叶镜（M338：1）

6. Ba型变形叶纹镜（M395：3）

墓地出土铜镜

1. AII式变形兽纹镜（M168：3）

2. D型三叶菱纹蟠螭镜（M410：2）

3. II式双层草叶纹镜（M23：3）

墓地出土铜镜

1. II式双层草叶纹镜（M225：9）

2. BI式昭明镜（M223：5）

3. 博局四神镜（M73：10）

墓地出土铜镜

1. Bb型花叶纹镜（M217：1）

2. A型星云纹镜（M220：2）

3. A型星云纹镜（M123：5）

4. B型星云纹镜（M414：1）

5. A型蟠虺纹镜（M214：1）

6. B型草叶蟠虺纹镜（M288：2）

墓地出土铜镜

1. Cb型蟠螭纹镜（M266：2）

2. A型日光镜（M52：5）

3. BI式昭明镜（M399：9）

4. BII式昭明镜（M61：1）

5. BII式昭明镜（M399：6）

6. 博局四神镜（M332：16）

墓地出土铜镜

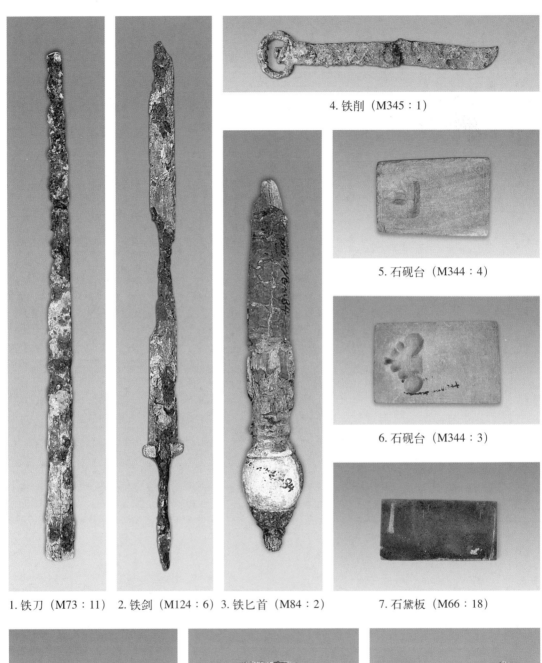

4. 铁削（M345：1）

5. 石砚台（M344：4）

6. 石砚台（M344：3）

7. 石黛板（M66：18）

1. 铁刀（M73：11）　2. 铁剑（M124：6）　3. 铁匕首（M84：2）

8. 玉剑首（M293：8）

9. 琉璃环（M216：3）

10. 琉璃塞（M215：14、15、17）

墓地出土铁器，玉、石器，琉璃器